国家出版基金項目
NATIONAL PUBLICATION FOUNDATION

陝西出版資金資助項目

「十二五」國家重點圖書出版規劃項目

關學文庫　總主編　劉學智　方光華

文獻整理系列

李柏集

[清]李柏　著　程靈生　點校整理

西北大學出版社

太白山人槲葉集
三原賀伯鐵題

民國二年《槲葉集》書影

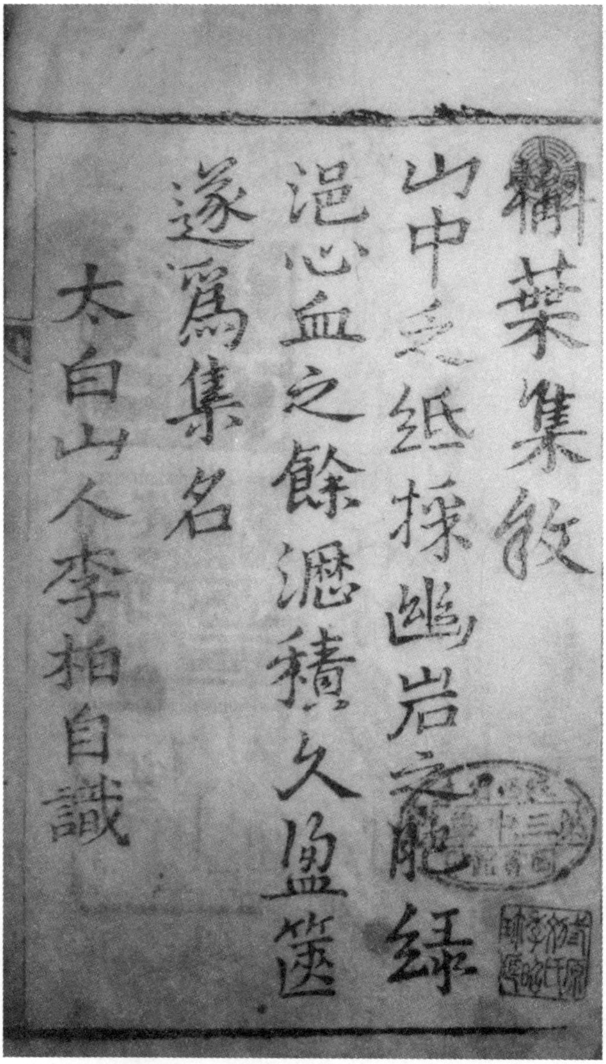

槲葉集敘

山中乏紙採幽岩之龍綠

浥心血之餘瀝積久盈篋

遂寫爲集名

太白山人李柏自識

陝西三原中學館藏清康熙版李柏《槲葉集》首頁

總序

張載（一〇二〇—一〇七七），字子厚，宋鳳翔府郿縣（今陝西眉縣）人，祖籍大梁，宋仁宗嘉祐二年（一〇五七）進士。張載出身於官宦之家。祖父張復在宋真宗時官至給事中、集賢院學士，死後贈司空。父親張迪在宋仁宗時官至殿中丞、知涪州事，贈尚書都官郎中。張迪死後，張載與全家遂僑居於鳳翔府郿縣橫渠鎮之南。因他曾在此聚徒講學，世稱橫渠先生。他的學術思想在學術史上被稱爲橫渠之學，他所代表的學派被後人稱爲「關學」。張載與程顥、程頤同爲北宋理學的創始人。可以説，關學是由張載創立并於宋元明清時期，一直在關中地區傳衍的地域性理學學派，亦稱關中理學。

關學基本文獻整理與相關研究不僅是中國思想學術史的重要課題，也是體現中國思想文化傳承與創新的重要舉措。關學文庫以繼承、弘揚和創新中華文化爲宗旨，以文獻整理的系統性、學術研究的開拓性爲特點，是我國第一部對上起於北宋、下迄於清末民初，綿延八百餘年的關中理學的基本文獻資料進行整理與研究的大型叢書。這項重點文化工程的完成，對於完整呈現關學的歷史面貌、發展脈絡和鮮明特色，彰顯關學精神，推動傳統文化創造性轉化、創新性發展無疑具有重要意義。在關學文庫即將出版發行之際，我僅就關學、關學與程朱理學的關係、關學的思想特質、關學文庫的整體構成等談幾點意見，以供讀者參考。

一、作爲理學重要構成部分的關學

衆所周知，宋明理學是中國儒學發展的新形態與新階段，一般被稱爲新儒學。但在新儒學中，構成較爲複雜。比較典型的則是程朱理學與陸王心學。南宋學者呂本中較早提到「關學」這一概念。南宋朱熹、呂祖謙編選的近思録較早地梳理了北宋理學發展的統緒，關學是作爲理學的重要一支來作介紹的。朱熹在伊洛淵源録中，將張載的「關學」與周敦頤的

「濂學」、二程（程顥、程頤）的「洛學」并列加以考察。明初宋濂、王禕等人纂修元史，將宋代理學概括爲「濂洛關閩」四大派別，其中雖有地域文化的特色，但它們的思想內涵及其影響并不限於某個地域，而成爲中華思想文化史上重要的一頁，即宋代理學。

根據洛學代表人物程顥、程頤以及閩學代表人物朱熹對張載關學思想的理解、評價和吸收，張載創始的關學本質上當是理學，而且是影響全國的思想文化學派。過去，我們在編寫中國思想通史第四卷、宋明理學史上冊的時候，在關學學術旨歸和歷史作用上曾作過探討，但是也不能不顧及古代學術史考鏡源流的基本看法。

需要注意的是，張載後學，如藍田呂氏等，在張載去世後多歸二程門下，如果拘泥門戶之見，似乎張載關學發展有所中斷，但學術思想的傳承往往較學者的理解和判斷複雜得多。關學，如同其他學術形態一樣，也是一個源遠流長、不斷推陳出新的形態。關學沒有中斷過，它不斷與程朱理學、陸王心學融合。明清時期，關學的學術基本是朱子學、陽明學的傳入及與張載關學的融會過程。因此，由宋至清的關學，實際是中國理學的重要組成部分，它是一個動態的且具有包容性和創新性的概念，它開啓了清初王船山學術的先河。

關學文庫所遴選的作品與人物，結合學術史已有研究成果，如宋元學案、明儒學案、關學編及關學續編、關學宗傳等，均是關中理學的典型代表，上起北宋張載，下至晚清的劉光蕡、民國時期的牛兆濂，能够反映關中理學的發展源流及其學術內容的豐富性、深刻性。與歷史上的關中叢書相比，這套文庫更加豐富醇純，是對前賢整理文獻思想與實踐的進一步繼承與發展，其學術意義不言而喻。

二、張載關學與程朱理學的關係

佛教傳入中土後，有所謂「三教合一」說，主張儒、道、釋融合滲透，或稱三教「會通」。唐朝初期可以看到三教并舉的文化現象。當歷史演進到北宋時期，由於書院建立，學術思想有了更多自由交流的場所，從而促進了學人的獨立思考，使他們對儒家經學箋注主義提出了懷疑，呼喚新思想的出現，於是理學應時而生。理學主體是儒學，兼采佛、道思想，研究如何將它們融合爲一個整體，這是一個重要的課題。從理學産生時起，不同時代有不同的理學學派。譬如，在「三教融合」過程中，如何理解「氣」與「理」（理的問題是迴避不開的，華嚴宗的「事理説」早在唐代就有很大影響）的關系？理學如何捍衛儒學早期關於人性善惡的基本觀點，又不致只在「善」與「惡」的對立中打圈子？如何理解宇宙？宇宙與社會及個人有何關係？君子、士大夫怎麽做才能維護自身的價值和尊嚴，又能堅持修齊治平的準則？這些都是中國思想史中宇宙觀與人生觀的大問題。對這些問題的研究和認識，不可能一開始就有一個統一的看法，需要在思想文化演進的歷史進程中逐步加以解決。宋代理學的産生及不同學派的存在，就是上述思想文化發展歷史的寫照，因而理學在實質上是中國思想文化的傳承創新，具有重要的歷史意義。

張載關學、二程洛學、南宋時朱熹閩學各有自己的特色。作爲理學的創建者之一，張載胸懷「爲天地立心，爲生民立命，爲往聖繼絶學，爲萬世開太平」的學術抱負，在對儒學學説進行傳承發展中做出了重要的理論貢獻。北宋時期，學者們重視對易的研究。易富於哲理性，他通過對易的解説，闡述對宇宙和人生的見解，積極發揮禮記、論語、孟子等書中的義理，并融合佛、道，將儒家的思想提升到一個新的高度。

張載與洛學的代表人物程顥、程頤等人曾有過密切的學術交往，彼此或多或少在學術思想上相互産生過一定的影響。宋仁宗嘉祐元年（一〇五六），張載來到京師汴京，講授易學，曾與程顥一起終日切磋學術，探討學問（參見二程集河南程氏遺書卷二上）。張載是二程之父程珦的表弟，爲二程表叔，二程對張載的人品和學術非常敬重。通過與二程的切磋與交流，張載對自成一家之言的學術思想充滿自信：「吾道自足，何事旁求！」（呂大臨橫渠先生行狀）

因爲張載與程顥、程頤之間爲親屬關係，在學術上有密切的交往，關學後傳不拘門戶，如呂氏三兄弟呂大忠、呂大鈞、呂大臨，蘇昞、范育、薛昌朝以及种師道、游師雄、潘拯、李復、田腴、邵彦明、張舜民等，在張載去世後一些人投到二程門下，繼續研究學術，也因此關學的學術地位在學術史上常常有意無意地受到貶低甚至質疑（包括程門弟子的貶低和質疑）。

事實上，在理學發展史上，張載以其關學卓然成家，具有鮮明的特點和理論建樹，這是不能否定的。反過來，張載的一些觀點和思想也影響了二程的思想體系，對後來的程朱學說及閩學的形成也有重要的啓迪意義，這也是客觀的事實。

張載依據易建立自己的思想體系，但是，在基本點上和易的原有內容并不完全相同。他提出「太虛即氣」的觀點，認爲沒有超越「氣」之上的「太極」或「理」世界，換言之，「氣」不是被人創造出的産物。又由此推論出天下萬物由「氣」聚而成；物毁氣散，復歸於虛空（或「太虛」）。在氣聚、氣散即物成物毁的運行過程中，才顯示出事物的條理性。張載說：「太虛不能無氣，氣不能不聚而爲萬物，萬物不能不散而爲太虛，循是出入，是皆不得已而然也。」（正蒙卷一）他用這個觀點去看萬物的成毁。這些觀點極大地影響了清初大思想家王船山。

張載在西銘中說：「乾稱父，坤稱母。予茲藐焉，乃混然中處。故天地之塞，吾其體；天地之帥，吾其性。民，吾同胞；物，吾與也。」天地是萬物和人的父母，人是天地間藐小的一物。天、地、人三者共處於宇宙之中。由於三者都是氣聚之物，天地之性就是人之性，所以人類是我的同胞，萬物是我的朋友，歸根到底，萬物與人類的本性是一致的。進而認爲，人們「尊高年，所以長其長；慈孤弱，所以幼其幼。聖，其合德；賢，其秀也。凡天下疲癃殘疾、惸獨鰥寡，皆吾兄弟之顛連而無告者也」。這裏所表述的是一種高尚的人道主義精神境界。

二程思想與張載有别，他們通過對張載氣本論的取捨和改造，又吸收佛教的有關思想，建構了「萬理歸於一理」的理論體系。在人性論方面，二程在張載人性論的基礎上進一步深化了孟子的性善論。二程贊同張載將人性分爲「天地之性」和「氣質之性」。但二程認爲「天地之性」是天理在人性中的體現，未受任何損害和扭曲，因而是至善無瑕的；「氣質之性」是氣化而生的，也叫「才」，它由氣稟決定，稟清氣則爲善，稟濁氣則爲惡，正因爲氣質之性不可避免地受到了「氣」的侵蝕而出現「氣之偏」，因而具有惡的因素。在二程看來，善與惡的對立，實際上是「天理」與「人欲」的對立。

朱熹將張載氣本論進行改造，把有關「氣」的學說納入他的天理論體系中。朱熹接受「氣」生萬物的思想，但與張載的氣本論不同，朱熹不再將「理」看成是「氣」的屬性，而是「氣」的本原。天理與萬事萬物是一種怎樣的關係？朱熹關於「理一分殊」的理論回答了這一問題。他認爲：「太極只是個極好至善的道理。人人有一太極，物物有一太極。」又説：「太極非是别爲一物，即陰陽而在陰陽，即五行而在五行，即萬物而在萬物，只是一個理而已。」（朱子語類卷九四）「理一分殊」理論包括一理攝萬理與萬理歸一理兩個方面，這與張載思想有别。

總之，宋明理學反映出儒、道、釋三者融合所達到的理論高度。這一思想的融合完成于兩宋時期。張載開創的關學爲此做出了重要的學術貢獻。正如清初思想家王船山所説：「張子之學，上承孔孟之志，下救來茲之失，如皎日麗天，無幽不燭，聖人復起，未有能易焉者也。」（張子正蒙注序論）船山之學繼承發揚了張載學説，又有新的創造。

三、關學的特色

關學既有深邃的理論，又重視實用。這可以概括爲以下幾個方面：

首先，學風篤實，注重踐履。黄宗羲指出：「關學世有淵源，皆以躬行禮教爲本。」（明儒學案師説）躬行禮教，學風樸質是關學的顯著特徵。受張載的影響，其弟子藍田「三呂」也「務爲實踐之學，取古禮，繹其義，陳其數，而力行之」（宋元學案呂范諸儒學案），特别是呂大臨。明代呂柟其行亦「一準之以禮」（關學編）。即使清代的關學學者王心敬、李元春、賀瑞麟等人，依然守禮不輟。

其次，崇尚氣節，敦善厚行。關學學者大都注意砥礪操行，敦厚士風，具有不阿權貴、不苟於世的特點。張載曾兩次被薦入京，但當發現政治理想難以實現時，毅然辭官，回歸鄉里，教授弟子。明代楊爵、呂柟、馮從吾等均敢於仗義執言，即使觸犯龍顔，被判入獄，依舊不改初衷，體現了大義凛然的獨立人格和卓異的精神風貌。清代關學大儒李顒，在皇權面前錚錚鐵骨，操志高潔。這些關學學者「窮則獨善其身，達則兼善天下」，體現出「富貴不能淫，貧賤不能移，威武不能屈」的「大丈夫」氣節。

最後，求真求實，開放會通。關學學者大多不主一家，具有比較寬廣的學術胸懷。張載善於吸收新的自然科學成果，不斷充實豐富自己的儒學理論。他注意對物理、氣象、生物等自然現象做客觀的觀察和合理的解釋，具有科學精神。後世關學學者韓邦奇、王徵等都重視自然科學。三原學派的代表人物王恕以治易入仕，晚年精研儒家經典，強調用心求學，求其「放心」，用心考證，求疏通之解，形成了有獨立主見的治國理政觀念。關學學者堅持傳統，但并不拘泥於傳統，能够因時而化，不斷地融合會通學術思想，具有鮮明的開放性和包容性特徵。由張載到「三吕」、吕柟、馮從吾、李顒等，這種融會貫通的學術精神得到不斷承傳和弘揚。

四、關學文庫的整體構成

關學文獻遺存豐厚，但是長期以來沒有得到應有的保護和整理，除少量著作如正蒙、涇野先生五經說、少墟集、元儒考略等在清代收入四庫全書之外，大量的著作仍散存於陝西、北京、上海等地的圖書館或民間，其中有的在大陸已成孤本（如韓邦奇的禹貢詳略、李因篤的受祺堂文集家藏抄本），有的已殘缺不全（如南大吉集收入的瑞泉集殘本，現重慶圖書館存有原書，國家圖書館僅存膠片；收入的南大吉詩文，搜自西北大學圖書館藏周雅續）。即使晚近的劉光蕡、牛兆濂等人的著述，其流傳亦稀世罕見。民國時期曾有宋聯奎主持編纂關中叢書（邵力子題書名），但該叢書所收書籍涉及關中歷史、地理、文學、藝術等諸多方面，內容駁雜，基本上不能算作是關學學術視野的文獻整理。二十世紀七十年代以來，中華書局將張載集、藍田吕氏遺著輯校、關學編（附續編）、涇野子內篇、二曲集等收入理學叢書陸續出版，這些僅是關學文獻的很少一部分。全方位系統梳理關學學術文獻仍係空白。

關學典籍的收集與整理，是關學學術研究的重要基礎，文獻整理的嚴重滯後，直接影響到關學研究的深入和關學精神的弘揚，影響到對歷史文化的傳承和中國文化精神的發掘。

現在將要出版的關學文庫由兩部分內容組成，共四十種，四十七冊，約二千三百餘萬字。

一是文獻整理類，即對關學史上重要文獻進行搜集、搶救和整理（標點、校勘），其中涉及關學重要學人二十九人，編訂文獻二十六部。這些文獻分別是：張子全書、藍田呂氏集、李復集、元代關學三家集、王恕集、薛敬之張舜典集、馬理集、呂柟集涇野經學文集、呂柟集涇野子內篇、呂柟集涇野先生文集、韓邦奇集、南大吉集、楊爵集、馮從吾集、王徵集、王建常集、王弘撰集、李顒集、李柏集、李因篤集、王心敬集、李元春集、賀瑞麟集、劉光蕡集、牛兆濂集以及關學史文獻輯校。

二是學術研究類，其中一些以「評傳」或年譜的形式，對關學重要學人進行個案研究，主要涉及郿縣張載、藍田呂大臨、高陵呂柟、長安馮從吾、朝邑韓邦奇、盩厔李顒、郿縣李柏、富平李因篤、鄠縣王心敬、咸陽劉光蕡等學人，共十一部。它們分別是：張載思想研究、張載年譜、呂大臨評傳、呂柟評傳、韓邦奇評傳、馮從吾評傳、李顒評傳、李柏評傳、李因篤評傳、王心敬評傳、劉光蕡評傳等。此外，針對關學的主要理論問題與思想學術演變歷程進行研究，共三部。這些著作分別是關學精神論、關學思想史、關學學術編年等。

在這兩部分內容中，文獻整理是文庫的重點內容和主體部分。

關學文庫係「十二五」國家重點圖書出版規劃項目、國家出版基金項目、陝西出版資金資助項目，得到了中共陝西省委、陝西省人民政府和國家新聞出版廣電總局的大力支持。本文庫歷時五年編撰完成，凝結著全體參與者的智慧和心血。總主編劉學智、方光華教授，項目總負責徐曄、馬來同志統籌全書，精心組織，西北大學、陝西師範大學、中國人民大學、華東師範大學、鄭州大學等十餘所院校的數十位專家學者協力攻關，精益求精，體現出深沉厚重的歷史使命感和復興民族文化的責任感；他們孜孜矻矻，持之以恒，任勞任怨，樂於奉獻，以古人爲己之學相互勉勵，在整理研究古代文獻的同時，不斷錘煉學識，砥礪德行，努力追求樸實的學風和嚴謹的學術品格。出版社組織專業編輯、外審專家通力合作，希望盡最大可能提高該文庫的學術品質。我謹向大家卓有成效的工作表示衷心的感謝。由於時間緊迫、經驗不足等原因，文庫書稿中的疏漏差錯難以完全避免。希望讀者朋友們在閱讀使用時加以批評指正，以便日後進一步修訂，努力使該文庫更加完善。

張豈之
二〇一五年一月八日
于西北大學中國思想文化研究所

前言

一

李柏，字雪木，自號太白山人，是清初關中著名學者、詩人。與盩厔李顒、富平李因篤齊名，學者咸稱「關中三李」。明崇禎庚午歲（公元一六三〇年），生於陝西郿縣曾家寨，兄弟三人，「柏其仲」。父親李可教是鄉村塾師，全家十多口人過着農耕生活。九歲時父親去世，他事母至孝。還在讀小學期間，見古人嘉言懿行，就豁然悟曰：「道在是矣。」後在「觀九原，顧墟墓」時又感嘆道：「學者當爲身後計，當別有正學。」從此常潛讀古書，逃避考試。面對老師一再指責甚至撲打，他死不改口，堅持說：「必學古人！」不願從事今人的「章句名利之學」。他的立志，後被同鄉同學蕭震生贊爲「少小豎起脊梁，露出頭角」。他後來回憶說，是十八歲那年，「盡燒所讀帖括，別去同學」，告別科舉教育。十九歲，步行百里至盩厔，與李顒通譜定交，開始了關學的學習和切磋。二十二歲始登太白山。二十四歲奉孀母命，舉博士弟子，累試高等，一則以此安慰寡母，二則向人展露學業實力。母逝，即憤然辭去學銜，結廬太白山，讀書創作。山中乏紙，有時只得採肥大的槲葉起草詩稿。三百年後，郿人還傳說他終於「羽化登仙」。鄉親們追呀追，只見飄下一路槲葉，拾起一看，上面寫滿了詩文」。三原人還傳說「槲葉上的詩文是用血寫的」。

三十八歲那年，他曾聯絡同仁，建議當時的縣令梅遇興修水利，發展農業。就在梅知縣的十年任職期間，次第修成斜谷、潭谷等八條堰渠，取得了「郿無剩水」的政績。他不但參加了治水勞作，還用詩歌讚美這種德政，幫知縣總結破石開山引水的生產經驗。（參見潭谷河上堰水利碑記（代邑侯））

太白山的氣候，不到十月就下雪，積雪甚厚，謂之封山；到來年四月才消雪，謂之開山。所以山居最苦，惡衣粗食，即使初夏也是寒夜難熬。加之有時匪盜作亂，令人擔驚受怕。因此，朋友一旦聽説李柏又要入山，都苦苦相勸，無奈就送衣送糧給他，有人還送犬。所謂入山結廬，就是借天然山洞栖身，或借崖勢搭建窩棚，遮風擋雨而已。他讀書，大半靠借來鈔録。細致的研讀再加上他「一蠡知海」的那一套發散式邏輯聯想工夫，故顯得「學道得力」。四十八歲那年，「貢期將逼，謝不就」，這是他與清廷仕途的最終決裂。這一時期的代表作要數白燕賦。賦中藝術地揭露和批判統治者用「雕弓金丸」來殺害美如「翡翠、鳳凰」般的文人學士的罪行，同時表達了他「含章抱貞」終生不仕的決心。此外在給朋友的書信和詩序中，在他詩文創作中，對詩的關學的構想，也進行了逐步深入的探索與表述。

事實上，他一年的多半時間，還是在家裏，或田間耕耘，或斗室讀書創作。康熙二十六年，陜西提學使許孫荃見到五十八歲的李柏，説他「葛巾草服，如野鶴閑雲。所居容膝，而圖書萬卷，四壁縱横」，感嘆他是「古隱君子」。説的就是曾家寨家中的情况。從他六十一歲南游（康熙二十九年，公元一六九〇年）到去世（康熙三十九年），這十年是他一生思想最活躍，創作成果最豐富的時期。先是接受老朋友茹紫庭邀請，出關由河南南下經湖北到湖南衡陽，收盡東南之勝，實現人生「破萬卷行萬里」的夙願。後來是逃荒鳳翔、陜南三年，整理自己的作品，然後北返長安暫居，至康熙三十四年清明接受縣令駱文召見，並審閲槲葉集，倡導刊行。最後，又應耀州牧李穆庵邀請前往藥王洞爲穆庵課子。康熙三十八年，他酒醉墜牀，病中欲歸故園，被送回郿縣。第二年在曾家寨家中壽終正寢，享年七十一歲。

李柏老年時在給友人劉孟長先生信中概括自己一生，「少年病狂，中年病傲，老年病懶」，十分貼切。其根據是少年所立之志，就被同學鄉人罵爲「病狂喪心」，「鬼物入胸」，「愚騃下賤」，遠近傳聞，以爲「怪之怪」，「異之異」。死後又被乾隆年間郿志誣爲「奇服詭行，任情放誕」。看來李柏終生都未能擺脱這個「狂」字。那中年的「傲」，就是不覺其狂；老年的「懶」，就是不改其狂。我們今天通觀他的作品，才發現他那個狂，原是意識的超前。

二

清初「關中三李」，除他們以兄弟相稱，情投意合，學道相互砥礪之外，學界都認可他們共同的關學基礎，這是根本之點。即以李柏與李顒相比較：第一，是民族氣節相同。李顒多次拒絕官方乃至朝廷徵召。特別是康熙四十二年，皇帝在西安欲召見他，地方官員又苦苦相逼，他却以老病拒絕。皇帝只好下「温旨」說「高年有病，不必相强」了事。李柏也多次拒絕推薦。「薦牘在廷，橡栗在野」，布衣終生，貧賤至死。第二，「不由師傳，獨契聖真」的自學精神相同。李柏十八歲別去同學，盡燒帖括，開始自學。而李顒只上了兩年小學，就因病停學，等身體好些，才憑藉當時的工具書海篇和逢人「問字正句」的方法，讀書求學。第三，他們都以關學使命「爲天地立心，爲生民立命，爲往聖繼絕學，爲萬世開太平」自任，嚴絕釋老，秉承張載「明道救世」的治學目的和「學貴有用」的治學原則。稱此爲「吾道」，爲「正學」。爲此，他們深悟張子「寧少留意科舉之域」的叮囑，把科舉教育稱之爲「章句名利之學」，寧願終生不染仕途經濟。第四，他們都視關學教育爲「明道救世」的重要途徑，特別關注「凡鄙下賤」之人的求學之道。李顒一生誨人不倦，常常帶病回答求學者的提問。特別是東南之講，被時人稱爲「江左百年來未有之盛事」。李柏也曾兩度就館教書，多次總結教育和學習經驗，鼓勵人們匹夫而學能補天。還在深山隱居中體察到山中兒童求學之難，萌生了一個要做「山中木鐸，林下司徒」的美好願望。與此同時，他們都富有自我教育、反躬自省的精神。李顒以四書反身録出名，而李柏也有自記功過，自我約束於一呼一吸之間的工夫。第五，他們都把知兵作爲「明道救世」的實學科目。張子早年曾遠赴塞上向范仲淹求學兵道，李顒則在指導學習武備志時說：「經世之法，莫難於用兵。」他批評「兵非儒者事」的謬論，指出「學者苟能深討細究而有得，异日當機應變，必有可觀」。李柏在詩文中也喜談山川形勢以聯繫政治軍事鬥争的成敗得失，在文武同源一文中，指出分科取士，文武兩途的弊端。批評明朝「虛文盛而武備弛」的失敗根源。南游中他還寫了長長一篇大談用兵之道的張獻忠破襄陽說，揭示崇禎「以白面爲長城」必然失敗的命運。第六，他們的名氣和影響之大，雖發端於朋友的遠近傳播，但决定的作用同在官方。

首先是陝西巡撫鄂善（滿洲鑲黃旗人），雅慕李顒，又深知他難以屈致，便修繕關中書院，拔先生於各郡俊士之中，請他講學，環階侍坐聽講者幾千人。還有學憲許孫荃，反復閱讀李顒四書反身録後，準備向朝廷推薦，而李顒則耽心「觸嫌招忌」，遭「搜山薰穴」之禍，貽書力阻。孫荃雖打消了進呈之念，但還是同李因篤精心校定，刊行於世。就是這位學憲，又趁護送「御書之役」（康熙帝爲張載祠題詞「學達性天」）獲至郿縣横渠，即屏騶往訪李柏，盤桓多日，請柏爲自己的華岳集寫序，他又爲李柏的槲葉集作序。這就是以手寫體流傳至今的康熙二十六年許序。當然，盩厔駱鍾麟、郿縣駱文、岐山茹紫庭這些地方官員的拜訪、聽講、推舉，給予物質救濟，也是重要的途徑。正如蕭序所言，「傳先生之文者，衡州司馬茹公、郿大夫駱公也。兩公均可謂知人能得士矣。」槲葉集能得刊行問世，駱文是第一個推薦者和鼓動者。有他康熙三十四年手寫體序言和王于京序言爲證。

顒與柏的友誼關係，也是他們志同道合的明证。兩人早在順治五年就通譜定交。李柏曾在信中說：「憶昔與兄相見於沙河東村，兄年二十二，弟年十九。兄十四少孤，弟九歲失怙，命之苦同。……兄囊螢而讀書，弟爇香而照字，學之勤同。兄企慕先民，弟亦不屑爲今人，志之遠同……」李顒在著作中也親切地稱柏爲「宗弟雪木」，又在檢點五位親密朋友時，列柏爲首，說他「文章道誼，不忮不求」。

但是，李顒與李柏在思想上又存在極大的區别。主要表現在文藝觀與審美意識上。李顒從個别文人失節的事便得出「文人不足信，文名不足重」的結論（參見陳俊民點校，中華書局出版的二曲集前言第二頁），從此絕口不道文藝，厭棄俗學，一意求聖賢所以爲學之道。同時，他還專門收集有明一代，「跡本凡鄙卑賤而能自奮自力，卒成理學巨儒」的材料，編成觀感録，以此比照文人的無耻和空虚，將文藝列入俗學，排出聖賢之域。

但是他忘記了，正是孔子整理「詩三百」以施教化。孔子說：「詩三百，一言以蔽之，曰思無邪。」這是他以「仁」爲核心的禮教的重要組成部分。他還說，不學詩，無以言。可見從立身到立言，都離不開詩。他指出詩「可以興，可以觀，可以羣，可以怨」，其功能是不容漠視的。孔子的這些思想，爲李柏所真參實悟。所以，他在吕夷簡一文中指責宰相吕夷簡一個重要的瀆職行爲，就是没有援引大舜對堯女二妃的愛情，和詩經首篇關雎中所頌揚的文王之德——以聖德配聖女，以成内治——來教訓皇帝宋仁宗，從而導致母儀天下，百官擁戴的郭后被廢之後又中毒身亡。在鳳郡東湖序中，他專門論述人生最大的吉夢，就是在天地間暢享詩情畫意的快樂。此樂怎麽獲得？他説要靠人自己的審美能動性——「挹彼空中露，洗我蓮花心。」比如進山，就要從冰雪、湫池、巖石、松柏中求取自心的純潔，清澈，剛健和忠貞，以矯正天下淫、濁、污、懦等毛病。這就是自求多福的道理。於是他把文藝作爲洗心救心的法子。他在青門朱山人詩集序中指出，「以塵外之思了塵中心，則莫如詩」。

在人生踐履中，李顒走的是理的關學的講學之路，李柏則爲自己走出了一條詩的創作之路。李顒著意突出賤業巨儒的學術成就，而李柏則著意刻畫普通百姓特别是婦女的悲劇命運。陳俊民總結李顒，説他所倡明的關學，隨著整個理學在明清之際的終結，也完成了自我批評中的終結。但是，在李柏思想上，却覺得張載提出的「四爲」使命，在人們的實行中仿佛才開了頭。他説：「吾道長城屏瀚萬里。」這個道甚至可以「以萬古爲一時」，可以「包天地，轉日月，運古今，壽帝王，育萬物，達幽明，一生死」。他的這些説法，雖與詩人的浪漫氣質相關，但也明顯影響到他的學術思想。

李柏和李顒另外還存在一個極大的區别，就是李顒作品在整個清代得以流傳，並在乾隆年間被收進四庫全書。而李柏的槲葉集則遭到禁毁，「二百年間，幾不能存在」。

四庫全書總目四書反身録提要中説：「四書反身録六卷，續補一卷，國朝李顒撰。……康熙己未薦舉博學鴻詞，以年老不能赴京而罷。康熙四十二年，聖祖仁皇帝西巡，召顒入見，時顒已衰老，遣子慎言詣行在陳情，以所著二曲集反身録奏進，上特賜御書『操志高潔』以奬之」。

在四庫全書總目二曲集提要中，指明該書二十二卷，爲門人王心敬所編。

李顒在世時，他的四書反身録已由學憲捐俸倡導，刊行於世。到他去世的康熙四十四年、光緒三年、一九三〇年，又經多次增刊和再版。陳俊民先生在西安用了五年時間，考究多種版本，終於在一九九六年校勘整理標點出新版二曲集，由中華書局出版。

而李柏的槲葉集，他在世時雖經知縣駱文審批作序，「命梓人布告海内」，但到底經過幾年才湊足資金，出齊版本，到底印了多少套？史料所限，難得其詳。但有一點可以肯定，今天能見到的康熙本前後有他手寫的兩幀「自識」，一説槲葉集的命名，一説南游草的得來。這説明他生前一直忙於這件工作。按文體編排的體例，特别是康熙三十四年以後的許多作品，也按文體分别編入集中，這肯定是他的主意。但當時「傳世絕少」，連本縣一些熱心讀者都購買不到，只能傳鈔其詩文。可見，即使在康熙朝，由於「文網嚴密」（王步瀛語），人爲給他造成許多麻煩，是不争的事實。大約在他去世前後，駱文就以「糜費」「虧帑」被罷官下獄，但很快又「赦歸」（參見新版鄠縣誌，對駱文罷官具體時間語焉不詳）。後約半個世紀，乾隆年間鄠誌就説李柏「奇服詭行，任情放誕」。既這樣概括其人，當然不會理會他在「關中三李」中的地位，不會去宣傳他的槲葉集了。到了皇家設館收編四庫全書時，竟將槲葉集列入四庫禁毁叢書第八十九册五百五十一頁，並注明「清康熙三十四年刻本」（資料來源，陝西省圖書館古籍室）。查陝西三原中學（當地稱南郊中學）圖書館館藏珍本康熙版槲葉集，爲五卷本，第五卷後附南游草，第一卷前爲五篇序言，順次是李柏自識、蕭震生序、駱文序，許孫荃序，王于京序。其中只有兩篇注明時間，駱文序恰在康熙三十四年，許孫荃序在康熙二十六年。而王于京序則僅僅傳達了李因篤對槲葉集的評價，説明駱文審閲槲葉集，決定「命梓人布告海内」時自己在場。這就説明，遭到四庫館臣嚴厲審核，決議「禁毁」的，就是這個版本無疑。

就這樣，李柏和他的槲葉集被人爲地「淹没了」近二百年。至光緒十八年（公元一八九二年），鄠縣王步瀛兄弟在當時知縣支持下，「約同志創建先生祠宇，置祭田……彼時先兄即議重刻斯集，以廣其傳……卒以人事不果。」可見光緒年間，此書仍被禁毁。到了辛亥仲春（公元一九一一年初）終於從省垣存古學校發起，由李柏的七世裔孫李象先出面，得到省内外學者大力支持，踴躍捐資，形成浩大的重版槲葉集活動，其勢不可遏抑。縣令沈錫榮才作序上報，學憲余堃核準，經過人們的努力，當李柏槲葉集重見天日的時候，已是民國二年了。

按照此事的實際主持人王步瀛的說法，這是他囑象先「就原書復刊，體例一仍其舊」並「詳加校勘」的產物。這就是我們至今在鄠縣民間、在三原圖書館、陝西省圖書館、陝西師範大學圖書館珍藏機構中都能看到的由三原賀伯箴題寫書名的太白山人槲葉集，民國二年癸丑重版，鄠邑祠內存版。此次進入關學文庫，就是按照這個版本點校而成。除個別明顯的錯訛處加注改正，對異體字、俗體字參照辭源、辭海作統一處理外，其他堅持「一仍其舊」的原則。

三

槲葉集的思想内容，在哪些地方刺痛了四庫館臣們的神經，從而傷及乾隆帝的心靈呢？

一般地說，清初漢士中許多人懷點兒前明情結，帶點兒反清情緒，持不合作的態度，在康熙朝還都是能容忍的，漢士們心懷「匹夫而學能補天」之志，朝廷是歡迎的。然而象李柏這樣，身爲匹夫而去君懷鼎，胸藏萬壑而筆掃千軍，愛憎起來刻骨銘心的狂人，又熱衷談兵，即使在康熙朝勉强被容忍，但到乾隆時代，就無論如何都不能容忍了。禁其思而毀其書也就在所難免。簡言之，反清情緒是敏感的表象，民主情緒則是令朝廷恐懼的根子。

槲葉集卷一首篇白燕賦，宣告李柏「含章抱貞」的隱居之志。你看白燕多好啊，把文采含蓄起來，不去外露。抱者懷也，貞者正也。懷抱正學正道而隱居，這正是孔子天下無道則隱，邦無道則卷而懷之的政治原則。李柏以此爲人格底綫，持不合作態度，已够使清廷警覺的了。在當仁不讓於師一文中，他主張當仁不讓於師、友、兄之外，還加上了「當仁不讓於父，當仁不讓於君，當仁不讓於天」，他的狂勁就露出端倪。至於他要「一拳槌平天下山，一氣吸盡千江並四海」，人們以詩中狂言視之，也說得過。然而在短歌行中，他便觸及到了問題的實質：

「厥生不辰，遭逢陽九。文儒爲亂，筆弑哲後。引盗入室，逐昭殺糾」。

陽九是厄運。而文人「作亂」被誅，最切近的事例莫過於順治十八年的「江南奏銷案」，無辜而被殺害者一百二十一人，其中就包括文學評論家金聖嘆。還有康熙二年「湖州史獄」，無辜而遭殺害者二百多人，包括青年史學家吴炎和潘力田。至於「引盜入室」者，誰都看得出指的是洪承疇、吳三桂之流。與此詩相印证的是張烈婦傳。他在結尾處說：「世之男子，立人之朝，朝爲君臣，而暮事異姓者，抑獨何心哉?」他南游中的七律金陵一詩，則思想内容最勇猛、最豐富、最深刻。清初的金陵是個敏感之處。這裏有朱元璋的陵寢，清軍又在此地殺害了無數抗清的先烈。所以李柏在詩中說：

「四十帝君迷蝶夢，八千子弟化啼鵑。」

朱明王朝的中後期，包括那個短命而腐敗的南明王朝，多有迷于蝶夢的昏君。在内憂外患紛至沓來的時候，有昏君，内必多死諫的文臣，外必多死戰的武將。而最能代表這種「文武精神」的，則莫過於黄道周。他是天啟二年進士，崇禎朝因屢屢廷争不屈，被斥爲民。明朝滅亡，他在江南自募兵九千人，抗清失敗，被俘至南京，凛然不屈，被殺。八千子弟犧牲的事，顯然指此。

如果說此類詩章引起的是清廷對李柏的警覺和敵對，那麽，他的悟語一詩，則能更多地激起當朝的恐懼。頓悟本是佛家常說的話，但他在頓悟之後，不是遁入空門，而是民主情緒的萌發。他說他要做不落之木，不混之淵，不轉之石，不暗之月，不墮之巢，不汩之舟，不滓之蓮。最後還說：「天翻地覆，吾鼎不仄！」在中國，盡人皆知，鼎是權力象徵。只能天子有鼎，諸侯問鼎尚且有大不敬之罪，何况匹夫竟敢懷鼎有鼎，且在天翻地覆之下，其鼎不仄！這顯然是說，我的旗幟不倒。此心了得！

同時，李柏的去君思想也懷得久了。他早在用權一文中就說：「權在經内，放(桀)南巢而非篡也，誅獨夫(紂)而非弑也。」他還寫過多篇穆公墓詩，借對秦穆公殘酷的人殉制度的批判，抒發他反對霸主專制的情懷。在潼關、函谷關之類詩中，他嘲諷帝王不知依靠民心，只知依賴雄關企圖守護政權的愚蠢。他對唐宋君王多有批判，對明朝君王屢加諷刺。即使當朝皇帝玄燁，也不避諱。他後來還寫天王家一詩，舉崇禎帝刺殺女兒的血淋淋事實，表示他對君主以天下爲私的否定。綜上所述，去君懷鼎，兩相結合，構成了李柏鋭意超前的民主性意識。

衡峰望日歌一詩，可以說是他這種民主情緒的藝術概括。他最後唱道：

「稽首青辭籲天帝，願築日城照上方。萬古乾坤永不夜，長教欃槍滅角芒！」

他嫌當時的日城周圍還有晝夜，還有明暗。在暗夜之中，還有可怕的「彗星」興妖作怪以害人，所以虔誠地呼籲天帝，再造新的日城，教宇宙永無黑夜，教世界永遠光明。中國人都知道，天無二日，國無二主。在李柏的心中，似乎要實現「爲生民立命，爲萬世開太平」的關學使命，其根本的任務是要呼籲天帝，再造日城。天帝何在？是不是還包括去君懷鼎的匹夫們？

看來，李柏的狂，不是詩人一時的衝動，而是許多塵外之思的凝聚，是理性積累的結果。看來，乾隆王朝禁毁檞葉集，乾隆時期鄙誌貶誣其作者，都是同一政策的産物。它説明，封建統治者内心懼怕人民的民主醒悟。然而不以他們意志爲轉移的是，他們的禁毁舉措反而强化了人們的好奇心，激發了讀者搜求和閲讀檞葉集的興趣。

四

如上所説，李柏首先是「道繼横渠」的學者，然後才是詩人。不過在很多時候，喜歡用他那特有的高古峭寒的太白詩體表達思想罷了。他的詩，雄健高拔，敵入無我之境；太白雪月，輕點曠古之色。藝術上的推敲講究，其實都與他的人格和思想密切相關。在這裏，思考力固然起了决定的作用，這正是學者作詩的本色。然而，也得益於江山之助，這又是不可忽視的。他長期隱居太白山，屏除紅塵干擾，訓練耳目心靈感覺，達到「耳觀山色，目聽水聲，聞見俱融，不滯形跡」的地步。時人稱其「齊猶龍之變化，而不可物色矣」。

事實證明他的隱是自覺的。在對歷來一切隱者進行分析定位之後，他選擇了以孔子爲師的儒家之隱。他也歌頌巢、許、嚴光的道隱，肯定他們在聖天子時代，自熄爝火，擺正位置的崇高道德。但惜其清静無爲，因而只能爲友不能爲師。他也肯定秦人避亂桃花源的逃隱，但這只是同情他們求生的自由。他更肯定陶淵明的歸隱，仰慕他留下了輝煌的詩篇，但這畢竟是由於官做不下去了。他明確嘲笑盧臧用一類人的官隱，走終南捷徑其實是仕途經濟。他鄙視王維的禪隱，説他是

「壞名教者也」。他批判石季倫之類的肥遁，認爲那是更奢華的享受。他更蔑視馮道之類，江山屢易其主而他不改其樂，做官成癮，還自視爲隱於朝的「通儒」。凡此種種，他在詩文中都一一做過檢點。

他對儒隱的自覺選擇，還表現在對此創作生涯的清貧淒苦早有精神準備。他常告誡自己，隱者不可富，富莫富於蓄道德，蓄學問。錢儀吉對他這種自覺擔當社會責任的隱法理解極深，非常敬仰。他補充說，宋明以來有許多自稱「太白山人」的「隱者」，有的來「摘洞林之識，沉謀踣巢」，是陰謀家。有的爲「戴遠游之冠，風施在茗」，是表演家。對比之下，只有李柏才配得上高大純潔的太白山。

正因爲如此，他才能對取材相同，清静無我的禪境詩有所超越。在他的俯視中，宇宙既有機緘密運春風化雨的養育之恩，也有陰陽摩蕩山崩海嘯的自然灾害，其間人力與自然的動態妙合，也是一種美的境界。例如在塹峪行詩中，看到自然力造成「鐵壁削空，顛倒斗牛」的南山谷口，他驚嘆道：「日月恐墮而側度，虎豹愁險而空吼。」但就在這樣的險境中，人們還是建起了一條道路——「或排田疆力，或開五丁手，然後梯虛棧危，通人行走。」後來，人的智慧終於和大自然力量並行不悖了——

「日瘦雲淡溪聲苦，揮霍一變無所睹。
霧巢幽壑神遷木，黑堆長峽鬼移土。
雷電晦冥老蛟戰，怪物出入雜風雨。
雨絕風斷雲吐松，乃見老人踞松峰。」
「揖問先生何代隱，自言卧雪八百冬。
錫杖東山解鬥虎，金鉢南潭貯毒龍。
……
如意一拔浮雲散，中天白月是禪心。」

原來雄健高拔的塹峪老人，也有一顆禪心，但却不是無爲而是有爲，不是出世而是要掃除世上的鬥虎毒龍，驅散烏雲，爲人間迎來日暖月白的春色。人們雖然常被常建、王維的禪詩境界所陶醉，但是，誰也無法抹去琴師調弦的身影，無法抹去仰觀明月俯察清泉的遊人。可見，要造就真正的「無我之境」是很難的。李柏的山水詩，不落前人格套，不廻避人的存在，因而能獨佔太白山上雪木一峰。

他高古峭寒的風格追求，獨到而不媚俗。例如在一個「淡」字中，他竟揭示出許多常人不曾注意的審美内涵：「淡之風，清。淡之韵，高。淡之用，簡。淡之致，閑。淡之情，静。淡之氣，穆。淡之思，定。淡之操，嚴。淡之行，廉。淡之量，弘。弘則不忮，廉則不貪，嚴則不濫，定則不擾，穆則不浮，静則不躁，閑則不勞，簡則不煩，高則不俗，清則不污。不污不俗，得淡之品。不煩不勞，得淡之性。不躁不浮，得淡之養。不擾不濫，得淡之體。不貪不忮，得淡之神。」（張仲貞淡園跋）

其實，他如此豐富的美感得來也並不神秘。因爲他要從現實濃黑的悲凉中跳出，去尋求素凈明朗的安祥世界。這就須將眼光投向古老的淡遠、廉潔、透脱、閑静、從容、樂天等等字眼，將這些詞語人格化，不正是他想要常駐人間的審美境界麼？孔子説：「繪事後素。」所感悟的也是這種色彩的魅力。

程靈生

二〇一四年九月于西安

點校説明

一、櫟葉集是李柏僅存的遺世之作，依關學文庫體例，今名爲李柏集。李柏集包括他生前所創作並編纂的櫟葉集與南游草兩部分。此次點校所依底本是太白山人櫟葉集（民國二年癸丑鄠邑祠内存板）。此版乃是李柏裔孫李象先於辛亥仲春「出秘籍而重梓之」（高庚恩序語），并遵照王步瀛意見「體例一仍其舊」。這次編入關學文庫，也堅持「一仍其舊」原則。

二、所謂「秘籍」，就是民間珍藏之櫟葉集最初版本，包括南遊草，爲李柏本人於清康熙三十四年（一六九五）編訂，親手交給鄠縣知縣駱文審批付梓以成者。由于當時「文網嚴密，傳世絶少」「往往求之不得」（王步瀛重刻櫟葉集序語），所以一般流傳方式是友人相贈，甚至傳抄。

三、清乾隆時期，在全國搜集整理四庫全書，受館臣嚴審，將李柏櫟葉集列入四庫禁毁叢書第八十九册五百五十一頁，並注明「清康熙三十四年刻本」（資料來源：陝西省圖書館古籍室）。此後「二百年間」李柏著作「幾不能存在」（李象先重刻櫟葉集後跋語）。

四、查今陝西省圖書館與陝西師範大學圖書館兩處古籍資料室，均藏有被標名光緒版的櫟葉集（陝西省圖書館將其與康熙本、民國二年癸丑本鄠邑祠内存板通編號爲二四一七），但其内容均與康熙本無異，且前無再版序言，後無説明。序言排列：首序駱文，康熙三十四年撰，爲手寫體字。次許孫荃，康熙二十六年撰，爲手寫體字。次王于京，印刷體字，不注年月。次李柏自識，手寫體字，不注年月。查今三原中學圖書館珍藏本康熙版櫟葉集與此僅有一點不同，就是李柏自識訂在首頁。内容與底本無異。

五、原來清光緒九年癸未（一八八三），國史館搜求遺獻，陝西以三原賀伯箴爲首，士子一致推薦櫟葉集，經中丞馮公上報。但此後沒有任何消息。後至光緒十八年壬辰（一八九二）邑宰毛鴻儀囑紳士明經王登瀛爲經理，民間集資爲李柏創建祠宇（遺址殿堂今存郿縣東三十里之曾家寨），置祭田，並議再版槲葉集，「卒以人事未果」（王步瀛重刻槲葉集序語）。由是觀之，清光緒間，不曾再版過槲葉集。所謂「人事」，當指槲葉集曾遭禁燬的文教政策。而幾處標爲「光緒本」的槲葉集，很可能就是當時關中士子珍藏，兩度申報再版，未獲批准的「康熙本」。李象先所持「秘籍」，就是此類版本。

六、醞釀於清宣統辛亥仲春，事成于民國二年的郿邑祠内存板槲葉集，是遵照此事的實際主持人王步瀛先生的意見「一仍其舊」刊刻而成。查看兩種版本目次與具體内容，確爲一致，保持了李柏槲葉集思想内容與藝術風格的原貌。至於抗戰時期郿人又印的五百部，純系民國二年版本的複印（參見王謙樞重刻槲葉集跋）。

七、由于底本與初版無異，且康熙本槲葉集也與底本無異，所以，本書使用理校法。

八、書中部分異體字、俗體字，在這次點校中依照新版辭源作處理，如底本中「咲」、「筴」，皆作「笑」。對明顯的誤刻字遵語境逕改，如重修岐山文廟疏中「庚酉」爲「庚申」（一六八〇）之誤，「不登山者必陟崑巔」中「不」字爲衍字。凡對底本改動處，都在當頁加注供參考。

九、爲較準確地把握李柏背景材料、時代精神、思想内容與表達方法，點校中多參閱山陽吳懷清關中三李年譜卷五李柏年譜，袁行霈主編中國文學史，梁啟超著中國近三百年學術史，顧炎武著日知録，錢仲聯主編顧炎武文選，仲錫聯著金聖嘆文學批評理論研究，二〇〇〇年新版郿縣誌，王力主編古代漢語，喻博文著正蒙注譯，文物出版社老子，中華書局出版曹礎基著莊子淺注，宋元人注四書五經，郭晉稀注釋文心雕龍，尤西林著人文科學導論等書。

目録

說

記

傳

跋

卷之三……八四

辯

解

語録

雜著

圖

讚

銘

啟

祭文

書

七言古

卷之五 …… 二一六

七言律

五言絕

五言律

長短句

箴

五言絶

五言律

序

重刻雪木李先生槲葉集序

世稱雪木先生之文曰奇。夫非好奇也，蓋其胸有萬古，小視天地，其識力高出恒流百倍，雖欲不奇其文而不得也。故人則奇之，而吾竊以爲常。其事親與師也，不學今，不就試，奇矣，而實常也。其事君也，雖死不二，未嘗仕勝國，而終爲勝國之遺民。薦牘在廷，橡栗在野，奇矣，而仍常也。始則見朱子小學而燔時文，既則學業文章，誠足「羽翼六經，發矇振瞶」，李天生亦稱之，夫何異於爲儒耶？而世之論者，若謂其不專習程朱之書，刻程朱之集，襲程朱之語録，而爲書攻其稍異于程朱者，以張吾道之門戶，遂不許爲名儒，而屏之關學之外，蓋有不可解者矣。吾嘗考之，國初以來，關輔名流輩出，如雪木先生暨李天生，王山史，其最著者；「三李」「四賢」於是稱焉。天下名集，鮮不著録；而獨佚于關學之編。欲起先儒而問之，亦不可得矣。

今其後裔象先肄業吾校，久之，乃與同學諸友，商訂先生全書，於其舊版之毀於兵燹者，出秘籍而重梓之以公海內。從此，先生之文著，即先生之行著。而先生之爲儒，將與李天生、王山史諸先生皆大爲表彰於正學缺微之日。此關學再起之一機也。竊人於此拭目俟之矣。至其文詩之奇，無往不關乎世道人心之大，則在斯集歟！前人之論在，茲不贅述云。

宣統辛亥孟秋甯河高賡恩謹識

重刻槲葉集序

郿縣東南太白山，誌謂即「禹貢惇物」。盛夏積雪，人蹤罕至。清初李雪木先生嘗往來山中數十年，臥明月，嚼冰雪；讀書樂道，屏絶榮利，嘗自號「太白山人」，所著自序云，山中無紙，采槲葉書之，故以名集。頗聞故老相傳，先生生於明季，大清龍興隱居求志。鄉人有入庠者，母釁之，先生乃一應試，補諸生，博堂上歡，旋棄去，布衣終身，泊如也。同治甲子，余年十三，隨諸兄謁先生墓，讀王灃川先生所爲墓碣記，知關中「三李」齊名爲不誣。既讀先資政手抄先生詩一卷，求其文，不可得。久之，琴溪六弟始從友人借録一通；又久之，乃以重值搜得全集。旋爲三原賀復齋先生借去；復齋歿，書遂佚。

聞昔年槲葉集刻甫成，文網嚴密，故傳世絶少云。憶壬辰歲先松亭兄約同志創建先生祠宇，置祭田，丐復齋先生作記，彼時先兄即議重刻斯集，以廣其傳。復齋先生亦亟贊成，卒以人事不果。今先兄下世忽忽三年矣！兄子謙樞乃與先生裔孫象先，及同學諸友，謀醵金重鋟板，遂乃父志。予聞之，欣然寄三十金促其成。刻將竣，象先書來問序。

嗟呼！先生抱不可一世之概，志潔行芳，皎然絶俗。嘗詠梅花詩云：「三冬無此物，四海盡雷同」，正先生自爲寫照。而淡園一記，尤見先生學道得力，抗節孤高，足維名教。視世之攖情華膴初終易操者，固高出萬萬。今先生集具在，誦其詩，讀其文，可以論世知人。乾隆郿志乃稱先生「奇服詭行，任情放誕」，豈果爲定論哉！先生生平大節，詳于王灃川墓記及先正事略。錢衎石儀吉太白山人傳、賀復齋祠記，囑象先刊附卷末，俾後世有所徵信，而先兄未遂之志，九原有知，其亦少慰矣乎！

是爲序。時在辛亥仲春同邑後學王步瀛謹撰於西涼郡署

太白山人槲葉集敍　許敍

往余初入關中，與頻陽李子德、太史楊権。關中隱逸載及太白山人，始知有其人矣，而未得其詳也。已而，行部周原，進諸學官弟子諮詢文獻，頗得其詳矣，而未見其人也。嗣奉御書之役，獲至橫渠，屏騶過訪，見其葛巾草服，如野鶴閑雲。所居容膝，僅蔽風雨。而圖書萬卷，四壁縱橫，進歌草蟲，退詠白駒。於是，見其人矣，而猶未窺其深也。遲之又久，始得其槲葉集，讀之不禁撫卷歎曰：若山人者，庶幾古隱君子之流乎！夫君子捋草木以盡天下之色，鼓雷霆以盡天下之聲，闡幽隱以盡天下之蘊，亘日月，交山川，錯鳥獸，以盡天下之變。其志定者其言簡以重，其志儉者其言質以實，其志剛者其言果以斷，其志直且廉者，其言坦易以揚厲，山人庶幾古隱君子之流乎！抑又聞山人嘗大雪中直走太白山巔，萬壑冰霜，晶瑩四射，狂歌散髮，高臥其中，一片清寒，沁入肺腑，故作爲詩文，無復人間煙火氣。異日者，益將鞭靈霳，驅霹靋，乘朔風，擎白日，摩皓月，觀天地之倚附，掘陰陽之屈伸，於是山人齊猶龍之變化，而不可物色矣。

康熙二十六年歲次丁卯仲冬

淝水同學弟許孫荃題。

序

間嘗披覽輿圖，旰衡史冊，見夫鄒魯多文學，吳越多俊髦，燕趙多感慨悲歌之士，而殽、函、梁、豫間往往多幽人隱君子焉，心竊嚮往者久之。及攬轡入京華，恭逢我皇上稽古右文，嚴師重道，一時鴻儒碩彥，師濟盈廷，煌煌乎文明之盛，洵足媲唐、虞而軼三代哉！尤復雲漢作人〔一〕，拔尤羅致，謂當代固多夔、龍、周、召之才，而山林不乏巢、許、皓、光之輩。由是徵書四出，遍選名賢，而雪木李先生其最著者也。乃先生於兮旌下賁之時，矯矯自好，偃臥恬如。先生殆高尚其志者歟？

歲辛未，余奉簡命來牧茲土。郿爲先生桑梓地，余嚮往恒殷，入境即以得見先生爲幸。先生秉先幾之哲，避荒漢上，與余願適相左。今春歸自漢南，不以余爲弁鄙，謬相過從，盤桓匝旬日。仰天耳熱，掀髯劇談十五國之貞淫正變，千百年之治亂興衰，靡不刺刺言之，瞭若指掌。更出其所爲詩古文詞數萬言，皆能豎立鐵脊，自成錦織，不屑屑拾人牙慧。而奇思偉論，則一空前後。作者嘵乎於山見太華之高，於水見黃河之大且深，於人得見太尉而後可以無憾。今余之獲與先生游也，其亦可以無憾矣乎。後之學者，讀先生之文章，景先生之芳躅，想太白峰頭，當有雲煙繚繞，鬼怪百出，風雨飛來，雷電交作之狀，然後知先生之浩落襟懷，與天地爲徒，與煙霞爲侶，與山川草木、鹿豕禽魚爲居遊者，共有千古矣；而余亦藉以慰嚮往之初心矣。是爲序。

時康熙三十有四年歲次乙亥夏六月上浣之吉，鄂州駱文撰。

太白山人槲葉集敍　王敍

京家居時，聞同里子德李先生曰：「關中三李，余行季，素以虛聲聞於人，自問恒多過情之恥。行伯中孚李先生，行仲雪木李先生，學業文章，誠足羽翼六經，發矇振聵。」自此，親炙之望，拳拳服膺。

庚午冬，叨膺簡命任職郿庠——雪木李先生桑梓郿邑。食祿於郿，睹青之願酬矣。甫至境，聞先生因秦地大饑，遷于

〔一〕「尤復」疑爲「猶覆」之誤。

漢南。自恨腐草朽木之質，終非教澤所得加也。乙亥春暮，先生以拜掃旋里。邑侯駱簡菴先生聞而招之，館于南禪，請啟先生之篋，出先生之文章，命梓人佈告海內，京幸得侍側焉。接其道範，聆其講論，所謂「羽翼六經，發矇振聵」——子德先生之言不虛也。乃欣然曰：「自今以始，京見先生，得見先生之文章；海內之士見先生之文章，如見先生矣。人人見先生，先生提命之功豈淺鮮哉！」

頻陽弟王于京頓首拜。

太白山人槲葉集敍　蕭敍

寶劍將出豐城，而斗間有氣。美珠將出洛浦，而水邊生光。良玉將出崑山，而石上吐英。賢人才士將出於草澤，必先從少小豎起脊樑，露出頭角。吾友雪木李先生束髮受學，嘗步觀九原，顧墟墓，屢屢歎曰：「百年後化爲荒煙蔓草，學者當爲身後計。欲爲身後計，當別有正學。若頫首芸窗，營營科目，不見源本，是謂章句名利之學。」由是竊讀小學，見古人嘉言懿行，豁然悟曰「道在是矣」。遂盡燒所讀帖括，潛讀古書。家赤貧，膏火不給，或昇高照月，或爇香燭字，至雞鳴方寢。師禁毋學古。恒得一斷簡殘編，秘枕中，弗令師見。會童子試，先生志在山林，避不就。或日暮投古廟，坐達旦不寐，或深入眢井三日夜，或潛走曠野危坐，連宵不歸；或出亡於外，西渡汧水，南入雲棧，東登首陽，拜夷、齊墓。其兄趾之回塾。師樸曰：「汝學古人，吾必令汝學今人也！」先生曰：「願學古人！」再樸曰：「學古人乎？學今人乎？」先生曰：「願學古人！」又樸曰：「汝還欲學古人乎？」先生曰：「必學古人！」數問而辭不變。由是，遠近之人見其蹤跡太奇，語言汗漫，或曰「鬼物憑胸」，或曰「病狂喪心」，或曰「愚騃下賤，禄命不豊。」訕笑百出，先生皆不顧也。後奉孀母命，舉博士弟子，累試高等。母死，憤然棄冠服，服法服，結廬太白山，讀書學道，粗糲食，襤褸衣。山僧蒲饌，道人籜冠，人以爲陋，而先生安之如故也。深山之中，每遇一古木、一怪石，則必曰「可悟文章。」每遇松風、澗響，則必曰「可悟文章。」每遇枝頭啼鳥，水面落花，則必曰「可悟文章。」張旭看劍悟書，伯牙入海悟琴，皆此類也。故先生爲文，多得之山水清音，不作人間絲竹矣。或曰：「身將隱，焉用文之？」先生曰：「言之無文，行而不遠。」故欲知先生者，當於先生之人求之，不當於先生之文求之。

衡州茹少府，素善先生者。以書招之去。先生挾一騶奴篋書，過漢陽，涉江夏，泛洞庭，渡瀟湘；發江北之雲，宿江南之夢。哀屈原於湘郢，哭賈誼于長沙。謁武侯於隆中，瞻峋嶁于衡嶽。酹帝子於蒼梧，弔湘君于南浦。懷子房於下邳，想黃綺于商山。講韜略於襄陽，議守戰于函關。此一遊也，收盡東南之勝，是以有湘中草。歸而移家漢南，入雲驛有感，極褒城有感，登漢王之臺，尋與可之跡，眺五雲之宮，躡念佛之巖，采篔簹幽谷之竹，釣沔陽丙穴之魚。此一遊也，收盡西南之勝，是以有漢南草。

昔史遷之文，以周覽而奇；蘇軾之文，以累謫而奇。先生破萬卷行萬里，而文益奇，又不止太白山中所聞見者。或問先生于文爲左、國歟？史、漢歟？「唐宋八大家」歟？先生曰：「我學八家，我居何等！」先生不爲八家而自成一家。言此如劍出豐城，珠出洛浦，玉出崑山，在當時已騰其氣，耀其光，吐其英。令入「五都」之市，光怪者不啻若照乘，若夜光。古色者不啻若欹器，若壽夢鼎。珍錯者不啻若岱畎、絲枲，若瑤琨、筱簜。愚賈過市而不顧焉，智賈入其肆而物色焉。富賈不惜千萬金羅致之，而懷寶者弗售焉。何也？先生非徒以文爲寶也。先生之文，道之菁華，溢而爲詩爲字，文之糟粕。余故序其人，因及其文，使人知求先生之文，不若求先生之人。然則賢先生之人，傳先生之文者，衡州司馬茹公，鄜之大夫駱公也。兩公均可謂知人能得士矣。

同學弟蕭震生敬題。

槲葉集敍

山中乏紙，採幽巖之肥綠，浥心血之餘瀝，積久盈篋，遂爲集名。

太白山人李柏自識。

卷之一

賦

白燕賦

太極渾以涵三兮，陰陽判于鴻濛。濁亭物以潛淵兮，清孳而翔空。鵾出海乘扶搖兮，學鳩游於蒿蓬。知鷦鷯之爲大鳥兮，洵鳳雛產於鳦巢之中。智哉！鷾鴯家於溟東，遺卵肇商，入夢誕公，翼不乘雲，頸異采翁。乘春秋以去來兮，啣泥落花之叢。擇玳梁以高棲兮，狎主人于簾櫳。侶玉京以終節兮，繫紹蘭之詩封。同君子之忘機兮，類佳人之殊容。語不解人以玲瓏兮，剪不割雲而裁桐。分漢越以大小兮，岐〔一〕生殺以雌雄。時晛睆其巧舌兮，咸墨服而紫胸。胡乃羽毛一變，緇素不同？飛出烏衣之巷，集乎瑤臺之宮。傍珠樹而翩翩，依瓊筵而顒顒。慕羅浮之淡妝，舞霓裳之肅雍；托月魄而難缺兮，孕雪魂而不融。得皓鶴之一體兮，曳縞衣而上冲。遺塵粉以不染兮，脫埃煤其奚蒙。粉黛兮三千，對之而金釵失色；煙花兮八百，近之而胭脂退紅。鳳凰原頭，掠斷青山叠叠；鸚鵡谷口，點破綠水重重。問君何以如此，特變采于馬樞之高風。至若翡翠以文章致羅，孔雀以錦尾受罝。黄雀啄粟兮，來公子之金丸；烏烏至屋兮，墜王孫之雕弓。斯皆昧於出處之義，暗於幾先之聰。故吾獨含章而抱貞兮，永希志於冥鴻。止幽人之几案兮，三十年忘其窮通。

〔一〕岐同「歧」。

劉向

嬖人之子州吁，弑衛桓公。石厚與焉。其父石碏，使其宰獳羊肩殺厚于陳。君子曰：「石碏，純臣也。惡州吁而厚與焉。大義滅親，其是之謂乎。」劉向，漢之宗親也。成帝元舅大將軍王鳳專政，兄弟七人封侯。向知其將簒也，陳洪範五行志，數上封事，言王氏將不利於劉氏，可謂忠矣。獨其處子歆，君子有遺議焉。歆附王氏，有石厚黨吁弑君之罪。向無石碏大義滅親之舉，此所謂當斷不斷，舐犢養奸也。或曰：「厚黨吁弑君，其惡已著，碏得而殺之；歆附王氏，王未代漢，歆罪未彰，向惡得而殺之」？曰，成帝河平間，詔歆與向同校書天祿。向數上封事，而歆無一言及王氏，其志可見也。且其著書持論，每與向反，向存即不尊家學，向死能保守其家法乎？爲向計者燕居過庭，問歆國事，爲劉則忠，爲王則賊；縊歆，權在我也，孰得而撓之？金日磾，休屠降奴也，其子弄兒與宮人戲，日磾即殺弄兒。楊彪曰：「愧無日磾先見之明。」不謂向之勤苦好學，感降太乙，習穀梁春秋，而反無日磾先見之明也。穿弑靈公，盾不討賊，董狐書曰：「趙盾弑其君。」天若假向一十三年，親見王氏之簒漢，而不殺附莽之劉歆，則趙盾不討之罪，向何逃焉？祁奚老，晉侯問嗣，對曰：「午也可。」春秋不以爲比藉。曰，歆賢向必不能自舉，以不殺歆知之也。然則天下後世之爲人臣者，子忠吾君，當如奚之舉午；子欺吾君，當如碏之殺厚。慎無如劉向，忠於漢室，而不殺謟附王莽之子歆也。

夸父追日論

愚哉，夸父之以逐日而渴死也。夸父非無心也，夸父不以心逐，而以身逐，身未死則心先死。未有心死而身不死者也。

天人一也。天之日，天之心也，天之心，人之心也。以人心逐天心，以心逐心也。以心逐心何不及之。有萬古此天心，萬古此人心也，是一非二，無須臾離。一人逐之，一人不死，天下萬世人人逐之，人人不死。夸父死，夸父之不善逐日也。古之善逐日者曰「自強不息」，曰「不顯亦臨」，曰「學有緝熙於光明」，曰「念茲在茲」，曰「惜寸陰」，曰「惜分陰」。不行跬步，不出門庭，我欲逐日，即及日矣。夸父用身不用心，心死身能存乎？所以愈逐愈遠，而渴死嵎谷也。非日疾而夸父遲也，心不至也。

大寶篇

或問之曰：「瑚璉、干將可以爲寶與？」曰：「寶也。」「隋之珠，和之璧可以爲寶與？」曰：「寶也。」「羲之字、虎頭畫，可以爲寶與？」曰：「寶也。」曰：「易之若何？」曰：「寒蟬一翼，螳螂一股。」客驚曰：「吾所言寶皆谷量牛馬，城稱珠玉；萬家之邑，五都之市不能易者也。今曰寒蟬之翼、螳螂之股，無乃稱物非平與？」曰：「平甚！」客怒目攘臂曰：「是數寶者，天下之至寶也。子賤之。天壤之間，更有何寶？」曰：「有寶於此，其大則括囊天地而空無一物，其小則蝴蝶眉睫能寓全體，其重則億萬烏獲難移尺寸，其輕則嬰兒肩之如不知也，其發也則雷霆海潮之音不能擬其鏗呟，龍宮蛟室之產不能方其光華，天廚侯鯖之珍不能比其芬芳。其歛也，師曠聽之而無聲，離婁視之而無形，易牙嘗之而無味」。客曰：「如子所言，乃寶之無用者。古諸侯之寶，有照夜者，有辟塵者，有辟水、辟火者，有辟寒熱者。是以蛟龍欲之，鬼神歆之。如其無用，則亦蟬翼螳股耳。」曰：「此寶非無用者也。無時與人，故藏於九地之下，淪於九淵之中，苟得其人，又遭其時，此寶一出，能使五星順序，能使四海不揚波，黄河清，能使麟遊郊，鳳來巢閣，能使山出器車，而地湧醴泉，能使虎豹爲騶，虞茅爲荎蕙，能使家有孝子悌弟，朝滿忠臣無奸佞，能使天下萬國永息兵革。是寶也，即海量珠貝，積崑崙高，金玉億萬庫，亦不能易也。」客驚顧曰：「是寶也，誰其有之？」曰：「三代以前，帝王之貴有之，韋布之賤亦有之。三代以後，韋布有之，帝王時或亡之矣。」曰：「有名與？」曰：「蕩蕩乎民，無能名焉。無能名者，帝王之大寶也。」曰：「有是大寶，無以守之，盜斯奪之矣必也。河山設險以守其遠，金城湯池以守其近，期門羽林以守其內，則無盜吾寶者。」曰：「恃此守寶乃喪寶也。昔者聖帝明王之守寶也，堯以欽明安安，舜以恭己無爲，禹以惜寸陰，湯以聖敬日躋，文以緝熙敬止，武以敬勝義勝。其操存人人殊，而歸於主敬則一也。」客默然久之，忽爽然謝曰：「吾今而知帝王之道在守寶，守寶之學在主敬。」

贈醫者

儒者得志爲宰相，不得志爲隱相。孫思邈即其人也。思邈隱太白山，以醫術濟世，其所師友，皆一時名士。其論疾病，則以天地、日月、雷霆、雲霞、草木、山川爲喻。蓋言王道也。由是知醫之爲術，小壽一國，大壽天下。故程子曰：「我亦有丹君知否？用時還作壽斯民。」吾鄉某子，居太白山下，私淑思邈，壽一方矣。如曰得志壽斯民，如明道言，蓋有命焉，不可強也。

過樊河論

壬申四月四日于雲棧樊河，見石碑大書曰：「蕭相國追淮陰侯韓信至此。」追者何？薦信也。信從高帝入漢中，坐法當斬，呼滕公曰：「主上不欲取天下耶？奈何殺壯士？」滕公奇其貌，壯其言，言於上，釋之弗用也。信亡去，蕭何追之。漢王以爲何亡也，如失左右手。何至，嫚罵曰：「若亡何也？」曰：「臣不亡，追亡者。」「亡者誰也？」曰：「韓信。」曰：「諸將亡者多矣，不追；追信，詐也！」曰：「諸將易得，至如信者，國士無雙。大王欲長王漢中，無事於信；如欲取天下，非信無可計議者。」漢王因築壇拜爲大將。於是出陳倉，定三秦，渡夏陽，斬龍且，虜魏王豹，破趙下燕，襲齊擒羽，皆信功也。蕭何可謂能知人矣，能以人事君矣。及信之死也，或曰：「何紿信入賀，鐘室難作。」以爲何死信也。予曰，不。或曰：「信請假王，張良躡足，以爲良促信死也。」予曰，不。或曰：「與帝論將，多多益善，帝忌信死也。」予曰，不。或曰：「與豨通謀，舍人告變，信以反死也。」予曰，不。曰：「班、馬列傳志信死，不出此；子謂舉不足以死信，而信竟死，信誰死耶？」曰，呂嬃死信也。嬃乃樊噲之妻，高帝之姨，呂雉之妹。雉淫妒讒邪人也，嬃出同母，性必鷙害。信曾詣噲，噲跪迎曰：「大王乃肯臨臣。」信鞅鞅曰：「生乃與噲等爲伍！」其睥睨傲慢，呂嬃必知之；知必恨，恨必讒，人情也。天下豈有姊爲皇后，夫爲大將，跪拜迎客，而嫚罵折辱，不恨入骨髓讒訴媒孽者乎？況雉爲產、祿，陰欲叛漢，以爲諸將易伏，唯信才高難制。其欲殺信非一日矣。而嬃又讒之。雉，火也；嬃，風也。火得風斯燃之矣，故曰呂嬃死信也，雉之殺信也。皆曰舍人告信反也。嗚呼，韓信，智將也，才將也，自定三秦以至滅項，用兵如神。孫子所謂「動於九天之上，藏於九地之下。」唯信爲然。即欲反漢，何事陳豨？即與豨謀，舍人何從知之？予以爲舍人，即雉陰布腹心人也。故一告變，即使何紿信，信入即斬。古者刑有八議，一曰議功。信即有罪，其功當議；罪不可赦，因待高帝可也。其不待高帝，恐帝議功赦信也。何以知信不反也？信臨刑曰：「悔不聽蒯徹之言！」當信破趙下齊之日，徹知高帝爲人，可與共患難而不可共安樂，往說信曰：「相君之背，貴不可言。」此時兵權在信，一納徹言，三分天下，誰能制之！信曰：「漢待我厚，不忍背之。」信不反漢明矣。豈有天下已定，茅土已賜，乃與陳豨反乎？然而史氏作信傳，以爲信反，則又何也？曰，史氏爲尊者諱，不著信反，則漢有枉殺功臣之過矣。然則信死無罪乎？曰有罪。罪在不讀老子也。老子曰：「功成，名遂，身退，天之道。」信之功成矣，名遂矣，而身不退，反天道也。當項王死後，信若上書，告歸田里，辭其王爵，歸其兵柄，亦如子房從赤松子，高帝必不畏惡其能。高帝不畏惡，則嬃不得讒，雉不得殺。故曰信死有罪，罪在不讀老子也。

用權

程子曰：「權者，聖人之大用，而亦常人之大用也。」蓋聖人用權，可以濟世；常人用權，可以濟身。康熙七年二月，虎出南山，有衆逐虎，溫泉男子党氏者，爲虎所攖。党氏懼，委一臂於虎，虎得臂不及頭項，救者亦至，党氏獲生。李柏曰，若党氏者，可以行權矣。臂與命孰重？安與危孰迫？安則一髮匪輕也，危則一臂可捨也。此權道也。經，常也。權，變也。變以通常之沮，而權以濟經之窮也。雖然，仁，要也；知，次之。譬之山，仁，崑崙也。知，南條、北條、中條也。有崑崙以爲祖，而後有三條紆迴之龍。譬之水，仁，星宿海也。知，黄河也。有星宿海以爲源，而後有黄河曲折之流。故曰，惟仁者爲能守經，惟智者爲能用權。何也？仁者樂山，山主靜，靜與經合。智者樂水，水主動，動與權應。仁智有相成之術，經權有互用之時。雖然，不可不辨也。有深仁者，必有大智，用權而權在經內。有私智者，先之以小仁，用權而權在經外。權在經內，放南巢而非篡也，誅獨夫而非弑也；權在經外，假周公而新室興也，托文王而漢祚斬也。蓋湯武遵經用權，公在天下，道行萬世。曹莽叛經任權，利歸一家，賊在天下。此用權公私之辨也夫。豈無專經棄權者乎？曰有之。尾生守橋下之信，子莫堅執中之操，不惟棄權，並棄經矣。

丹朱商均

堯、舜以天下傳舜禹，先儒辨之詳矣。至以朱、均爲不肖，亦當有辨。中人百金之產，其父一旦舉而讓之他人，而子不爭，非人情矣，況天下耶！朱、均果不肖也？當居攝之日，默窺君父意不在我，勢必私交諸侯大臣，以爲黨援，雖不即發，殂落之後，亦必不安。是以揖讓，啟干戈也，而朱也均也，竟安之也。傳曰：「知人則哲」，又曰：「人苦不自知」。堯舜傳賢，知人也，且知子也。朱、均退守，自知也，且知人也。故傳者安於前而受者安於後也。且人之所難者，德、量也。朱、均之德，不如堯、舜、禹之德，人之所知也。朱、均之量，亦如堯、舜、禹之量，人之所不及知也。堯舜有傳天下之量，舜禹有受天下之量；而朱也均也，苟非其量，人爲天子，我守侯服，其誰能安？而丹朱、商均終身安之，無一怨言，非如堯、舜、禹之量，不足以容之也。以此論朱、均，非不肖者也。子輿氏以爲不肖，蓋爲不肖堯、舜耳。後世隨以不肖爲不肖。以不肖爲不肖者，經生之談也。

得失篇

春秋戰國之世，諸侯戰伐攻取，皆有欲得天下之心，可謂雄矣。惜乎其未講於得失之數也。周之興也，封建千八百國；其衰也，五霸迭爲盟主。如霍、陽、樊、鄧、虞、虢、焦、滑、漢上、泗上諸小國，吞併殆盡。其心皆欲得天下也。而孔子生於其時，則修道德而已矣。戰國七雄交鬨，今日斬首二十萬，明日坑卒四十萬。其心皆欲得天下也。而孟子生於其時，則談仁義而已矣。然孔孟血食萬年，五霸七雄子孫爲戮，得耶，失耶，果誰屬也？蓋五霸七雄之術，可以殺天下、亂天下，以侯王而爭一時之天下；孔孟之道，則生天下、治天下，以匹夫而教萬世之天下。以德以力，用心不同，故得失亦異也。擴而論之，堯舜揖讓相禪，巢由耕於箕下。光武中興漢室，子陵釣于富春。商紂酒池肉林，而伯夷則采西山之薇。秦政虎吞六國，而仲連則辭趙國之封。曹瞞挾天子令諸侯，窺竊神器，而幼安獨坐遼東之榻。皆無欲得天下之心也。自後世觀之，堯舜、光武功滿乾坤，巢、由、子陵節高日月。蓋堯舜以焦勞治天下。而巢、由之在山中，不越鼎俎，得萬世閑天下也。光武以憂勤治天下，而子陵之在江上，不事王侯，得萬世高尚天下也。此六人者，帝王與匹夫，中分而立，有得而無失者也。商辛天下稱暴，秦政天下稱虐，曹瞞天下稱賊，暴虐殘賊，俱失天下。而伯夷以不食周粟得萬世清天下也，仲連以不肯帝秦得萬世貞天下也，幼安以不事魏、吳得萬世節義廉恥天下也。此六人者，帝王與匹夫，此則俱得，彼則俱失者也。蓋七雄之殺人類紂，而五霸之用術如曹，均欲以戰伐攻取得天下，旋踵即亡。唯孔孟以道德仁義教天下，傳萬世，所謂舟車所至，人力所通，天之所覆，地之所載，日月所照，霜露所墜，凡有血氣者，莫不尊親。此孔孟之天下也，即堯舜尚有遜焉，況下焉者乎！或曰：「如子所言，湯、武征誅得耶失耶？」曰，不。湯、武得志則君天下。孔孟不得志則師天下。世無湯、武，則桀、紂之虐不熄。世無孔孟，則五霸七雄之罪不著。君也師也，其得一也。或曰：「湯、武不得志則如何？」曰，如孔孟。

文武同源

自河圖、洛書出而宓戲因之以成八卦，箕子因之以陳九疇。卦、疇者，文德之祖，而亦武備之源。故六經莫先于易象，陳法即寓於井田，衣冠制度肇于黃帝。然不五十二戰，則文治不成。故曰：「飭治以文者，戡亂以武。」自周、秦、兩漢以來，凡聖賢豪傑，功名震世之人，未有有文德而無武德者也。故周公之制禮作樂，文也，而東山之役，則以武。太公之鷹揚牧野，武也，而義勝之箴，則以文。至如管子，著書立言，文章鉅公而內軍之寄，遂制天下。諸侯不敢窺周者數十年。他如武侯之抱膝隆中，高吟二桃，儼然少年隱書生也。而一出茅廬，妙用八陣，雖曹瞞、司馬，稱用兵如神，終難取益州一隅耳。侯雖才，非武備固莫支矣。嗣後，羊叔子之輕裘緩帶，祭征虜之雅歌投壺，傅修期之上馬殺賊，下馬作露布文，是皆立功以武，濟武以文。所謂兜鍪之下有生人，詩書之間多帥氣也。至後世分科取士而文武兩途，始分疆劃界，文以武爲粗人，武以文爲白面，兩相齟齬，以致星宿移于天上，龍蛇起於陸地，豈有它哉？虛文盛而武備弛也。故古之帝王，每於天下一統之後，益修明文德，嚴講武備，務期將相調和，國中閫外，一體並重，于以鞏苞桑而憲萬邦。真可爲有天下者萬世法也。

用人

馬戰、牛耕、鼓聲、旗麾四者，相與用於兵制，不相易也。桐琴、檀車、松棟、桑弧四者，相與用於工材，不相易也。耜耕、鋤耨、𨪐爨、臼舂四者，相與用於農器，不相易也。有人于此，牛戰而馬運，旗聲而鼓麾，易其制也。桐車而檀琴，松弧而桑棟，易其材也。耜耨而鋤耕，𨪐舂而臼爨，易其器也。器易則不能獲效，材易則不能程物，制易則不能立功。功不立則兵非其兵也，物不程則工非其工也，效不獲則農非其農也。至於農荒、工隳、兵潰，而後咎馬、牛、旗、鼓之不宜於制，桐、檀、松、桑之不中於材，耜、鋤、𨪐、臼之不適於器也，是豈物之情也哉？故古之善用物者，戰取諸馬，運取諸牛，聲取諸鼓，麾取諸旗，琴取諸桐，車取諸檀，棟取諸松，弧取諸桑，耕取諸耜，耨取諸鋤，爨取諸𨪐，舂取諸臼，是謂能盡物之器也，能盡物之材也，能盡物之制也。制盡而兵雄，材盡而工良，器盡而農治。農治則效可獲，工良則物易程，兵雄則功易立。凡此皆用物之道也。用人如何？曰：「用人猶用物也。」

人無不足

客有蹙額戚戚而來者，坐未久，長歎息者四五。予曰：「何爲其然也？」曰：「履霜而身無絮，枵腹而糟糠不克口，妻子嗷嗷，日用不足。」予曰：「貧也，非不足也。」曰：「何故？」曰：「爾有耳乎？」曰有。「爾有目乎？」曰有。「爾有口乎？爾有心乎？」曰有。「爾有手足乎？」曰有。「耳能聽乎？」曰然。「目能視乎？口能言乎？心能思乎？手足能動乎？」曰然。曰：「爾有耳而足于聽也，爾有目而足于視也，爾有口有心而足于言足于思也，爾有手足而足於動也。何爲其不足耶？且也爾此耳目，堯舜亦此耳目；爾此心口手足，堯舜亦此心口手足。爾以堯舜之聽爲耳，堯舜之視爲目，爾以堯舜之言語、思惟、動作爲心口手足，則堯舜非有餘，而爾非不足也。何也？其得於天一也。曰：「梁武有天下而餓死，鄧通有銅山而餓死，況於匹夫」。曰，梁武、鄧通之餓死，以其人非堯舜耳。有人於此，視聽言動思惟皆法堯舜，自開闢來未聞人如堯舜餓死者。或有之，命也，安之而已。客嗎然笑曰：「我固至足也。向謂不足，未聞君子之達道也。」

不如狗尾

華歆，字子魚，漢平原高唐人也。少與管幼安爲友，鋤菜遇金，幼安揮鋤不顧，歆捉而擲之。冠蓋過，歆每趨視；幼安知其不能守節，遂割席。孫伯符略地江東，歆幅巾奉迎，伯符待以上賓。曹操徵歆代荀彧爲尚書令。曹征孫權，表歆爲軍師。曹建魏國，以歆爲御史大夫。曹丕即王位，拜歆爲相國，封安樂鄉侯。曹丕篡漢，改歆爲司徒。按：漢獻帝伏皇后以曹操既殺董貴妃，由是懷懼，乃與父完書，言操殘逼之狀，令密圖之；事泄，操大怒，使御史大夫郗慮持節策，收皇后璽綬，以尚書令華歆爲副。歆勒兵入漢皇后宮收漢皇后，漢皇后閉戶藏壁中，華歆壞戶發壁，就牽漢皇后出。時漢獻帝在外殿，引慮于坐，皇后被髮徒跣行泣過，與漢天子訣曰：「不能復相活耶！」漢天子曰：「我亦不知命在何時！」顧謂慮曰：「天下寧有是耶？」歆將漢皇后下暴室以幽死，所生二皇子皆鴆殺之，兄弟及宗族死者百余人。蓋曹操之罪，罪在欺君，華歆之罪，罪同弑后。漢丞相孔明曰：「漢賊不兩立。」賊者何？曹操也；歆爲操用，亦賊也。陳壽三國志盛稱歆才品德望，賞賊臣也；賞賊臣，壽可知也。魏略曰：「歆與北海邴原、管寧俱遊學時，號三人爲『一龍』——歆，龍頭；原，龍腹；寧，龍尾。」按：寧遭逢漢室之亂，高蹈遼東，不仕濁世，而稱龍尾；原爲曹臣，而稱龍腹，歆爲漢人，輔曹欺漢天子，弑漢皇后，篡漢天下，而稱龍頭？白山李柏讀史至此，評曰：「以予觀華歆，爲人殆不如狗尾也，況龍頭哉！」

過留侯子房張先生祠

壬申十月初九，自洋州將如南鄭，過欒城東郭，見道旁石碑大書曰：「漢留侯張子房辟谷處。」李子曰，大哉留侯，其猶龍乎！其善學老子者乎！神龍能大能小，能屈能伸，能有能無，能物能人，能轟雷掣電號令鬼神，能霖雨六合而彌綸。若留侯者，其有龍之德也。夫秦并天下，韓國爲墟，關東豪傑，盡遷五陵；獨侯以少年布衣，狀如婦人女子，一似柔弱怯懦，無能爲者。乃東謁倉海君，得力士，徂擊始皇博浪沙中，何其勇耶！老子曰：「大勇若怯。」留侯有之。始皇大索天下，十日不得。邵堯夫曰：「智哉留侯，善藏其用。」老子曰：「大智若愚。」留侯有之。及其遊圯橋，三進履于黄石先生，折其少年英氣，而教以撝謙，然後授以素書。老子曰：「欲先人，則以其身後之。」留侯有之。漢王至嶢關，留侯曰：「秦將屠者子，可啗以利。」既而以兵襲之。老子曰：「將欲取之，必故與之。」留侯有之。項王入關欲擊漢，子房教漢王謝罪鴻門，卒脱漢王。老子曰：「柔弱者，生之徒。」留侯有之。韓信請假王，高帝欲不許，侯曰：「寧能禁信自王？不若封之。」帝曰：「大丈夫當爲真王，何以假爲？」老子曰：「欲上人，則以其言下之。」留侯有之。鴻溝中分之約，漢帝許之，留侯不從。老子曰：「天與不取，反受其殃。」留侯有之。及擒羽烏江，天下大定，侯曰：「吾以三寸舌爲帝者師，布衣之榮，于良足矣。願棄人間事，從赤松子遊耳。」老子曰：「功成，名遂，身退，天之道。」留侯有之。故後世以辟谷相傳云。嗟呼！千古將相，成功難，保身亦不易。大夫種功成矣，而身不退，卒受烏喙之誅。吴子胥功成矣，而身不退，卒賜屬鏤之劍。韓淮陰與子房比肩事漢，功成名遂，而身不退，鐘室難作。同於越之種、吴之胥。子房不去，或不免于吕雉。唯皤然高舉，辟谷深山之中，與范少伯泛舟五湖之上者同一道也。是道也，老子所謂功成名遂身退之道也。吾故曰：「子房，善學老子者也。老子者，猶龍也；子房其有龍之德也夫。」

過鴻門論

嗚呼，天人之際微矣哉！傳曰：「王者不死。」王者非不死，天之所子，故不死也。故天以湯、武爲子，桀、紂不能殺。天以秦王爲子，建成、元吉不能殺。天以點檢爲子，周主不能殺。即如楚漢鴻門之會，天實爲之矣。說者曰：「項羽不聽增謀致失沛公。項伯以身翼蔽，能衛沛公。樊噲擁盾入軍門，能脱沛公。」此論人而不論天者也。當楚漢對壘時，楚營氣不吉，漢營氣結爲龍文，天意有定屬矣。暨羽背關擊漢，項伯夜告子房，天啟項伯告也。沛公謝罪鴻門，范增數目羽，羽不聽，天啟羽不聽也。當此之時，若天不子漢，使羽逞其叱咤之性，無敵之勇，席前成擒，何藉項莊舞劍？山亦可拔，豈懼樊噲擁盾？故沛公之脱鴻門，天也，非人也。當秦皇帝埋金鎮豐，沛地兆天子氣矣。醉斬白蛇，鬼物不能害天子矣。呂公相爲貴人，陵母稱其長者，人知其爲天子矣。五星聚于東井，天垂天子相矣。是天於鴻門未會之先，已篤視沛公如子矣。及羽射中其胸，而捫足安之。困于滎陽，而紀信代之。圍于白登，而閼氏解之。迫于柏人而心動覺之。是天於鴻門既會之後，愈篤視沛公如子矣。而謂一宴，頃刻盡出人謀，吾知其不然也。後世光武，謹厚布衣也。中興之初，王莽起兵八十餘萬，軍中談兵法者六十三家，驅虎豹熊羆以爲外陣，而昆陽之戰，弱卒數千，天作雷雨，大破莽賊。昭烈孤窮宗親也，天賚良弼伐曹討孫，紹漢正統。蓋天爲沛公尚加意於數百年之子孫，如此其篤，而謂鴻門宴上濟于伯之蔽劍，噲之擁盾，此皆不知天者也。或者曰：「天命既在沛公，曷又生羽？」予曰，天生羽蓋深爲沛公也。譬之醫家，參、苓固良，一遇沉痼之病，互用烏、雄、南星之屬。秦據百二河山，擁百萬虎狼之兵，摧破不易，天生羽使先爲沛公驅除矣。千載而下，論其背關弑心，則爲罪魁。論其爲漢驅除，則爲功首。鉅鹿之役，一戰破秦，天下諸侯膝行轅門，不敢仰視。羽之勇可謂横四海亘古今一人矣。然羽不惟有過人之勇，且有過人之量。其不烹太公，不染呂氏，大有君人之度。而鴻溝中分之約，漢即背之，所以徐筆洞有「有成敗無是非」之說。所可惜者，羽之坑降新安，殺掠秦民，焚燒阿房，秦民皆怨。沛公不取子女、玉帛，與父老約法三章，秦民皆喜。民之所喜，天必興之；民之所怨，天必亡之。楚亡漢興，系天意亦關人心。故曰，天人之際微矣哉。

又贈醫者

醫和、醫緩皆秦人也，顯名于晉，左氏稱爲良醫。今某某生於秦，醫術精奥，豈今之和氏、緩氏耶？雖然，羿射雀，中右目，羿曰：「吾志則左也。」終身不敢言射。養由基百步射楊葉，百發百中，人且教以善息，謂一發不中，則前功廢矣。吾子由良醫而進神醫，尚當遊藝於羿與由基之間乎。

瑞王故宫

考古經史，堯茅茨土階，禹卑宫室，邈乎其不可尚已！始皇阿房，徒資一炬；漢高滅秦，殷鑒不遠。奈馬上得天下，不事詩、書？蕭何吏才，不知王道，故建未央宫，以壯麗威天下，談王道者羞言之。語曰：「作法於儉，猶恐其奢。」西漢開國，奢邪？儉邪？後世王者創業艱難，及再傳之後，子孫驕逸，幾欲瓊其宫而瑤其臺矣。無論其主，即藩封諸侯，宫室侈靡廣大，仙宫月殿未足擬其巨麗也。予爲秦人，少見秦王廢宫。及走長沙、衡州，見荊、襄諸王府遺基，想其建置所費，皆百萬貲也。洎入漢中，過瑞王遺宫，一望瓦礫、鏝鐵。自甲申至今五十年，府城内外百萬人家，其牆壁、階砌、道路、坑塹、園圃、樊壟、佛剎、道觀、官衙、吏舍，皆瑞府材、木、瓦甓也，他可知矣。江文通曰：「綺羅畢兮池館盡，琴瑟斷兮丘壟平。」鬱離子曰：「昔之龍樓鳳閣，今之荒煙蔓草也。」嗟呼！帝皇王伯，興廢不常，竭百姓數百萬家之産，經營數十年，終歸於荒煙蔓草，反不如茅茨土階之爲愈也。

月蝕

癸酉十二月十六日，酉時月蝕。淮南子曰：「麒麟鬥而日月食」。天官家言：「日天在上，月天在下，地毬地影障隔其間，月輪入地影，故食之」。儒言：「日蝕變大，月蝕變小」。余初見月色甚赤，無光，半輪黑暗。蝕已竟夜，月色朦朧，全無精華。李子曰，以廣寒清虚之宫，九天空明之氣，七寶合成。八萬二千戶修治者，一時薄蝕，則終夜慘澹。人心，方寸地耳，七情萬事，往來交攻，靈臺崩頽，七竅茅塞，終身薄蝕於名利是非之海，而莫知登岸也，不亦悲乎！

操舟

庚午南游衡嶽，自襄漢登舟，過洞庭、瀟湘。辛未三月北還，取道荊州，至襄陽，皆舟行。自樊、鄧入內鄉、商於，至藍田，皆山行。五月抵鄖，七月以荒旱，鄖多盜，避地鳳翔。壬申三月，避地漢中。自陳、寶入雲棧，至褒口，皆山行。寓沔一月。五月東遷於洋，歷褒城、南鄭、城固，仍舟行。李子曰，操舟有大道，今始知之——深者淺者渦也，急者緩者浪也，寬者隘者涯也，開者合者峽也，險者夷者瀾也，曲者直者勢也，疾者徐者風也，卑者高者礁也。明明揚於上者帆也，脉脉轉於下者舵也，撐持前後者楫也，鼓蕩左右者槳也，屹然獨立者桅也，率然長挽者簟也，毅然鄭重，一舟恃以爲動靜行止者將軍也。水師者，知深淺，酌緩急，量隘寬，衡開合，度險夷，較曲直，斟徐疾，審高卑，權帆舵，運槳楫，定桅檣，用將軍者，水師也。水師者，知行水之道者也，必聰明、忠信、敬慎、小心、剛毅之人，洞悉水性，竭股肱、心膂、五官之用，運智力於風濤波浪之際，然後可以利涉江河湖海而無咎。若水師孱弱、宴安、醉飽、癡癡昏昏，以淺爲深，以急爲緩，以隘爲寬，以合爲開，以險爲夷，以曲爲直，以疾爲徐，以高爲卑，帆舵無准，楫槳失機，桅檣傾而不懼，將軍棄而不用，以此操舟，雖安必危。必也視深如淺，視緩如急，視寬如隘，視開如合，視夷如險，視直如曲，視徐如疾，視卑如高，用材中度，任器咸宜，颶風未至而豫爲防之，波濤將震而先爲備之，以此操舟，雖危必安。故曰，操舟有大道。書曰：「予臨兆庶，如朽索之馭六馬」。水師操舟亦如之。

花之聖人

周茂叔曰：「菊，花之隱逸者也；蓮，花之君子者也；牡丹，花之富貴者也。」淵明愛菊，茂叔愛蓮，世人多愛牡丹。李子曰，吾不敢謂牡丹不如菊、蓮，即以富貴、隱逸、君子辨之。孔子曰：「不義而富且貴，於我如浮雲。」向子平曰：「吾已知富不如貧，貴不如賤。」魯仲連曰：「與其富貴而屈于人，寧貧賤而輕世肆志焉。」李太白曰：「功名富貴若長在，漢水亦應西北流」。李嶠曰：「富貴榮華有幾時，山川滿目淚沾衣。」方蛟峰曰：「富莫富於蓄道德，貴莫貴于爲聖賢。」由此觀之，牡丹之富貴安恃乎？世人愛富貴，於花之富貴者亦多愛之。惟學道之士，不以彼易此，故陶愛菊而周愛蓮也。然則愛梅者何人乎？林和靖、張功甫、高太素、宋廣平、田豐之徒皆愛梅者也。猶未至也。

李子曰，梅，花之聖人者也。或曰：「愛菊方以隱逸，愛蓮比之君子，可謂至矣。子以梅爲聖人，過矣。」李子曰，予蓋愧天下之名園勝圃，萬花爛熳，逞豔鬥媚，一旦時移運去，夏日烈，斯凋殘矣。秋風起，斯搖落矣。惟梅也，萬國飛霜，而獨傲霜。四海雨雪，而獨淩雪，將向之所謂燁燁灼灼欣欣向榮者，即一葉不保，而梅獨噴香舒英於冰霰凜冽之際，骨何勁而質何剛！孟子所謂浩然之氣也。譬諸忠臣義士，則西蜀之任永，東海之仲連也。擬之節婦烈女，則令女之孤貞，陶嬰之高潔也。彼以爲清友、奇友、世外佳人、墜樓綠珠，皆唐突慢侮，不知梅者也。昔武王克商，天下諸侯朝周者八百國，伯夷獨歌采薇。孔子以爲古賢人，孟子以爲聖之清。梅之清，夷之清也。何也？天下皆冬，而梅無冬。與天下皆周而夷無周，同一清也。清之至，聖人之道也。故曰，梅，花之聖人者也。以視隱逸之菊，君子之蓮，又進而上之矣。若夫牡丹富貴，世人固多愛者，君子則存而不論也。

駁王維與魏居士書

嵇康云：「頓纓狂顧，逾思長林而憶豐草。」王維曰：「長林、豐草豈與官署門闌有異乎？」淵明不束帶見督郵，歸隱田園，叩門乞食。王維曰：「曾一慚不忍，而終身慚乎！」白山李柏聞之，勃然怒曰，王維，壞名教者也！孔子曰：「天下有道則見，無道則隱。」易曰：「高尚其事，不事王侯。」詩曰：「衡門之下，可以棲遲。」嚴子陵曰：「士故有志，志山林，志廊廟，因乎時也。時可利見，辭煙霞而依日月；時可潛隱，棄軒冕而友鹿豕。」山林廊廟，其事異，其地遠。故巢、由與皋、夔不同道，而夷、齊與旦、尚不同跡。而維則曰，長林豐草，不異官署門闌，則是揚雄之高閣，不異子陵之釣臺？或曰：「雄臣莽，隱於仕也。」雄隱於仕，莽隱於篡，可乎？依阿立王氏之朝，不得託諸金，馬避世，白衣山人也。且淵明晉人也，志在爲晉，恥食宋禄。維則曰：「乞食叩門，一慚不忍而終身慚。」是教天下後世士大夫盡喪廉恥，昧出處。如馮道之行始爲通儒，從其道，則魏之華歆、荀彧悉爲通權達變之士，而漢之德公、幼安盡爲執拗木強之人矣！惡乎可，惡乎可。

洋縣人物論

人居天地八萬四千里之中，羲、軒以上，如荒史、潞史、軼史、循蜚、丘索所紀，太乙、天禄所談，書難盡信矣。唐、虞之際，夏、商、姬周之盛，其見於書、詩、方策所歌詠紀載者，如元、凱、皋、夔、鳩、房、伊、陟、虺、說、微、鬲之倫，周、召畢散疏，附後先之類，其泰交休風，令人於千載之下，猶夢寐見之，羹牆晤之矣。上下一德，相需之殷，譬之於人。君，心也。臣，耳目股肱也。豈有心君不信耳目股肱乎！春秋以來，漢、唐、南宋之季，始魚水而終冰炭，比比然也。或元勳而忌以名高，或懿親而疏以猜嫌。孝子也，而申生以園蜂讒，戾太子以祝詛誣。忠臣也，而子胥有屬鏤之賜，淮陰有鐘室之難，武穆有莫須之罪。他如廉士也，而疑以竊金。節女也，而譏其欲嫁。義士也，而傳以盜名。覆盆齎志，何代無之？即高如范滂，而身關三木。賢如君實，而名魁黨人。正如退之，而八千是貶。忠如萊公，而萬里是遷。此皆古今天下所稱大儒名臣也，猶遭謗致毁，況中材耶？嗚乎，微顯闡幽，至人所尚。不有至德求仁「三仁」之論，則夷、齊、微、箕、比干、泰伯、文王之心，其何以大著於天下後世乎？

洋邑，僻在山南，雖蕞爾巖邑，然山水明秀，龍蟠虎踞，爲播蘐歸隱之鄉，楊、雍師友之所。以故唐宋以來，宦海名賢著績，而爲公卿才人遊軺謳歌而勒金石。他如掇巍科、登賢書、聽講天子之學，銘勳帶礪之誓，代有其人。即窮簷陋巷之中，蓬茅圭竇之家，不乏竭力甘脆茹嚙水霜者焉。且也林泉擅桃源之幽，魚鳥分武夷之產，是以辟世高蹈者，時匿姓字，而來漁來樵焉。其最異者，老莊真人之子，古皇先生之徒，率視此爲東土天竺，北方瀨鄉。賣藥市上醫活枯柏，誦經山中聲達長安。彼教何盛而吾道何衰！要亦吾黨引繩太刻，驅而歸之。言涉高妙，目爲異端；文近清虚，指爲邪説。業已配享廟庭，因一字之失而奪其血食。故曰：「爲佛、老驅英雄者，暴君、佞臣、經生、禮法之士也。」更有甚者，以諸葛武侯之學問經濟，猶曰「天民未粹。」以岳武穆之智勇忠藎，猶曰「性酷愛廝殺。」如斯之論，則爲善於後世者懼矣。吾論人物，於一善不遺，一才必録者。有以哉，有以哉。

過華清論

士不可以皮相，女不必以色取。嫫母、無鹽、宿瘤、孟光、孔明之妻、許允之婦，醜女也，皆有淑德。妺嬉、妲己、褒姒、西施、夏姬、飛燕，美女也，皆有穢德。蓋有德無色，可以爲帝妃、王后，隱士、賢相之配；有色無德，殺身亡國亂天下。唐李三郎奪子婦而納之，祝曰：「願世世生生爲夫婦。」建華清於驪山，變溫泉爲禍水，馬嵬坡下，六軍駐馬，太真縊死。三郎生前尚不能保妻子，況他生乎？豔妻妖姬，亂人國家，誠不如醜有德者之爲帝王妃后、名士賢配之流芳女史也。故曰：

賢女不必以色取，猶名士之不可以皮相也。

元氣

有渾渾噩噩，窅窅冥冥，視之而無形，聽之而無聲，捫之而無物，辨之而無色。無色而色天下之色，無聲而聲天下之聲，無形而形天下之形，無物而物天下之物者，元氣是也。古人知元氣之當養也。朕兆未萌而凝其神，波流未行而浚其源。源浚可以達四海，神凝可以貞萬化。大本立，達道行，天地位，萬物育，自然之應也。若縱恣於隱微，而飾之於聞見，放蕩於幽獨，而揜之於廣眾，自敗之道也。數仞之牆，崩於蟻穴，百里之堤，壞于鼠竇；夫不滅星火者，原可燎也；不防繩鋸者，木必斷也；不絕水滴者，石將穿也。是以君子有防微杜漸之學也。戊辰七月予買河東大牛，身高八尺，頭尾長丈二。雖不及南華犛牛，垂天之雲，視秦牛大者猶一歲犢也。形狀既偉，毛色亦美，性駛而馴。予愛之，不啻支遁之于馬。故予來往田間，騎牛背；牛臥場圃，坐牛脅，呼爲牛蒲團。牛噉芻荳，四倍常牛。辛未大旱，七月盜起，予避地鳳翔之西房村，野無青草，力不能飯牛，羸瘦骨立，筋力困憊，竟長臥死。牛死臘月，其元氣消耗，蓋自四五月時也。

嗟乎！天下事有傷元氣而漸至不可救者，比比然也。一牛云乎哉？易曰：「履霜，堅冰至」，漸也。詩曰：「肇允彼桃蟲，拚飛維鳥」，小之可爲大也。書曰：「予臨兆庶，如朽索之馭六馬」，敬也。主敬則造化生，心慎小則大亂不生，杜漸則事見幾先虞，廷自危微，精一以致，地平天成，用是道也。後世因循苟且，不固苞桑。故宦寺熾而漢衰，清談起而晉弱，藩鎮強而唐微，科目盛而明亡。皆不知培元氣，振紀綱，輕根本而重末務也。

罷王德用

宋景祐三年，以王德用知樞密院事，寶元二年五月罷。德用狀貌雄毅，面黑，頸以下白晰。言者論其貌類藝祖，得士心，不宜久典機密，遂罷。繼降知隨州，家人皆懼，德用言笑舉止自若，惟不接賓客而已。甚矣，仁宗之猜忌可羞也。藝祖事周爲點檢。世祖于文書囊中得木，長三尺餘，題云：「殿前點檢作天子。」張永德爲都點檢，乃命藝祖代之。夫天命有在，世祖去一都點檢，乃用一天子點檢。人謀不足以勝天也明矣。德用如有天命，仁宗能去之耶？夫以狀貌去之，狀貌烏足以定人哉？蹶明公、牛哀、子羽，醜惡皆有大德；蹠之乳、籍之瞳、卓之臍，皆如聖人，何其暴也。晏嬰、田文皆短小，顯名于諸侯。春秋名公卿，有禿者，眇者，跛者，僂者，蕭同叔子一笑能使齊國苦兵。防風身橫九畝戮于禹。智伯美鬚長大擒于趙。崔季珪貌如天神，北使英雄之目，乃在背後捉刀之人。盧杞藍面，欽若癭瘤，能爲奸于唐宋。狀貌何足以定人耶？夫奸如欽若而真宗信任不疑，忠如德用而仁宗反生猜忌。謂之何哉？假如大臣有舜禹之狀貌，亦罷去，使不得有臣如舜禹乎！有成湯、文、武、周公之狀貌，亦罷去，使不得有臣如成湯、文、武、周公乎！乃區區猜疑狀貌罷德用，使不知樞密院是誠何心哉？其後因乾元節上壽，德用立班，遼使見之驚曰：「黑王相公復起耶？」仁宗又拜樞使。夫遼使稱黑王，匪以其狀貌也？前以狀貌而罷之，後以狀貌而起之，進退靡常，真有不可解者。故曰：仁宗之猜忌，可羞也。

呂夷簡

宋真宗問呂蒙正曰：「卿諸子孰可用？」對曰：「臣子皆不可用，侄夷簡，宰相才也。」白山李柏曰，呂夷簡非宰相才也。宰相者，其心休休焉，其如有容焉。人之彥聖其心，好之不啻若自其口出，實能容之。此之謂宰相。夷簡在仁宗朝平章政事，進用多出其門。范仲淹上百官圖，比夷簡于張禹。夷簡訴仲淹越職言事，離間君臣，引用朋黨，以是落職。余靖、尹洙、歐陽修皆以上書救仲淹，貶於外。其後王曾、蔡齊，亦以夷簡罷。且陷富弼使契丹，欲致死地。故孫沔上書論夷簡曰：「黜忠言，廢直道，柔而易制者收爲腹心，姦而可使者保爲羽翼。」觀其逐孔道輔，貶仲淹，陷富弼，則孫沔之言深切夷簡之罪。

余謂夷簡大罪，在謀廢郭后而致之暴卒。周禮：大冢宰於歲終會宮中，百司費，獨王后世子不會。〔一〕蓋以后與王同尊也。大易，「乾配君，坤配后。」以后與君並尊也。郭后母儀天下十年，且太后立者，無可廢之罪。仁宗好內，家法不正，故尚、楊二美人恃寵驕恣，尚於帝前以語侵后，后怒批其頰，帝自起救，誤中其項，非有心也。夷簡執友閻文應，教帝以爪痕示夷簡，夷簡以前並罷私恨，遂勸帝以光武廢郭后事，且先敕有司，勿受臺諫章奏。而一時中丞、諫官如道輔、仲淹等十人，皆以救后貶。道輔語夷簡曰：「大臣事君后猶父母，順父逐母可乎？」夷簡對以漢唐廢后故事。

嗚乎，夷簡爲大臣，不以潙汭關雎事君，獨以漢唐薄德爲法，不與忠臣義士爲友，而獨與媵妾宦侍爲黨，此豈宰相之所爲乎？故夷簡非宰相才也。后廢居瑤華宮，帝念之，賜以樂府，后和答之，辭甚淒惋。帝悔，遣人密召后，后辭曰：「若再召見，須百官立班受冊方可。」后不愧坤道如此。有小疾，帝遣內侍閻文應挾醫診視，后遂暴卒。說者以爲文應恐后復立，故毒之，焉知夷簡非主毒者也？仲淹劾文應，帝不加誅，止竄嶺南，焉知非夷簡密爲之地也？善乎道輔之言曰，大臣事后如母。夷簡爲宰相，黨媵妾宦侍，傾害母后，以致中毒暴卒，律以春秋「趙盾弑君」之法，史臣有董狐其人者，必直書曰：「呂夷簡弑其后。」臣弑后猶子弑母也。子弑母，梟鳥之道也。不謂夷簡堂堂宰相，蒙正猶子，而其立朝行事，有類梟鳥。吾故曰，呂夷簡非宰相才也。

〔一〕 會音「快」。

有聲不鳴　有引

不鳴，必其無聲者也。有聲，如何不鳴？其故可思也。

天，無聲者也，雷霆其聲乎。地，無聲者也，江海潮音其聲乎。木，無聲者也，風其聲乎。山，無聲者也，而呼萬歲。鬼神，無聲者也，而呼主上來。天地、山林、鬼神無聲而有聲，有聲則鳴。鳥，飛物也。獸，走物也。蛩、阜、螽，動物也。蚯蚓，潛物也，皆有聲能鳴。或機動則鳴，或時至則鳴。天地不疑，山林能容，鬼神不怒。故凡有聲之物，皆能自鳴，無所顧慮，而況於人？人有聲則鳴。不鳴，謂之病失音。故天下容有失音之人，必無有聲不鳴之人。有鳴于唐虞之人，有鳴于夏商周之人，有鳴于漢唐宋明之人。雖世代不同，各乘時出元音，鳴於天下，至後世猶聞其聲。即凡天地之間，山林鬼神，飛潛走動，微細之物，皆能隨時自鳴。無何，狐鳴大澤矣，鵑鳴天津矣。當此之時，乃有人焉兀坐空山，蓬首垢面，蒿目括囊，至於白頭。我思其人，豈口中無舌耶？如其有舌，何爲不鳴？韓子曰：「物不得其平則鳴。」如斯人者，雖不平，亦不鳴，豈無聲耶？抑有聲不敢自鳴耶？

潼關

潼關，秦險也。秦不修德而恃險，一失其鹿，天下共逐。亡秦者，險也。龍門、太行、上党、井陘、孟門、洞庭、彭蠡、飛狐、劍閣、大江、渤海、長城，天下險也。王不一姓，霸不一氏。故曰，在德不在險。無懷氏、葛天氏、燧人氏、伏羲氏、神農氏、軒轅氏、陶唐氏、有虞氏、夏后氏、殷人、周人，修德之君，享世久遠。後世不修德而恃險。劉季、項羽、曹操、桓溫、劉裕、王鎮惡、李二郎之徒，躍馬操舟而入秦之險。險烏足恃也！潼關險稱金陡，近世逆闖至則破之。其故何也？兵法曰：

「城有所不守」。旁有高山，下建城郭，登高下瞰，虚實洞見，未攻城而先攻心矣，潼城犯之。孟子曰：「天時不如地利，地利不如人和。」又曰：「固國不以山谿之險。」傳曰：「諸侯有道，守在四境；天子有道，守在四海。」誠哉是言也。

前勸學篇

麝食柏則香，蠶食桑則吐絲成文章。鸜鵒剪舌則能人言。鷦鷯化大鳥，燕巢産鳳，雞乳龍，此飛動之物能變者也。桃、李、柿、棗、梨，接以佳種，則結佳實，此植物之能變者也。褐麻、布帛、絲紵，鍾氏染之而成五色，此衣物之能變者也。瓜菹、魚蟹，漬以酒、醬、鹽、醯、蜜、薑、茱、桂而成五味，此食物之能變者也。物尚能變，而況於人乎？然則，學問詩書之變凡人爲聖賢也，不尤愈於飛潛、動植、衣食之物乎？寧越，田間之農夫也；莊蹻，楚之大盜也；段干木，晉之大駔也；子張，魯之鄙家也；徐庶，漢之殺人者也；周處，晉之射虎者也；周小泉，臯蘭屯軍也；王心齋，海濱鹽丁也，皆能親師取友，折節讀書，改過遷善，卒爲忠臣孝子、大儒、志士，成名于天下後世。然則，詩書學問之能變凡人爲聖賢，爲豪傑也，豈惟一人一時爲然？人人好學，人人可爲聖賢。天下萬世人好學，即萬世人皆可爲聖賢。如以訓詁辭章爲學，而志在干禄，始而僥倖得榮，繼而苞苴取辱，此猶白獺嗜鯔，鯛魚嗜牛，至於身亡不悔。斯人也，曾飛潛動植物類之不如，安望其能爲聖賢豪傑耶？

後勸學篇

將旱，雲氣如風，如煙，如火，如練。將雨，雲氣如波浪，如麟甲，如龍頭。海馬魚鱉，陰陽之氣感而成形，各以類應也。魚生於水，其鱗如水之波紋。鳥生於山，其羽毛文章如木之英華。山水之氣，感而成形，各以類應也。然則，聖賢詩書之造就人，甚于陰陽之於雲氣，山水之於魚鳥。而今之學者，儒服儒冠，行非聖賢之行，言非詩書之言，不能如雲氣魚鳥感陰陽山水而變化者，何也？物欲害之也。人能遠去物欲，非詩書之言不敢言，非聖賢之行不敢行，踐履篤實，久而左右逢源。睟面盎背，即堯舜可學而至，豈至陰陽之醞釀雲氣，山水之潤澤魚鳥，僅得其類應形似而已乎？

（卷之一終）

卷之二

敍

遊鳳郡東湖序

當其未有天地之始，吾不知山川于何寄也。當其未有山川之始，吾不知鳳城于何寄也。當其未有鳳城之始，吾不知東湖于何寄也。然則天地、山川之始寂然蕭然已耳。無城也，無湖也。無城而忽有城，無湖而忽有湖，且以一郡之城，一湖之水，寄於天地，寄於山川。其猶曠野無花而忽有花，空山無木而忽有木邪！而我之來游於湖也，誰使然也？花在曠野，木在空山，湖在鳳城，俱無情者也。然曠野有花而蜂自遊之，空山有木而鳥自遊之，鳳城有湖而我自游之。是此花、此木、此湖，本無情也。而忽若有情，非此花、此木、此湖有情，而實生於遊之者之有情之多情也。蜂游於花，是有情蜂。鳥游於木，是有情鳥，而且栩栩翩翩焉，而且嚶嚶喈喈焉。斯又蜂鳥之多情也。而我來游於湖也，筆焉，墨焉，詩焉，賦焉，月歌而風嘯焉，則是我之有情，我之多情。不且與曠野之蜂，空山之鳥，不能忘情於一花一木者，同一遊戲於天地間邪？彼天地者，豈得不一爲拘攝，而聽其恣情遊戲焉？甚矣，天地之無情也。孰知天地者，最寬之父母；而我者，最愛遊戲之小兒也。父母之于小兒，一飽之後，聽其遊於東鄰西鄰，而未嘗區區拘攝也。天地之于蜂鳥，成形之後，聽其遊于平原、曠野、南山、北山而亦未嘗區區拘攝也。然天地父母雖不爲之拘攝，亦必爲之收拾。日落天暝，無不歸家之小兒；日落天暝，無不歸宿之蜂鳥。其歸家也，其歸宿也，是即所以收拾之也。然而且有一大收拾之權焉。

自有天地山川以來，吾不知其幾何年矣。自有鳳城東湖以來，吾不問其幾何年矣，但覺古之人有先我而遊者，何其不少待我邪？後之人有繼我而遊者，何其不及見我邪？而一思之，古人之不待我，猶我之不待後人也；後人之不及見我，猶我之不及見古人也。古人何往？是必天地大父母于日落天暝之時一大收拾，使歸於家，而不聽其長久遊戲于外也。以天地父母之收拾古人，可必將來于日落天暝之時，亦收拾我；又必將來于日落天暝之時，亦收拾後人，使之各各歸家，而不聽其長久遊戲於外。而此城此湖，固如故也。而古人後人與我之各各歸家也，其亦蜂鳥之各有所歸宿邪？其亦過去之蜂鳥不少待現在之蜂鳥，而現在之蜂鳥不少待未來之蜂鳥邪？而此花此木固如故也。

雖然，吾又安知天地之不並此城此湖收拾去也？詩曰：「高岸爲谷。」高岸既變爲谷，吾安知此湖之不變爲高岸邪？則是異日之天地，亦能收拾此湖歸去，凡湖上之游人，遊人之筆墨、詩賦、月歌、風嘯，同歸於盡，不且與春老花落、蜂蝶斷影、山寒木脫、禽鳥無聲者同一千古悲涼邪？而我今日之遊於湖，真大夢也。既爲大夢，則凡湖上之蜂是謂夢蜂，湖上之鳥是謂夢鳥，湖上之筆墨、詩賦、歌月、嘯風是謂夢筆、夢墨、夢吟詩、夢作賦、夢歌於月下，嘯於風前也。吾又安知湖上之蜂鳥，非夢游湖上乎？夢游湖上而夢中見湖，夢中見湖上之我，空自拈筆弄墨，空自吟詩作賦，空自嘯歌風月。是我夢蜂鳥，蜂鳥亦夢我，而我與此蜂此鳥同在夢中遊也。然千萬年後之蜂鳥，未必非今日夢鳥之我；而千萬年前之我，未必非今日夢我之蜂鳥。是我化蜂鳥，蜂鳥亦化我，而我與此蜂此鳥又在化中遊也。遊於化中，化即是夢。遊於夢中，夢即是化。是古往今來世界皆幻夢也，皆幻化也。古人隨化而往，後人隨化而來。古人方纔出夢，後人又來入夢，而我於中間。以古人視我，則我爲隨化入夢忽焉而來之人。以後人視我，則我爲隨化出夢忽焉而往之人。以忽焉而來忽焉而往之人，又忽焉而爲此遊，則亦幻遊而已矣。既爲幻遊，則凡遊時所見蜂見鳥之眼，即爲幻眼。聽風聽月之耳，即爲幻耳。嗅花嗅墨之鼻，談詩談賦之舌，即爲幻鼻幻舌。眼、耳、鼻、舌既都是幻，則我亦幻人而已矣。以幻人而爲幻遊，則亦無益之甚也。

然而非無益也。世界，萬丈淤泥也。湖水，空中湛露也。湖蓮不染，道心也。作吉夢者覺而快樂。作凶夢者覺而疑懼。吾欲挹彼空中露，洗我蓮花心，不使染於淤泥，以待天地大父母收拾歸去，則我之吉夢大覺，長享快樂，永絕疑懼。如是之遊，獲大利益。

贈商山一叟養老敍

商之州學，食餼三十人。叟家羣從兄弟食餼十五人，增廣附學三十餘人，題名雁塔者六人，宴杏園者一人，可謂盛矣。叟以數奇不與公車，而僅以明經起家，五任廣文，不具論。論其任潼關衛學者。關在秦、晉、周三國之衝，明末盜賊仰關而攻之，官兵據關而守之，盈城之殺凡兩見矣。學宫荒涼，博士俸無升斗之粟。甲寅兵興，官軍頓城中，西征將士往來絡繹，即一畦苜蓿入於戰馬之腹，而廣文盤中曾不得一枝一葉焉。此杜少陵所謂「寒無氈」「官獨冷」「飯不足」者也。叟之窮可謂至矣。有楚客黄老人者，年八十，去家三千里，久客秦關，叟聞而謁之。事以師禮，生徒有饋叟者，叟以所饋養老人。束菜升粟，老人未食叟不食，卮酒碗茗，老人未啜叟不啜。霜日雪月，老人未衣叟不衣，蓋八年如一日也。

昔者信陵君爲侯生引車，卒獲刎頸之報。侯生，戰國捭闔之流，其所知交如朱亥輩，乃市井鼓刀之人，尚報信陵。老人荆南舊家，不樂仕進。在易之乾爻，則「潛龍勿用」者也；在詩之國風，則「泌水樂饑」者也。他日報叟當不讓信陵客矣。自王侯不揖客而后，平原、孟嘗、春申、信陵四公子，始以好客聞于天下，食客嘗三千人。而雞鳴、狗盜、跛矮、椎埋之屬，亦遇其選。衣食劍履，半出公家之禄，半出私門之貨。觀馮驩討債于薛，可知矣。由此觀之，四公子各養三千士易，而叟在今日養一人難也。何也？窮之至也。唐之鄭虔，駙馬潛曜之叔，而協律郎瓘之祖也，明皇愛其才，置廣文館，以虔爲博士，貧約自守，杜少陵贈以詩曰：「才名三十年，坐客寒無氈。」其七言詩曰：「諸公袞袞登臺省，廣文先生官獨冷。甲第紛紛厭粱肉，廣文先生飯不足。」叟爲廣文，既不受知於當事，而又無駙馬侄、協律孫以左右之。叟之貧約，十倍鄭虔。虔不以好客聞，而叟之養老人，不惟勝虔，且勝四公子矣。何也？四公子養三千人易，而叟養一人難也。俸無公家之粟也，貨無私門之債也，而能養老，宜其家之服儒服者濟濟也。老人名節，字浮庵，楚之黄州人。叟姓牛氏，名維晃，字德徵。商山一叟，其別號也。

爲梅侯種柳敍

天下有佳木焉，荄於太極，芽於陰陽，湛以甘露，涵以天和者，木之元氣也。仁以爲根，義以爲杆，禮以爲節，信以爲心者，木之天性也。積寸而尺，積尺而尋，積尋不已，至於干雲者，木之長養也。老者蔭其養，少者蔭其教，男得蔭而耕，女得蔭而織，木之廣庇也。雷出穴而四海震，風生竅而萬物動，木之號令也。日月升而天下明，卿雲凝而川嶽媚，木之光華也。鳳凰巢其上，麒麟遊其下，木之禎祥也。蠰蟲不能嚙，嚴霜不能落，野火不能燒，秋風不能⿰扌華，木之堅剛也。工倕不施刃而明堂以爲棟，虞姁不運斤而宗廟以爲梁，輸班不執削而社稷倚以安，木之本領也。凡東海之扶桑，江南之嘉林，西方之若木，龍門之孤桐，皆輔弼之材也。南華之大椿，金仙之菩提，皆方外之交也。至如桓溫琅玡之柳，王莽墳中之梓，對之皆立災矣。是木也，亦有隱見焉。爲九棘，爲三槐，得時而駕之，義也；爲五柳，爲七松，蓬藁而修之，道也。是木也，亦有春秋焉，五百年爲春，五百年爲秋，堯、舜、湯、武逢春之盛而有其土，故即其土而種之。伊尹、周、召逢春之盛而有其主，故佐其主而種之。仲尼、子輿逢秋之衰，既無其土又無其主，不得不借萬世之土而種之。是木也，又能隨時變化而易其名：召奭種于南國化而爲棠。仲尼種于東魯化而爲杏。潘岳種于河陽化而爲桃李。沈瑀種於建德化而爲栗桑。然而李也桑也，則又分蔭於召棠而發脉于魯杏者也。然則先生之種柳於鄮邑也，其慕南國之棠，東魯之杏而寄意于柳也乎？其聞河陽建德之風，隨時變化，而易之以柳也乎？柳之成也，老者于斯蔭其養，少者於斯蔭其教，男得蔭而安於耕，女得蔭而安於織，士得蔭而安于學，商得蔭而安於市。其始也，種於一邑。其終也，遍於天下，傳之後世。後世之人將目之曰：「此非叔夜之柳，淵明之柳，而梅侯之柳也。」

華嶽集敍

謂山水非詩耶，古人賦何以登高作？詩何以臨流咏也？謂山水盡詩耶，又何爲言志道性情也？蓋性情不可見而託詩以見，詩不能直言而託山水以爲言。此其事極博而道至微也。學憲肥水生洲許先生則得其道之至微者矣。所著華嶽集，道性情之書也，然不直言性情而託之乎山水。生平足跡所至，見名山大川而詩之，見寸山尺水亦不遺焉。人知一家之書數萬言也，而不知祇山水二物；人知詠山詠水數千篇也，而不知祇道性情；人知性情好惡美刺多端也，而不知一本於道。是道也，至精至微，而古今之人品類別焉。蓋廟廊之與山林，地異興殊也。先生身在廟廊，情耽山水，蓋于道之至精至微者有得也。故足跡所至，見山非山，山即詩；見水非水，水即詩。人見先生之詩，非直見詩，實見山水，實見性情。或曰：「如子所言，山也非山，水也非水，詩也非詩。請聞其說。」柏應之曰，如何可說？將說其耳觀山色，目聽水聲，聞見俱融，不滯形跡，却明明是山、是水；將說其見山吟山，見水吟水，詩成千卷，却空無一字；將說其終日登山而忘乎山，終日臨水而忘乎水，終日吟詩而忘乎詩，却莖鬚誰斷，心血誰乾？何曾忘得。先生聞而笑曰：「我都不知也。然子雖不說詩，而詩說盡於此。」

青門朱山人詩集敍

天地爲逆旅，光陰爲過客，而我以一身寄於其間，朝槿蜉蝣，而亦易了也。雖然，因我有身斯有眼、有耳、有口、有心，心生思，口生言，耳生聞，眼生見，因根生塵，不易了也。眼自無塵，見塵障眼；耳自無塵，聞塵障耳；口自無塵，言塵障口；心自無塵，思塵障心。古人知塵之爲我障也，則尋一了塵之法，法在塵外亦在塵中。若以塵外之見了塵中眼，塵外之聞了塵中耳，塵外之言了塵中口，塵外之思了塵中心，則莫如詩。

我嘗眼見君子之行，則歡喜；心不了也，必口之爲詩，以了我歡喜君子之心。我嘗耳聞小人之行，則怒罵；心不了也，必口之爲詩，以了我怒罵小人之心。嗟乎！以朝槿蜉蝣之身，而寄于逆旅過客之間，又有幾番歡喜幾番怒罵，則我聞見愈多，塵障愈深，而惟詩可以了之。故詩爲了塵法也。此其道，青門朱山人得之矣。山人生於青門，長於青門，種瓜於青門，行年六十有四，惟瓜是務；瓜田之外，眼無所見，耳無所聞，口無所言，心無所思。無思而偶有思，詩了塵思，無言而偶有言，詩了塵言；無見無聞而偶有所見，偶有所聞，詩了塵眼，詩了塵耳，此一了俱了者也。己未三月，余過青門，謁山人于瓜田，山人出詩若干卷，請余爲敘，余曰：「山人之詩，了山人者也；若敘，則又不了矣。」山人笑曰：「子不敘，非了我，又了子矣。」各飲一斗別去。

遵研齋遊記敘

天地山川何以至今不老耶？以忠孝節烈之人存之也。忠孝節烈何以至今不死耶？以文人才子之筆生之也。長安自漢唐以來，瑰意奇行之人不可勝數，使無文人才子之筆以發明之，將古之所謂瑰意奇行者，沒于天地，亦猶草木蟲魚之腐於山川矣。青門韓子又韓深爲此懼。己未三月，偕予游長安城南，過古名賢邑里祠墓，慷慨流連，爲予指示曰：「某某者，補天浴日焉。某某者，傭書躬耕焉。某某者，瓢笠雲水焉。某某者，茹嚙冰雪焉。某某者，何代之弋林釣渚，何時之歌樓舞榭焉……」長言之不足，歌哭之；歌哭之不足，又吟詠之，要以今日之筆墨詩賦，生千古之忠孝節烈，因以存千古之天地山川也。嗟乎，慨前賢于既往，歷終古之茫茫，而文人才子生於其間，使其蕩精神於風花，付倫紀於蔓草，則是忠孝節烈之人，天地山川生之而文人才子死之也。今幸矣，青門有韓子矣，韓子有筆墨詩賦矣，凡瑰意奇行之人，已往者至今不死，將來者感而復興矣。此天地所以不老乎！

一笑集敘

一笑云者，一見必笑也。蕭同叔子笑列卿，笑其禿也、眇也；平原君美人笑客，笑其跛也。若不禿、不眇、不跛，又何笑耶？余不能文而謬爲文，不敢使人見，一見必笑，如紫雲不可以聞紅粉，而藍面不可以對佳人。雖然干將非銍，而農人得之刈禾；拳毛不駑，而麪家以之挽磨。人雖目昏，未有不知牛之毛；人雖至愚，未有不辨鴉之羽。海大鳥止魯東門，則以爲神而祀之；麟游魯郊，則以爲妖而傷之。牛、鴉常見，而麟、大鳥不多覯也。然麟不以人不識而牛其毛，大鳥不以人不知而鴉其羽。吾之文不以人不識而不編諸集。其集也則禿者、眇者、跛者也，又何恤蕭同叔子、美人一笑哉。

游宛在亭敘

癸酉八月，北郭老人文靜張子，邀游宛在亭。亭在洋州北郊竹柳園中。余登其亭，怡然曰：「大矣哉！」張子曰：「吾園不滿二畝，水一泓，石一卷，竹、柳、桃、杏數十株耳，何爲大？」余曰，小大無定位，顧見趣何如耳。簡文游華林曰：「會心處不在遠。」人能會心，遠近大小皆可寄吾遊也。故黄帝華胥則以夢爲遊也。少文山水則以畫爲游也。王績醉鄉，陸羽茶經，則以酒爲遊，茗爲遊也。陳季卿登寰瀛，則以葉爲游也。徐奮鵬擴性地，則以天爲遊也。故古之善遊者，即近見遠，即小見大。見小，則無往不小，太華亦卷石也，渤海亦涓滴也；見大則無往不大，雖一泓碧水而有四瀆七澤之雄，一峰小山而有三島五嶽之奇。張子曰：「子所言，惟有道達觀者能之；吾何人哉？」余曰，人無聖凡，顧自致何如耳。生人之初，東海、西海、南海、北海均人也，無聖名，無賢稱，渾渾而，噩噩而，無惡無善，故聖賢無名。孔子曰：「惟天爲大，惟堯則之。」堯亦人也，人可則天，天非大而人非小也。人非小則人皆可具達觀矣。達觀古今，可以修晷刻而促萬紀；達觀大小，可以巨芥子而眇崑崙。故曰，斂之不盈一掬，放之可彌六合。兹園亦若是矣。張子曰：「古之大園如梁園、辟疆、平泉、獨樂，或數十里，數百里。視吾園，猶大鵬之於蠛蠓。」余曰，否！陶淵明曰：「審容膝之易安。」苟能容膝，即可安也，況兹園，日、月、星、辰臨其上，風、雷、雨、露生其中，名都大邑在其旁，高山長江環其外。彼之園亦若是焉已矣。西方給孤，黄金佈滿八十頃，荒唐汗漫，反不若容膝易安者，約而易爲也。故曰：「易簡而天下之理得矣。」吾自束髮，力築一園，不杵不版，不愉不畚，不終日而成，園在混沌方寸之丘，玲瓏七竅之壑。以天爲屋，以地爲基，以四海爲池塘，以五嶽爲牆壁，以日月爲燈燭，以飛潛動植爲園中鳥獸蟲木，以東西南北父老子弟爲園中往來遊客，二亥不能步其延袤，偃、輸不能造其物象，視辟疆給孤則芥子也。彼園爲芥子，則子園可作崑崙觀矣。故曰：「小大無定位。」張子嗎然曰：「自吾有兹園，吾小吾園，客亦從而小之，未有大吾園者也。子以爲大，大以天乎？」曰，然。地有窮而天無盡也。

勤學通録敍

窮天下，亘萬世，第一等事，豈非學耶？貴爲天子，此學；賤爲匹夫，此學。智如聖賢，此學；愚如凡民，亦此學。凡民能學，雖不至天子之貴，而可以及聖賢之品。故天下萬世惟學爲第一等事也。凡格致誠正，修齊治平皆學也，所謂吾道一以貫之也。凡出處、隱見、吉凶、動静皆學也。所謂知進退、存亡而不失其正者也。故人須學也，學須勤也；不學非人，不勤非學。故捃摭古今勤學之人，輯爲一書，以勸天下人人皆學，人人皆勤學，以求入于聖賢之域云爾。

哭子類編敍

哭子者何？有部張淡庵，哭其子伯欽也。哭伯欽何？孝而好學，蚤夭。淡庵哭之慟，如顧況哭子泣血，知其無可奈何，付一哭耳。吾黨亦哭之。哀、挽、祭、誄，匯爲一卷，額曰：哭子類編，傳哭也。傳哭者何？傳其子之可哭耳。

爲蕭長青號柳庵敘

庵何以柳名也？蕭子蓋寄意于柳也。其寄意于柳何也？昔陶淵明宅邊有五柳樹，因號五柳先生。蕭子之寄意于柳也，乃蕭子之寄意于陶也。鄭少師種七松於里第，自號七松處士。嘗曰，使異代可對，五柳先生蓋鄭之寄意於松也。鄭寄意於松，即寄意于柳，以寄其寄意于陶之意也。然則，蕭子之寄意于柳也，即謂之寄意於松可也，蕭子之寄意于陶也，即謂之寄于鄭可也。何也？寄柳亦寄，寄松亦寄，寄陶亦寄，寄鄭亦寄。均之，以物寄人也；均之，以人寄我也。然則，蕭子之寄意于柳也，謂之以柳寄蕭，可也；謂之以陶寄蕭，可也；謂之以蕭寄蕭，可也。知蕭子者，遂以柳庵號也。

麟山十二詩敘

「夏五」「郭公」，闕文也，而麟經因之。學邯鄲步者匍匐不悔。麟山詩題創自前人。麟大夫賦詩十二章，屬予和，予勉續貂。顧舊題未穩，不敢竄易匪竊，比「夏五」「郭公」，亦學步邯鄲云爾。

永思録敘

爲桓公者碏也，而厚黨吁，碏無子也；爲劉氏者向也，而歆附莽，向無子也。談之子遷也，洵之子軾也。成談史者，遷也，談有子也；傳洵文者，軾也，洵有子也。說者謂鳳也有毛，毛亦鳳也；麟也有角，角亦麟也。

吾鄉雲門蕭先生泛槎藝海，父也。孝廉君震生鼓枻文江，子也。子將葬父，手撰行狀並擬誌、誄、表、墓諸作，蓋先生實録也。哭父招魂諸什，蓋家廟樂章也。額曰：永思録，言孝思也。孝思永，文思苦也。文思苦，孝思永也。遷思談也，軾思洵也。厚也歆也，獨非人之子也耶？何弗思也？忠孝大於文史。碏也忠，向也忠，碏有厚而無子，向有歆而無子。父子不相似也。談也史而洵也文，談之子遷也，洵之子軾也，似也。先生子震生，文如先生而持論過之，吾不慕震生能傳先生文，而慕其能爲先生子也。鳳之毛也，麟之角也。吾不慕震生能爲先生子，而慕先生能爲震生父也，毛生於鳳而角生於麟也。

憨休和尚語録敘

白雲端禪師蠅子透窗偈爲：「愛尋光，紙上鑽，不能透出幾多難。忽然撞著來時路，始覺平生被眼瞞。」太陽玄禪師典客偈：「一兔橫身當古路，蒼鷹纔見便生擒。后來獵犬無靈性，又向枯椿舊處尋。」此足證西來大義，不立文字。後世學者從語言文字求，無生消息，皆紙光瞞眼，枯椿尋兔者也。既無文字，然宗門代有語録，則又何也？蓋不見洞口桃花，難逢源上秦人；不升空中橋杖，難見廣寒嫦娥；不持牧婦書信，難入洞庭龍宫；不因引路火光，難得阿婆焦衣。初學之士，屏棄文字，因斷緣絶，四顧彷徨，何路可適耶？若止難逢、難見、難入、難得，其害猶淺。若彳亍一錯，未免黑風吹舡，飄隨鬼國。予讀書太白山中，見長安寡婦劉氏子，採藥深山，雷雨暴發迷路錯走，遂至亡身。渭陽進香少婦，踏翻危石，遂至墮胎殞軀。岐山李叟妻誤走樵蹊，失路不返。此三人者，只緣一步錯走，一腳錯踏，遂至母子夫妻大相失散，嗚乎危哉！生物有萬歷恒沙劫，始得爲人。爲人最親無過母子夫妻，然跬步少錯，遂至子棄其母，妻抛其夫，母墮其子，骨肉離析，如風火散。故曰：「一失腳爲千古恨，再回頭是百年身。」誠可憫也，誠可懼也。此憨休禪師所以憂後世子孫失腳迷路，不能頓悟西來大義，而權以語言說無字法也。

送憨休和尚敍

語云：「英雄回首即神仙。」天生英雄，豈輕回首？回首云者，此必英雄不得志于時者之所爲也。易曰：「雲從龍，風從虎。聖人作而萬物睹。」故世有軒轅，而風后、力牧得以展其才；世有文王，而兔罝鷹揚得以宣其用。雲龍、風虎會合一時，蓋千百年而一見者也。又曰：「天地閉，賢人隱。」故山川竭而伯陽去，杜鵑鳴而堯夫隱。此又英雄回首之驗歟！而生又有生逢帝王，若可有爲，而終必去者，蓋以器與時違，道與世異，不得不去。陶淵明曰：「巢父、許由，皇者之佐也，而生於帝代；伯夷、叔齊，帝者之師也，而產于王時，猶且飲牛潁水，乳鹿西山，況後世乎。」子陵遇光武而釣老富春，徐舫避太祖而肥遯終身，良有以也。至如幼安膝穿木榻，元亮情寄麯蘗，胸中片氣磊落，口不能自言，手不能自寫，一段傷心可泣鬼神，一聲長歎可聞千載。此蓋中有所爲，不得已而回首作隱淪者也。然單豹巖居谷飲，而虎食其外；牛缺捐棄車馬，而盜殺其身。此又隱士不可爲矣。於是後世懷抱英雄器略者，托而逃禪，或宰官而披緇學佛，或將軍而沿門持鉢。此蓋不得已而回首作諸佛眷屬者也。以予所見，憨休上人者，殆所謂英雄回首托而逃禪者乎！師生長蠶叢，參禪金粟，飛錫五陵。歲戊午，予訪師于燉煌禪院，雙目炯炯，聲如洪鐘。與之談儒學，則源溯象山，派分東越；談經濟，則石補青天，淵浴白日；談文章，則水傾三峽，星煥一天；談禪，則舌分廣長之辯，口吐青蓮之香。予不覺爽然曰，自棲遯山林四十年來，所接方外瓢笠高朋，未有英雄若此者也。以如此之才而身著壞衣，手握錫杖，上則帝古皇之臣，王如來之佐；下亦不失蒲團管、樂，衲衣良、平，而乃以空門老也。此可以觀世變矣。昔人謂，泉石膏肓，此譏無益世道者。師自學成德立以來，身兼禪律，講三種之教，口說過、現、未三世之法。苦海無邊，慈航度登彼岸；火宅廣大，法雨澍爲冷灰。無論良馬見鞭影而千里；即蹄嚙小駟，莫不受銜勒範其馳驅。昔郭有道人倫東國，陶通明山中宰相，師之道可謂空門宰相，物外人倫者矣。昔之悲隱者曰：「掩芳風于萬壑。」夫亦風不芳耳。果爾，萬壑能掩乎？師之風不可掩矣。請以一言送師曰：「劍在豐城生寶氣，龍在深淵出玉光。勸師袖盡青雲片，莫放虛空蔚豹章。」

憨休禪師敲空遺響集敍

歲屠維大荒落冬十月，大興善寺憨休禪師過太白山房，持所著敲空遺響文集若干卷，俾予敍之。予曰：「空可敲乎？」師曰：「不可。視之頊頊洞洞，聽之窅窅冥冥，棒不能打，刀不能割，火不能燒，水不能溺。我欲敲空，卻於何處著敲？故空不可敲也。然則，空卒不可敲乎？曰，可敲。鐘也鼓也筑也木魚也，皆空物也，敲之斯響。其未敲也，窅窅冥冥，泬寥無聞，确然一敲，小敲小應，大敲大應，聲滿天地，響振山谷。通幽明，和神聽，郊天而祭地，祫祖而禋宗，鳳凰儀而麒麟遊，皆空中之響所致也。故空可敲也。」

予聞師言，憬然曰：「空之時義大矣哉。三教聖人皆以空爲欛柄者。是故孔子曰：『空空如也』。空無知也。老子曰：『空無所空』。空無物也。佛曰：『萬法歸空』。空無法也。無法而與諸大菩薩、阿羅漢、一切比丘、比丘尼千二百人，或說四十二章，或說圓覺，或說妙法蓮花，所說皆法也。有說即不空也，然因問有說，說已即空，亦猶有敲即響，響絕即空。孔子講六經，說魯論，老子說道德，皆因敲有響，響絕即空。執以爲空，空能生響，空不空也。以爲不空，敲罷響絕，不空空也。空不空，不空空，是一是二，孰辯之耶？」

師豎拂子笑曰：「究竟是空。」又笑曰：「究竟非空。天，空空耳，倏然而雷霆震。山空空耳，倏然而萬木鳴。木之鳴孰敲之？風飆敲之也。雷之震孰敲之？陰陽敲之也。倏然而雷止風歇，天復空空，山復空空，過去空空，現在空空，未來空空。故曰：『究竟是空』。然谷神不死，萬響攸生，故曰：『究竟非空』。」予曰：「凡天地間，有形之物有壞，無形之物無壞。陰陽風飆，無形者也，無形即空。陰陽敲雷霆，風飆敲木竅，是以空敲空，空生響。空無盡，響亦無盡；空無壞，響亦無壞。故歷恒河沙劫以來，打空無棒，割空無刀，燒空無火，溺空無水。故三教聖人欛柄在『空』，或曰『無』。知空空，或曰『空無所空』或『萬法歸空』。空之時義大矣哉。」

師笑而不答；予送師，師空去，予空歸。

奇樹齋詩集敍

陶無意爲詩，而詩獨至。余謂陶詩非至也，有陶之節而詩斯至也。不然，精如摩詰，少氣骨矣。余友永叔袁子，願學陶先生者也。好讀書，陶之學。清羸，陶之體。真率，陶之品。高尚，陶之節。而詩詞則陶之文也。先正有言，晉無文章，止有歸去來辭。陶之歸去，蓋爲腰難折耳。永叔高卧紫荆山數十年，養陶腰也。後世有操汝南評者，不以詩盡陶先生，而永叔豈盡于詩耶？

粤遊草後敍

庚戌春，友人終南杜子，聞東南山水之勝，將薴游吳越，聽歌郢中，望高唐雲氣，登君山，醉堯酒，率南水溯至於柳、潯，拾柳柳州遺跡而歸也。白山李柏往送之，爲唱陽關一曲。杜子曰：「嗟！『萬里北客奚堪此，煙波江上日暮時』乎？」余曰，不。昔友白先生，泛舟文江，誕登于岸。吾子以不羈之才，生長文獻之家，蓋不啻孟堅之有叔皮也。誠能縱一葉以自如，凌萬頃之茫然，收天地灝渺之氣，藏於胸中，吐爲奇書，斯亦天下之至樂也。況「吳楚東南坼，乾坤日夜浮。」又爲君家少陵歌詠者乎！杜子馬首遂東。自是目斷天涯，徒深春山暮雲之恨。

今年辛亥五月，杜子使使召余曰：「來，客歸矣。」隨至曲溁精舍，出粤遊草示余。受之，卒業見其洶湧澎湃，涵太虚而撼岳陽者，曾是瀟湘雲夢之曲也。見其嵯峨杈枒，曳虹霓而掛南斗者，曾是衡陽、蒼梧之吟也。至於過長沙，哭屈子，感深怨極，悠悠沅湘流不盡也。渡龍城，弔伏波，慷慨悲歌，蕭蕭秋風吹不去也。他如草木雲鳥之什，投滿湘篋，譬行瑤林，觸目皆玉。其大者如屈子之忠，伏波之勳，湖湘衡桂之勝，皆天下奇也。古今遊人凡幾，未必好古如吾子耳。今也墨湧千江之浪，筆流五嶽之雲，淚灑孤臣之血，可謂少陵有孫，友白有子，而江上煙波，真不足使客愁已。

午夜鐘敍

石令人古，茶令人淡，梅令人貞，蓮令人清。此無聲動物者也。聞驢鳴悟道，聽擊竹參禪，聆杜鵑啼識治亂，此有聲而無情者之動物也。「飛土，逐肉」，歌之而孝思生。「麥蘄，稷穗」，吟之而忠懷奮。「黄鵠，紫燕」，詠之而節烈振。此有聲有情者之動物也。古人知聲之易動物也，於是有陽春白雪，絲竹歌咢，刻商引羽，雜短怨誹之聲，其言近，其旨遠，要以補百家之不足，而助六經之所不及，蓋以聲爲教也。汪直作威福，公卿大臣，相爲結舌。一灑掃微賤之阿醜，口吐謔詞，身作酒態，足以回萬乘而有餘。然則，劇談諷刺之關於聲教也大矣。

鄱陽孟太和，少年講劍術，長而隱弈酒，目擊時事，感慨牢騷。然而，笑之不可，罵之不敢，哭之或無淚，怨之或無詞。煩勞管城，託於傳奇，哭笑怒罵，委之古人，是欲以聲教天下後世也。然八音之數，金爲首。金聲之洪鐘爲大。書成而自題其額曰午夜鐘，蓋以大聲自鳴也。唐人之詩曰「夜半鐘聲到客船」。吾不知船何泊，客何人，鐘聲誰敲，夜半誰聞，知其説者可以讀午夜鐘矣。蓋古往今來，夜半時也。都邑聚落，江上船也。王侯廝役，客中人也。前言往行，寺鐘聲也。鐘聲到船，則客醒矣。夜半客醒，烏啼霜落，寒山寂寂。似此景色，誰復能寐？則長夜漫漫，可以待旦矣。要非午夜鐘，不足驚客夢也。

漢江棹歌敘

以六十二歲之老農，南客漢上，食漢江魚，飲漢江水，泛舟鼓棹而爲棹歌。歌曰：「漢有老叟，釣于江口。漢水滔滔，在前在後。朝獨歌來，暮獨歌去。朝朝暮暮，蘆花深處。其釣維何？漢江之鮀。其歌維何？漢江棹歌。」

壽廣文牛先生德徵敘

古稱商山多隱君子，而德徵先生，則世居商山者也。其太翁文華先生，雅志高尚，卻掃一切，獨與東暘禪師數相往還，互參所學，猶淵明之與遠公也。一日，告師以披剃意，師曰：「汝與峨眉有緣，何得在此？」公亦未信。後以明經謁選補雙流令。予告遊峨眉三月，日與空山老禪，究竟三昧，如東暘言。生五才子，德徵先生實五常白眉，少有俊才，下帷絕跡，可謂三食神仙字矣。奈棘闈路滑，七入而七躓。劉蕡下第士論惜之。後起家太學，考授廣文，初任河州，次麟遊，次郿，次鳳翔，潼關，所至風勵多士，以力行爲考課。以實踐爲誦讀，樂育之效，徵于人文。走馬聽鶯，相繼蔚起。而且，才饒辭賦，興逸登涉，如河之積石、曳湖，麟之仁壽、醴泉，郿之渭水、太白，鳳、潼之旱麓、卷阿、太華、黄河，皆天下奇也，足跡所至，遍投奚囊。嘗曰：「家在商山深處，兩世薄宦，率近名勝之區不可謂不遇矣。」而且，雅好名賢，于麟得陽初劉子，于鳳得永叔袁子。此皆讀書樂道，養晦林泉，有商山東黄太素之風焉。先生一見，結爲金蘭；茶鐺詩瓢，樂與晨夕。蓋不啻九老之會香山，而耆英之在洛社矣。昔范宣子侈世禄以爲不朽，而穆叔則以爲立德、立功、立言乃不朽耳。若先生者造士弘多，是謂立德。著述富美，是謂立言。德言立而功亦在中。穆叔「三不朽」，先生萃之矣。春王正月五日，先生皇覽之辰，欲歌詩爲壽，詩不成聲。姑取先生之所爲不朽者，以壽先生云。

壽盩鐸劉先生敍

有虞氏命夔典樂教胄子。周官有保氏、師氏，漢、宋有祭酒、司業，近世設國子祭酒，教胄子於內府，蓋古師氏教於虎闈遺意。太學六堂俊秀，先王廣教胄之義而取之天下郡國者也。六堂俊秀，受業祭酒，歲月既深，學優而德成者，選爲師儒，分教天下郡國鄉邦俊秀。賢關國脈，胥此焉系？故先王重之，每幸學，親發策題，御案講書。每遇大禮，祭酒率諸生朝賀，雖民間子弟，得蒙天子之燕餉。其鄉國民間俊秀，貢入太學，所用米、肉、椒、油、腐、粉、醬、菜、果、餌之類，衣服衾裯，水陸道路之費，悉關支戶部。其升堂會講，會饌三次，不精則處膳夫以極刑。其所讀五經、子、史、百家之書，悉頒自御府。其將出學，先王命丞相往國子學考校，命御史臺精選，命翰林院考選，命吏部嚴加考試，中者方送陛考，取中選用，方任天下郡邑師儒之仕。其設南雍、北雍也，亦取西周豐廱、鎬廱遺意。今之二曲，昔之周南畿內地，去豐鎬、辟廱數舍耳。官師政教不無今昔之異。

某翁劉老先生，實從六堂俊秀陛試選中，分教天下郡國鄉邦，式鐸二曲。嘗曰：「道不可師而有其名，教不修舉而居其職，我其瘝曠也哉？」於是，身先諸生，每講背課藝堂上，習射澤宮，考鐘伐鼓，揖讓登降，俱從太學成規，使多士肄習之。日就月將，鏟磏成器，有不知時雨之化矣。某月某日，先生初度，邑多士欲賦詩介眉壽，予聞而告之曰：「祝詞無庸新聲也。邑之南巖巖高者終南山也，古人有以南山致祝者，其詩曰：『如南山之壽。』」予亦曰：「如南山之壽。」蓋以山爲壽，即以詩爲壽而已。

贈馮大將軍敘

孫子曰：「將者，知、信、仁、勇、嚴也。」岳武穆曰：「仁、信、知、勇、嚴，五字缺一不可爲將。」雖然，「仁、信」要焉。將有仁、信而復濟之以知、勇、嚴，謂之賢將。將有知勇嚴，而不本於仁信，謂之才將。才將易求，賢將難得。漢唐而後，三秦名將非一人矣，求其成大功立大名，謳歌遍於當時，姓字香於後世，則惟漢之班定遠，唐之郭汾陽，宋之韓魏公，范文正公爲最著者，仁信之道盡而濟之以知勇嚴也。今馮大將軍其慕古賢將之風而興起者乎。大將軍前功不具論，姑論其駐節寶雞者。國家以秦州、平涼之役既畢，念寶雞爲三秦重地，南對雲棧，西接秦、隴，北延扶、岐，東連斜峪、黑水諸峪，峪中敵人盤踞，視雲棧爲進退。雲棧震撼則三秦爲之搖動，於是特簡大將軍帥師鎮之。凡秦隴以東、黑水以西，綠旗諸將，咸受節制。大將軍既至寶雞，爰下令於軍曰：「民以養兵，兵以衛民；衛民而反害民，非兵也。自今以往，敢有奪民資物、蹂民田苗者，按軍法。」又下令於民曰：「我來雖治兵，實撫百姓也。爾百姓之饑寒，我饑寒之也；爾百姓之疾苦，我疾苦之也。自今以往，凡有利害，悉陳毋隱。我盡一分之心，爾百姓即受一分之福矣。」於是寶雞百姓曰：「陳情于大將軍，一如家人子弟日陳情於父兄之前；而大將軍之待百姓，一如待其家人子弟也。」是以寶雞雖當南北用武之地，而三五來年，士安于學，農安於野，工安於肆，商旅安於市者，要皆大將軍仁信撫字之恩有以及之也。而且，以撫寶雞者，西暨秦、隴，北訖鳳、岐，東漸盩、郿，時下嚴令，節制諸將，不敢縱兵虐民。即或大將軍射獵山澤，或以休浴入會省，百姓望見旌旗，以爲他將，欲避去；及聞是大將軍，咸相慶曰：「我將軍來，何驚避爲？」爭持壺漿迎拜馬首。大將軍以溫言勸令安業，百姓稽首謳歌而去。白山李柏潛身草茅，萬事忘懷，所不忘者憂民之心耳。每曳杖田間，見道上人，必殷勤致問曰：「方今多壘之秋，尚有士安于學者乎？」必曰：「寶雞」。「尚有農聚於野者乎？」必曰：「寶雞」。「尚有工安于肆，商安於市者乎？」必曰：「寶雞」。問何以致此，則曰馮大將軍推仁信之心，以及之也。柏聞之加手於額曰，秦中多名將，率以知勇宣威邊疆，求其仁信撫民而嚴明馭兵者，其惟漢定遠、唐汾陽、宋韓、范數人而已。今馮大將軍躬行仁信，其空谷足音，絕無而僅有者乎！雖然，昔人有言，事者，難成易毀；名者，難立易廢。伏願大將軍仁而益求其仁，信而益求其信，而又濟之以知、勇、嚴，則功名所就，當與班、郭、韓、范同不朽矣。至於將略之妙，籌畫之奇，則有紀功之書在，故不及。

可以集敍

可以者何？可以樂也。何樂乎？而詩曰：「泌之洋洋，可以樂饑。」饑不可樂，而云樂饑，蓋中有所樂。而見泌之洋洋，雖饑亦樂也。古之人有七日不火者，有三旬九餐者，有並日而炊者，有食木子橡栗者，有采薇茹芝者，有屑榆者，有咬菜根者，有一食長坐者，有餐氈嚙雪十九年者。蓋有主於中，不動於外；抱節仗義，不忘溝壑者之所樂也。若等閒之人，一遇窮約，咨嗟涕洟，戚戚愁怨。故曰，人當六極之時，不惟賓朋疏絕，亦且骨肉棄置；不惟顏色慚沮，亦且神情恍悴。惟天性超曠之士，歷窮愁而著書，遭扼抑而高歌；蓋境愈逆，情愈曠；時益艱，操益固也。故曰，菽水曲肱，樂在其中；簞食瓢飲，不改其樂。後世有一日三餐菜粥，敬謝天賜清福，是亦能尋孔顏之樂者也。

予九歲孤，母寡兄幼，兵盜賦役，傍午蕭條，四壁饑寒，四十餘年。至五十三，賴岐侯紫庭茹公，有郃豪士臥雲焦子，均有資給，衣食粗足者八年耳。庚午荒旱，避地岐陽，日惟菜粥兩餐。壬申三月，避地漢中，亦日惟菜粥兩餐而已。自信性能安貧，且好讀書，好與客談山林，好看劍，好吟詩作文，好蒲團靜坐，好臨水把釣；故終日樂有餘而未嘗有戚戚不足之意。所不足者，好飲無酒；然漢南山水，亦自醉人。雖非「泌之洋洋」，可以樂而忘饑，然漢山蒼蒼，漢水湯湯，亦可以醉而忘憂也。

襄平張少文詩集敍

三百篇，率於性者也。故見鳥吟鳥，見獸吟獸，見草木吟草木，見忠臣孝子吟忠臣孝子，見勞人思婦吟勞人思婦。如造化生物，無心而成，悉出於天機自然，因物之色而色之，因物之聲而聲之，因聲與色而韻之。此三百篇所以爲天下萬世詩祖也。至唐以詩取士，而海内學士人人能詩；至人人能詩而天下遂無詩。何也？斷鬚鏤肝，雕之琢之，斧之鑿之。干禄也，非爲詩也。鑿混沌者七竅生而混沌死。有唐人干禄之詩，而三百篇亡矣。

吾友少文張子，心知其故，不法三唐而法三百，故生平足跡所至，見物之色，因以色其色；見物之聲，因以聲其聲。因物之色與聲而韻之以爲詩。故詩成千篇，卻無一字盜唐人口珠。噫！難矣。人謂少文年正壯，詩之多已如此；若至終身，千萬篇不足限也。吾謂少文，終身爲詩人，實終身非詩人；終身詩有千萬篇，實終身詩無一字。何也，率性而成意，不在詩也。

鐵墨吟敍

五金之屬，惟鐵性最堅。人之堅貞剛果者，每取義於鐵。故宋廣平爲「鐵心宰相」，薛文清爲「鐵漢侍郎」。馮子仁爲「四鐵御史」——謂鐵口、鐵膝、鐵膽、鐵骨也。

余友少文張子，遼海人也。今遼海世家子弟，年束髮，學足記姓名，即綰綬爲百里長，或食二千石禄，肘印將三軍者，比比也。少文生長簪纓之家，才高而學富。年三十六矣。猶棲遲不仕，優遊林泉，豈其痼疾丘園者乎？蓋中有所爲也。戊寅夏與余邂逅殺栩五臺山中，余問不仕之故，少文笑而不答，但撫心捫膝而已。既而西遊湟中，歷允吾、酒泉、金城、玉塞、南安、武威，出入長城、黃河，觀漢武斷匈奴右臂，與夫趙充國、班定遠屯田立功處，並李將軍解鞍射雕之所。慷慨激烈，發爲詩歌，如紫電青霜，凜不可犯；又如山寒水冷，孤鴻高飛，繒繳莫加，蓋其氣剛毅故也。余讀其詩，始悟向之撫心捫膝，蓋謂心如鐵而不可變，膝如鐵而不可屈，故棲遲林泉，壯猶不仕也。余爲進一説曰：「大丈夫貴乎知時。時若可爲，則爲渭水之玉璜，傅巖之鹽梅，慎無痼疾丘園；時不可爲，則存鐵心、養鐵膝、蓄鐵膽、堅鐵骨，以鐵漢老可也，慎無捷徑于終南。」少文應之曰：「鹽梅玉璜，則吾豈敢。見在生涯，無可藏身。吾其藏身於鐵乎！」余囅然笑曰：「少文，吾之鐵友也。」遂名其詩爲鐵墨吟云。

題鄧尉看梅詩後

葩經多言草木，非言草木也，言心也；心無字，故託之草木也。後世志士，明明有其心，明明可對日月，可告鬼神，而獨不可與人明言，故託草木以爲言。是以王子猷有愛竹之言，淵明有愛菊之言，鄭少師有愛松之言，周茂叔有愛蓮之言。察其本心非愛竹也，非愛菊也，非愛松也，非愛蓮也。蓋我心如蓮之淨，如菊之淡，如松之貞，如竹之勁，不能明言，而託之於松竹蓮菊也。

友人少文張子，磊落堅貞士也，有鄧尉看梅詩六章，蓋三百三十六字，評者曰：「字字得梅之骨，得梅之品，得梅之韻，得梅之神。」余反復吟詠之，歎曰：「三百三十六字，何曾一字是梅！」又曰：「三百三十六字，何曾一字非梅。」以爲是梅，卻明明非言梅；以爲非梅，卻明明是言梅。此中消息，張子自知之，梅花自喻之，而獨不可與人明言之也。

說天字

說文曰：「一大爲天」。此不知天者也，以其離人而說天也。說天不說人，則天不全；說人不說天，則人不生。蒼聖作字，取義至精至深，後人以粗淺釋之，不知聖人之心也，是謂迷天而忘道。迷天則人不法天，亡道則人不入教。臣作亂而子爲賊，「三綱」解而「五倫」斁。職此故耳，聖人憂天下後世，即一字亦寓明道立教之義。故作「天」字，即以人字結構，謂無人則無天，無天則無人，無極而太極，太極動而生陽。陽，乾道也。乾爲天，故乾卦三畫皆一。天字之上畫即乾之一畫也。天字之二畫，即乾之中畫也。天字中涵人字，即乾之下一畫，左右對待而分立者也。且河圖天一地二，天字上横二畫，地數也。一字而蘊三才之義者也。故曰，天得一以清，地得一以寧，王侯得一以爲天下宗。易卦六爻，初二曰地，三四曰人，五六曰天，亦三才類聚之義也。推三才而廣其名：曰天皇，地皇，人皇；曰天統，地統，人統；曰天極，地極，人極。人原不離乎天地也。故人字象形，一頭兩腳，有冠天履地之義。故人身荷天之一，則爲大人。大人頭上戴一，則爲天人。亦猶海不離水，地不離土，松不離木，鳳不離鳥之類也。故士人之「士」，太一之「太」，元氣之「元」，與夫三、四、五、六、七、八、九、十奇偶之數，皆天之變化錯綜而生成之者也。天一而已。孔子曰：「吾道一以貫之。」老子曰：「知其一，萬事畢。」故學不主一者，離天者也。故聖人事天精一之學，曰敬天，曰法天，曰希天，曰承天，曰順天，曰則天，曰畏天，曰欽天，曰知天，曰應天，曰達天，曰崇天，曰荷天，曰父天，曰律天，曰戴天，曰樂天，此以人合天者也。曰天人，曰天民，曰與天爲徒，曰與天爲一，曰天人合發，此以天合人者也。以天合人者，以天合天者也；以人合天者，以人合人者也。以人合人則至易，以天合天則至簡，易簡而天道全矣，地道盡矣，人道備矣。故易曰：「聖人與天地合其德。」先天而天弗違，後天而奉天時。又曰：「與天地相似，範圍天地而不過。」此萬世之通義也。如以一大說天，義孤而辭單，得天之半。

易名說

童試名「如泌」，學使者田，以硃筆改爲「密」。余曰：「非密也，取唐名臣李泌義耳。」學使者曰：「唐無李泌，惟陳情表有李密，汝名如密則可，若如泌，則不通矣。」余不敢辨。既歸，思之李密陳情表曰：「臣少事僞朝，官至郎署。」僞朝者何？密蓋斥漢爲僞朝也。郎署者何？密蓋仕漢爲尚書郎也。漢亡，密歸晉，晉滅漢，則晉爲漢之仇讎，不待賢智，即奚奴下賤，是非燎然，密獨昧之。且密本蜀人，蜀漢爲密桑梓父母之邦；昭烈父子，帝室之冑，紹漢正統，大非曹操、孫權僭竊可比。密之事漢，可謂得其主矣。爲密計者，方晉人緣崖破蜀之時，當如諸葛瞻效綿竹之戰；不則如北地王盡廟中之哭；不則如姜伯約灑心痛之血。家之孝子，即國之忠臣，不亦俠烈大丈夫哉？乃計不出此，袖手旁觀，視國家興廢如秦人視越人之肥瘠。而且行同雀鼠，東家有粟則就之，西家無粟則去之，罪可逭乎？或曰：「密之陳情，乞終養耳。書詞稍亢，所請不遂。」余曰，不然，孝者，美德也；成人之孝，美名也。密書若曰「臣在蜀漢，官至郎署」，則晉人亦必聽之也。且言者，心聲也；書者，寫心者也。密獨何忍於斥漢，天理滅，人心死，此與莽大夫美新之罪，又加一等矣。語曰：「求忠臣必于孝子之門。」若李密者，固天下後世共稱爲孝子順孫者也，密爲孝子，忘君事仇，是爲不忠；彼既不忠，安得謂孝，不忠不孝，春秋之所謂亂臣賊子，人人得而誅之者也。而余名如之，言之不順，稱之不美，致遠則泥，行近亦礙。故易名曰「柏」，字曰「雪木」。所以如此者，恐天下後世爲人臣者，借蹊李密歸晉背漢而猶得以孝子順孫聞也。

松友名鶴說

有部豪士焦臥雲，自華嶽買鶴遣使遺太白山李子。李子名之曰「松友」。客曰：「古人呼鶴爲仙禽，今曰『松友』，義何取？」柏曰，畫家有松鶴圖，詩人以松鶴屬比，對曰「鶴巢松樹遍」，曰「松暝鶴飛回」，曰「養雛成大鶴」。種子作高松，曰「鶴巢松樹煙籠玉」，曰「松寺曾同一鶴棲」，曰「看院只留雙白鶴，入門惟見一青松」，曰「擬服松花無處學，嵩陽道士忽相教。今朝試上高枝採，不覺傾翻仙鶴巢」。此皆青白相兼，飛植對待，友之義也。故不以仙禽呼，而以松友名焉。客曰：「盤谷先生有竹鶴癖；子之癖其在松鶴乎？」柏笑而應之曰，不知其癖也。但有鶴不可無松，有松不可無鶴；有松鶴不可無我，有我不可無松鶴。不知其癖也。

答焦臥雲亢龍說

來書：乾卦亢龍之論，以周公、霍光爲證，誠爲確見。光不學，知進而不知退，亢也，故有悔。周公善用龍德，不至於亢，故無悔。此不易之談。然愚推廣言之，龍隨時變化，神物也。易道，隨時變化者也，聖人亦隨時變化者也，故曰：「孔子，聖之時。」亢字亦隨時而用之者也，要活看，不可執一。時當用亢而不亢，時不可亢而亢，均致有悔。何也？孔子之微服過宋，程嬰之僭踪屠氏，相如之引避廉頗，梁公之屈身女主，卒之保身全道，克濟大事，乘風雲而上天，此龍德之不當亢而不亢者也，終無悔。禰正平嫚罵孟德，嵇叔夜睥睨鍾會，此龍德不當亢而亢者也，有悔。天下皆周，而伯夷之西山無周；天下無宋，而文信之樓頭有宋，此龍德有似於亢者也。然綱常立，名教正，亢亦無悔。莽大夫知易而美新，元祭酒講道而應聘，此龍德有似不亢者也。然辱身遺臭，悔孰大焉？東漢之季，王綱解紐，龍當潛而不當亢，乃激濁揚清，橫議執政，卒致黨禍蔓延。西晉，強敵側目，朝政陵夷，龍當亢而不當潛，乃高談清靜，玉麈竹林，卒致神州陸沉。此不當亢而亢，當亢而不亢，其悔一也。故善用龍德者，潛、現、躍、飛，無所不可。龍之時，聖人之時也。故曰：「孔子，聖之時者也。」學者貴乎知時，知時則知龍德矣，則知易矣。

殺蜘蛛說

李子曾有詩云：「茅屋果然如斗大，詩風酒月度年華。客來陋巷不知處，五柳柴門第一家。」蓋余少慕淵明之爲人，故於齋前手植五柳而題之以詩焉。又種苦竹百餘竿，窮齋小院，竹柳交映，森如也。竹根置三蜂房，而蜂之掇花者，往來于竹柳之罅。蛛網罅中，日殺數十蜂。李子嘗持竿，承蛛移他所。明日蛛網罅中，殺蜂如故也。既而思之曰，馭天下物，在乎斷；能斷一物者，必其能斷萬物也。處天下事，在乎權，能權小事者，必其能權大事也。叔敖殺兩頭之蛇，斷也；溫公擊沉嬰之甕，權也。以殺蛇之斷斷天下之萬物，必有至當之斷；以擊甕之權權天下之大事，必有至當之權。簷前蜘蛛雖非蛇之兩頭，而蛛網殺蜂一似甕之沉嬰。然存蛛必無以處蜂，愛蜂又何以處蛛。在姑息者爲之，則亦付之無可如何而已矣。何也？彼固不能斷也，彼固不知權也。豈知事雖介於兩難，理必有其至當。殺一蛛而生多蜂，理之至當者也。問之叔敖，必曰「蛛可殺也」。問之溫公，必曰「蛛可殺也」。蓋叔敖能斷而溫公知權故也。

或曰：「叔敖、溫公，古之有德人也，皆曰殺蛛，得無過於忍與？」曰：生一蛛殺多蜂，是小不忍以成其大忍也；殺一蛛而生多蜂，是小忍以成其大不忍也。叔敖移殺蛇之斷斷蜂蛛，則蛛在可殺而蜂在可生；溫公移擊甕之權權蜂蛛，則蛛在可殺而蜂在可生。事雖介於兩難，理則有其至當。殺一物而生多物，可謂權之以至當之理矣。李子曰，馭天下物，無二斷，一物此斷，萬物亦此斷也；處天下事，無二權，小事此權，大事亦此權也。石顯，漢之蜘蛛也，元帝姑息不能斷，則爲網於漢天下矣。秦檜，宋之蜘蛛也，高宗姑息不能斷，則爲網于宋天下矣。與其留一人而網天下，何如殺一人而生天下？

使元帝有叔敖之斷，則石顯爲兩頭之蛇，何至網漢以肥身；高宗知溫公之權，則秦檜爲沉嬰之甕，豈能網宋以飽腹？漢帝、宋宗舉祖宗數百年之天下，誤落于奸雄之網者，豈有他哉？不能斷也，不知權也。故曰：當斷不斷，反受其亂。又曰：熒熒不滅，炎炎奈何。李子於是乎慕叔敖之斷，又悟溫公之權矣，知殺蛛矣。

忍齋說

客問于余曰：「蘇子瞻云讓人一步行安樂法。何謂乎？」曰，是忍字注疏也。夫忍者，修身之法。凡帝之所以帝，王之所以王，莫不由忍以生其大業。故忍勝不忍，不忍終制於忍。勾踐、漢高能忍者也；夫差、項羽不能忍者也。當其棲會稽，宴鴻門，孰不曰吳強越弱，楚強漢弱。而漢則忍於謝罪，越則忍於稱臣。嗣後扼吳差于余杭，沉楚項於烏江，豈非忍能勝不忍、不忍終制於忍之徵與？而儒者之修身，亦莫不然。衛叔寶曰：「人有不及，可以情恕；非意相干，可以理遣。」其說殆與子瞻合。而凡人於人之所不及，意之所不合，便睚眦暗嗚，叱咤咄嗟，憤然快意而止；或緣瑣事而致大故，甚至決裂，不可收拾，過此則悔心生焉。蓋事后之思，且無益也；與其無益而有事后之悔，何如初發而有懲忿之力？孔子曰：「忿思難」。難生於忿，君子所當思也。雖然，待其已發而後懲之，則爲力甚難。君子于此，靜以養之，敬以持之，誠以察之，仁以存之，萬物一體之道也。物與我爲一體，而我忿之是以我忿我也，捽我髮以快我手，嚙我臂以快我齒之忿，鄉人自好者不爲，何也？一體故也。孔子曰：「己所不欲，勿施於人。」又曰：「小不忍則亂大謀。」昔者漢有忍人是謂子房；唐有忍人是謂行儉；宋有忍人是謂聖功、稚圭之四人者，豈非當世所謂賢豪者乎？然而納履之呼則辱甚，碎瑪瑙盤則忽甚，參政之歎則譏甚，燒安撫鬚則不敬甚。當此之時，即加以睚眦暗嗚，叱咤咄嗟，亦非過舉。而或甘爲役使，或撫以燠言，或不問姓字，或作書如故。是皆立功勳於當時，垂芳名于來葉，豈非其量優者其享厚耶？且中和之性，惟聖爲然。下此者多流於偏，能矯其偏，則無偏矣。故西門偏於暴，則佩韋以矯之。安于偏于緩，則佩弦以矯之。亦猶醫家藥病，視衰旺爲權衡，而攻其要緊者。客曰：「善哉，吾今而知忍之果可爲修身法也。」

說蜂

七月朔日，客有出山鬻蜜蠟者。余曰：「土窟與？樹腹與？石穴與？」曰：「石穴耳。」「偶得之與？」曰：「是裹糧遠行而求之于深山窮谷者也。」「有術與？」曰：「有。大凡物之無欲者，不可得而致也。龍、虎，人之所畏也。龍有欲而劉累豢之，虎有欲而梁鴦養之。蜂有欲在草木之花，吾見花偵蜂去也來也，有方向跡之，則見房矣。」曰：「可盡得與？」曰：「其可得者必可取者也。藏窠於絕壁斷岸之間，鳥不能飛，猿不能陟，莫之取矣。」「其取之也，不畏螫毒與？」曰：「莫暴於虎，人入穴而探子；莫變于龍，人披鱗而取珠。人有欲，不畏龍虎；龍虎有欲，則爲人所豢養，況微物哉。」

李子聞之，意惘然而若失，色沮然而若喪。旁有哂之者曰：「何爲其然也？」曰，余蓋傷夸父追日而渴死道旁，刑天爭帝而失其口目，其殉欲者乎！射者見文章而制虎豹之命，羅者見羽毛而殞翡翠之身，其不善藏者乎！乾之初九曰：「潛龍勿用」。文言曰：「龍德而隱者也。不易乎世，不成乎名，遁世無悶。不見是而無悶，樂則行之，憂則違之。確乎其不可拔，潛龍也。」

戰馬說

丁巳，終南戍兵有戰馬一騎，其色駰，其齒⿰馬八，其足馵，其神駿，嘗馳驅沙場，臨陣無敵。一日，圉人不謹，蹉跌坎陷，跛一足矣。召馬醫視之，醫曰：「馬胯骨紊脫矣，非藥餌可療。」兵士愴然，以爲殺之則不忍，養之則難用也。有老農王氏，揣知兵意，請曰：「馬命真可惜！養之則阡陌一力耳。不如賜之農家。」兵士許之。王氏出銀二兩買馬以歸。養三月而馬愈。但可牛行，不能馬馳。王氏遂配老牛一隻，與馬並耕於野者五年矣。每見道旁行人，昂首長嘶，若有所訴者。曹孟德曰：「老驥伏櫪，志在千里。」吾安知此馬雖服犁，其志不嘗在千里邪？嗚呼，吾聞良馬之生，多在風雨晦明之際，謂之龍種。一遇千金買駿之主，命方皋、薛公之徒求諸沙丘，取諸大宛；以之駕路車，鳴和鸞，升崑崙，游黃澤，直一舉足耳。及其入於國門，齒馬有禁，蹙芻有罪，養以天閑，一食石粟，馬亦矜寵顧盼，驤首雲衢，何其樂也？今也沙丘，大宛如故也，何無馬也？即有之矣，而路遠金門，服違帝輦，放浪蒼莽之野，遊息寂寞之濱，偕三羸爲友侶，五駑而成羣，嗚呼！馬一也，昔何貴，而今何賤？豈馬之時命亦與世運爲汙隆邪？吾又聞，騏驥之服鹽車也，伯樂哭之於轅下；拳毛騧之在朝邑也，太宗訪之於芻家。馬之衰而憊也，管夷吾用其智，田子方憐其老。嗚呼！世無伯樂、太宗、夷吾、子方其人，縱有騏驥、拳毛千里之足，亦必長困鹽車，終厄芻家，誰用其智？誰憐其老？及一朝僵臥，壟灶爲槨，銅鍋爲棺，薦以姜桂，葬以人腹，所必然矣。白山李柏偶見戰馬服犁，作戰馬說，憐馬也與！

敬庵說

聖人之學，敬而已矣。堯、舜敬而帝，禹、湯、文、武敬而王，孔子敬而聖，顏、曾、思、孟、周、程、張、朱敬而賢。敬也者，聖學之要領也。曰道德，曰事業，曰氣節文章，主於敬者，乃可爲萬世法。外此，老莊之虛，豈道德耶？桓、文之假，豈事業耶？荊、聶之激，豈氣節耶？楊、劉之誇，豈文章耶？不敬故也。文王之爲伯，周公之爲相，敬也。王莽假周公而不知敬，則篡西漢；曹瞞假文王而不知敬，則篡東漢。故敬則爲純臣，爲良相；不敬則爲亂臣賊子。敬也者，聖學之要領也。身何以修？修之以敬。家何以齊？齊之以敬。國何以治？治之以敬。天下何以平？平之以敬。故不平由於不治，不治由於不齊，不齊由於不修，不修由於不敬。敬也者，聖學之要領也。存之於幽獨，著之于威儀，達之于施爲。不斷一刻，不間一息。知可能也，愚亦漸可能也，徹上徹下之道也。自古帝王聖賢之所由出，道德事業氣節文章之所由成，純臣良相之所由貞，未有不主於敬者也。故曰，聖人之學，敬而已矣。然則後之學聖人者，豈有他哉？主敬而已矣。

於陵仲子

余讀於陵仲子十二篇，慨然歎曰：「陳仲子，聖之廉者也！」伯夷清之至，柳下惠和之至。孟子曰：「伯夷聖之清者也，柳下惠聖之和者也。」仲子之廉，可謂至矣。獨不可謂聖之廉也乎？或曰：「聖人，人倫之至也；仲子，廢人倫者也，天下豈有倫外之聖哉？」曰：「此孟子之微詞也。」孟子曰，仲子不義，與之齊國而弗受。人皆信之，是捨簞食豆羹之義也。人莫大焉忘親戚君臣上下。以其小者信其大者，奚可哉？自孟子有此說，而經生家始有「矯廉」之譏，不知孟子當日蓋爲後世學仲子而失之者，立之戒也。陳氏以陰謀奪姜，是亡君臣上下之分也；仲子生於數代之後，難諫以往之失，而枝又近本。兄爲大夫，仲子于此蓋有難爲言者矣。託隱於陵，心本爲親戚而跡似亡親戚，心本存君臣而跡似亡君臣，心本維上下而跡似亡上下。譬之人家父兄攘羊，爲子弟者心知其非，勢不能諫，口不敢言，又不屑襲其業而肖其行，憤而逃去，雖有避兄離母之嫌，究其心則亦有可取者。仲子之行，蓋隱爲後世爲人臣而奪人國者立一戒也。孟子之論，蓋隱爲後世學仲子而至有證父攘羊者立一戒也。然孟子固已許之矣，於儀、衍則曰「妾婦」，于仲子則曰「巨擘」。其意概可識矣。

然則趙威后以仲子爲可殺，則又何也？曰：「以其不臣天子也。以其不友諸侯也。」故曰：「何爲至今不殺也？」千古而下，以威后之言爲是，必以仲子之行爲非。豈知仲子未可非而威后未可是也。仲子可殺，而儀、衍之不可殺明矣。儀、衍在所不可殺，是天下後世之凡爲「妾婦」者皆不可殺也。毋怪庖魚相染，嘗糞捧足、拂鬚吠犬之「妾婦」，接跡於世也。彼若曰：「吾不如是，恐其行同仲子耳。行同仲子，則威后之所謂可殺也。」獨不聞堯舜之世，有不臣天子不友諸侯者乎？許由、善卷是也。堯不以許由爲可殺，舜不以善卷爲可殺，威后何獨以仲子爲可殺也？以由、卷比堯舜之大聖，則亦高蹈之士已耳。比儀、衍之「妾婦」，則聖矣。仲子者，由、卷之徒也，廉之至也。杜甫之詩至矣，謂之「詩聖」，張旭之草至矣，謂之「草聖」，雕蟲小技至則爲聖。仲子者廉之至也。伯夷清之至，則爲聖之清；柳下惠和之至，則爲聖之和。陳仲子廉之至，獨非聖之廉也乎？蓋清非聖而清之至則聖，和非聖而和之至則聖，廉非聖而廉之至則聖。亦猶詩非聖而詩至則聖，草非聖而草至則聖之義也。故曰伯夷聖之清者也，柳下惠聖之和者也，陳仲子聖之廉者也。

見山堂説

宗少文愛山水，老而圖羣山於壁間，題曰「臥遊」。不能遊山而臥遊山，真能愛山者也。淵明詩曰：「採菊東籬下，悠然見南山。」籬下無山，而興會所至如見南山，真能愛山者也。古人山水情深，足不遊山而臥遊山，目不見山而意中見山，相傳以爲佳話。況日日見山，年年見山，終身見山者耶？

吾友長人孫子，居渭上元象山麓，柴扉南向，每一啟戶，一開眼，一舉步，千峰入座，萬木當窗，酒河繞右，聖水環左。昔人所謂「怪來詩思清入骨，門對寒流雪滿山。」將無同耶？乙亥二月，余遊渭上，訪孫子于南山之麓，孫子請堂名，余題之曰「見山」。蓋有山見山，見山以眼；無山見山，見山以心。古人圖山水于壁間，見南山於籬下，皆以心見山者也。況一啟戶、開眼、舉步所見，無非山者乎？題曰「見山」，孰云不宜？雖然，山以眼見，眼有盡而山亦有盡；山以心見，心無窮而山亦無窮。孫子見山，請勿以眼見而以心見。以心見山，此所謂仁者樂山也，而智者之樂水，亦在其中矣。

虞仲翔知己説

虞仲翔曰：「天下有一人知己者，可以不恨。」李子曰，天下無一人知己者，愈可以不恨。孔子曰：「人不知而不愠」，又曰：「遁世不見知而不悔」，又曰：「遁世無悶，不見是而無悶。」又曰：「知我者，其天乎。」老子曰：「知我者希，則我者貴。」楊震曰：「天知，地知。」易曰：「大人者與天地合其德。」夫人立身，特患德不足以合天地。德合天地，知己即天地也。故天下有萬世不知己之人，必無一時不知己之天地。張子曰：「乾稱父，坤稱母。」傳曰：「知己莫若父母。」人，父天母地者也。父母知我，又何計人之不知耶？爲善而必求人知，則其所以事父母者，亦有間矣。爲善而不求人知，則其所以事父母者，必無遺恨。蓋善事父母，即爲孝子；父母憐愛孝子，故知孝子者無過父母。父母而外，即無一人知己，亦當順受，其正豫悅安樂之不暇，而暇恨乎？仲翔求一人知己不恨，即有一人知己，則一人之外可恨者抑又多矣。何也？以其有恨根在也。

王天運屠勃律說

易曰：「師出以律，否臧凶。」孔子系辭傳曰：「神武不殺。」孫子曰：「將者，智、信、仁、勇、嚴也。」岳鄂王武穆曰：「仁、信、智、勇、嚴，缺一不可爲將。」曹彬下江南，不妄殺一人，子孫貴顯，蟬聯於朝，仁也。宋高宗怒虔城，密旨令武穆屠之，武穆請誅首惡，而赦脅從。不許，請之三四，帝乃曲赦。人感其德，繪像祠之，仁也。漢武名將，智勇絕倫，當以李將軍廣爲第一，爲隴西太守，誘殺降羌五百，以故終身不侯，迷路自刎，傷仁道也。唐玄宗以五色寶玉之故，遣王天運將四萬人並蕃兵討勃律。勃律君長懼，謝罪請降，願貢寶玉。天運不許，屠其城，虜三千人，取其寶玉珠璣。勃律有術者言：「將軍不仁，嗜殺，鬼神震怒，天將大風雪矣。」兵至小海，大風起，雪片如翼，風激小海，泛溢成水柱，或立或欹，王與四萬人一時凍死，坐者立者，滿身厚著冰介，瑩徹可數。其得活者，僅蕃漢兩人逃歸。

李子曰，上帝好生惡殺，聖人仁愛萬物。曹、岳兩將軍，仁將也。不妄殺一人，青史垂令名無窮。李將軍殺降五百，不侯自刎。何物王天運不仁，嗜殺，屠勃律已降之城，殺人無數。上帝震怒，假威冰雪，凍殺四萬人，蓋亦天道好還哉！玄宗以珠玉方物，委中原赤子於冰海魚腹之中，亦可爲黷武勤遠略者之一戒也。

岑園說

園無岑也，而以岑名，袁子寄意于岑也。東坡之堂無雪，而以雪名，東坡寄意於雪也。寄意於雪，無之，而非雪也；寄意于岑，無之，而非岑也。昔人願遊盡天下好山水。笠叟以爲好山水何時遊盡？但擴性地耳。此主興會而言之也。興會既真，金馬亦避世也，朝市亦大隱也。不然，隨駕處士，豈隱者也？馬首巢、許，豈高士也？故有冰雪之操者，不必松島柏谷也；有幽人之性者，不必鶴友猿朋也。庖丁解牛，所見無非牛也；方皋相馬，所見無非馬也。以是知袁子所見，無非岑。東坡所見，無非雪。故雪可名堂，而園可名岑也。

遜山樓說

趙氏爲樓于終南山之陰，名曰「遜山」。遜山者何因？傲山也。「傲山」，屏國先生之所建也。茲曰「遜山」，反之也，非因也。曰：善反者以因寄反，善因者以反寄因。遜固傲之反也。然必有「傲山」，斯有「遜山」，遜反乎傲，而亦因乎傲者也。歐陽六一之守滁也，名其亭曰「醉翁」，夏公育才之守邵也，名其亭曰「醒翁」。醒者醉之反也，而林氏以爲醒翁之醒不害同于醉翁之醉。然則，遜山之「遜」又奚害同於傲山之「傲」耶？故曰因傲山也。要之，名勝所在，寄托非一，醉者見之謂之醉，醒者見之謂之醒；傲者見之謂之傲，遜者見之謂之遜。反耶？因耶？是一是二，孰辨之耶？

亦山説

山中何所有？有草有木有石有竹有花有雪有風有月，蓋無所不有也。園無山也，則非無所不有，亦非無所有。何有乎？而亦草亦木亦石亦竹亦花亦雪亦月亦琴亦書亦酒亦詩，亦良辰美景，亦賢主嘉賓。蓋無之，而不亦也無之？而不亦，〔一〕則亦無之而不有也。雖然，山園異名也。園之所有，或爲山之所無，則山非園也；山之所有，或爲園之所無，則園非山也。今也山之所有，而園亦有之，園之所有，而山亦有之。山非園也，亦非非園；園非山也，亦非非山。山也園也，一而二，二而一者也，故曰亦山。

陶貞白靈寶真靈位業圖説

言而世爲天下法。言不足法，非法言也。自有天地以來，聖帝明王忠臣孝子，其生也捍大災，禦大患，有大功勞於民物。其死也，在帝左右正位，列宿書契，所載彰彰也。

陶貞白所纂靈寶真靈位業圖。邪正混淆，熏蕕同器，吾不得而知之矣。其曰：太極金闕帝君，左位太極上真公孔丘，明晨侍郎三天司真顔回，元圃真人軒轅黃帝，元帝顓頊，子帝嚳、帝舜、夏禹、周穆王、帝堯、風后。其曰：豐都北陰大帝，左位北帝上相秦始皇，北帝太傅魏武帝，西明公領北帝師周公，南明公召公奭，右位司馬華歆，曹洪、盧龍公、曹仁、賓客荀彧、賓友晉宣帝、漢高皇，右位韋編郎、莊周，老聃，左位河北侯劉備、韓遂、鬼官北斗君周武王。

〔一〕「亦」疑爲「無」之誤。

夫君子著書立言，不過嚴立賞罰以告天下後世。曰：某某者善，可法也；某某者惡，可戒也。使大憝極凶之人有所畏懼而不敢肆。若好惡一乖，貞淫紛拏，人亦何憚而不爲惡耶？貞白位業圖如黄帝、顓頊、帝嚳、堯、舜、禹、武王、周公、召公、孔子、顔回、老聃、莊子、漢高、昭烈，皆天下萬世所謂聖帝明王，大聖大賢，可師可法者也。而乃與暴君奸雄亂臣賊子雜列品位，如秦政、曹瞞、司馬懿、華歆、荀彧、曹洪、曹仁，皆天下萬世所謂暴君、權奸、亂臣、賊子，人人得而誅之者也，而乃與古帝先王至聖仁賢，同升天宫，並列仙真。信斯言也，是使天下後世有盜心者，何所憚而不爲亂臣賊子耶？若出奸人僞作，托陶以傳，陶無罪也。果是陶書，則得罪名教之書也，火之可也。

感舊説

甲戌除夜，寓長安城南輝玉劉生家，寒燈獨坐，淚濕羊裘者久之。或曰：「椒杯在手，可以怡情，何悲乎？」余曰，人無定情，隨感而見，樂者自樂，悲者愈悲。太上忘情，情之所鍾，正在我輩。十五年前，東游長安，一時訂交，皆閥閲名家，如〔晉〕王、謝，〔唐〕韋、杜舊子弟也。列其姓字則有子咸滿子、挺伯李子、奎垣王子、溥其韓子、鼎鉉朱子、千仞朱子、廣文柴子、廣文劉子、正始葛子，其武紳則有君德杭子、子猷張子，其方外則有長年任子、華隱趙子、憨休和尚。或尊前吐膽，或花下談劍，或醉中尋真，或喧裏習禪，均有不可一世之思。孰知日月征邁，逝者如斯，昔者吾友不見一人，風火飄然散去，溪山磨盡英雄。山陽笛裏，不得不哭殺人也。

智永筆籠説

佛坐雪山四十年，達摩面壁九年，脅尊者身不至席，爲求道也。智永，學佛者也，居永興寺閣上三十年，唯臨法書，所退筆頭置竹篚，篚受一石餘，而五篚皆滿。臨真、草、千文八百餘本。可謂精勤矣。吾聞釋氏之學不三宿桑下，無著故也。智永三十年學書不下閣，著耶？否耶？移此精勤，坐進佛道，可成正果。況西來大意不落文字；千文八百本，非玩物喪志，即求身後名矣。釋氏門外漢，智永之謂與！

瞽驢說

康熙七年，余館於恒州。九月，館主以瞽驢迎。余曰：「道路百里，歷峽谷，涉溪橋，躓我哉！」僕曰：「嘻，猶不瞽也。」余問其說，其僕曰：「物無目而有知，人以轡御爲權衡，聲音爲進退，而以意投物之知，物受制於轡御、聲音，而以其知解人之意。故人知物意，物如人意，兩相習，則兩相用也。」

余曰，嗟！物之不可輕棄也如是哉！顧人有以善用之。不然，雖有目，則亦黔山蹄耳。吾聞鳥有比翼，魚有比目，獸有比肩。不比不能飛，比之而飛。不比不能游，比之而游。不比不能走，比之而走。比之而飛，鳥之善用鳥也；比之而游，魚之善用魚也；比之而走，獸之善用獸也。獸善用獸以成其走，魚善用魚以成其游，鳥善用鳥以成其飛，而況人之善用夫物者也！又聞海魚有以蝦爲目者。余謂魚之以蝦爲目也，其猶人之在晝則以日爲目，人夜則以月爲目乎。然則物之瞽而適於用也，非以日爲目也，非以月爲目也，非以蝦爲目也，而實以人之善用爲目也。而況于人之善用夫人者耶！

青門隱客朱麗澤三癖說

孟夏四月二十五日，河東李生持一紙，展几上，有老字蕭蕭數行。閱之，乃青門隱客「三癖引」，一曰好掃地，一曰好沐浴，一曰好獨卧。其文淡拙，古樸如隱客貌；其癖瀟灑脫略，如隱客品。

予以爲隱客之癖，雖出性情，未滿其量，遂援筆書其後曰：　掃有數義：「掃室焚香禮寒星」，此仙掃也；「竹影掃階塵不動」，此禪掃也；　更有不掃一室而爲掃除、掃清、掃蕩、掃平、電掃、迅掃之説者，此兵掃也。而隱客曰「好掃地」，則與古人異矣。古之人有洗心者、滌慮者、淨洗靈臺者；　有不洗面唾者；　有洗足退官者。又曰「烏不染而黑，鵠不浴而白」，言本體天然潔淨也。隱客曰「好沐浴」，則與洗靈臺、不浴而白者有淺深矣。大雄氏曰：「煩惱，毒蛇藏在汝心。」驅盡毒蛇，乃可安眠。晦庵曰：「未睡眼先睡心。」隱客曰「好獨臥」，吾不知其能睡心驅毒蛇否耶？

予與隱客，密友也。故於其三癖各進一説焉。

記

重修太白廟記

太白山，雍州巨鎮也。圭峰在左，褒斜在右，倒視敦物，横絶峨眉。祀其山，則于唐、于宋、于元、于明；　秩其爵，則曰侯、曰公、曰王；　隱其山，則有胡僧老人、田游巖、孫思邈、孫太初諸人；　詠其山，則有李青蓮、蘇子瞻、何大復諸人。其登之也，始傍溪以穿林，繼攀蘿於鳥道。枯槎續其斷岸，石棧勾折于危島。其險也如此。及登絶頂，萬緣俱空，日瘦月小，星寒雲低。遠眺東南，天山一色，俯瞰北渭，渺然一帶，五將九峻，俱爲培塿。其高也如此。羣山環衛，如星拱極。區其形狀，有欹者，側者，僂而探者，黶黛倚者，似龍盤者，虎踞者，似鳳鸞翼者，堆似牛首者，並峙似熊耳者，有鳴聲鏜鞳似石鐘者，有峰巖相等似楚山九嶷、齊[一]山七十二峰者。其山形之異也如此。或阿香轟於澗底，或長虹勒乎山腰；或狂飆乍逝，板屋有秋葉之危，或霧鎖大壑，白晝有下春之冥。兼以晴雨倏忽，揮霍萬狀者，其氣象之變有如此。至於禱應桴鼓，草木不生，積雪不解，湫池文章，變化陸離，俗皆譁以怪說。余以爲非怪也。西方之帝是謂少皞。其神太白，其獸白虎，其野井鬼；于卦爲兑，于風爲閶闔，于律爲夷則，于干爲上章重光，于五行爲金。金色白，殺物爲權。木老於火而死于金，故草木不生，金壯水生，故積雪不解。古者五嶽，視三公遇大旱、大疫、大災、大螟，積誠以禱，未或不應。太白爲秦嶽最，有禱輒應，其職然也。湫池之內，文章變化者，蓋山無草木，精華在水故耳，不然漳水蝃蝀之觀，龍淵玉英之說耳。此則太白山之略也。山陰古清湫，有太白行宫，然歲深傾圮。歲在戊戌，池陽人某等薦蘋於山，復謁行祠，感其棟摧墺頹，乃鳩集鄉人好善者，各輸金重修殿廡若干楹，丹堊雕繪，極其壯麗。越歷數載，往來勤勞，不阻于鑠金之暑，折膠之寒。嗚乎！可謂大功德矣。於是清湫居民相與謂曰：「比年神靈既妥，風雨以時，池陽人之功。不有所述，何以勸善？」遂乞言於余。余嘉池陽人之樂善有成也，首狀太白山大觀，次敍修葺巔末如右，庶幾使後之視今，亦猶今之視昔云爾。

創建少白山真武殿記

少白者何？因太白也。何因乎而少白？太白支山也。易有太陽、少陽、太陰、少陰，數之對待者也。故山有太室、少室、太華、少華，有太白何可無少白也？故曰，因也。先是順治初，有道士吳真元，居太白山小閣集，仰見西山奇峭，攀藤登巔，愛其風景幽曠，乃建上帝殿三楹。嗣是郿人某某來山中，仰見南山諸峰，羅列峭拔，如錦屏障空，乃捫蘿梯石陟其巔，得奇峰焉，似鋭筆刺天，松檜森鬱，爰鑿石伐木，寸削尺鏟，成樸窩，建真武殿一楹，土木真像，黄金衣裳。四方攜香火遊山者，

[一]「齊」疑應爲「衡」。

真真武在人心方寸之内，而不在乎深山長林土木黄金也。客以柏言爲近於道也，書之以勒少白山。

先儒曰：「個個心有仲尼。」則亦個個人心有真武。不可像也，不可像而求諸像，是土木黄金之真武，而非真真武。何也，

地，本無方所，安有一定？事真武者，當求真真武所在。真真武，不必在上下、四方、深山、長林，而在乎人心方寸之内也。

遂以神事之矣。戊辰夏四月，丐柏言爲記，時有楚客聞而譁曰：「真武成道太和，何得祠鄜？」柏曰，獨不觀雲在天，水在

潭谷河上堰水利碑記　代邑侯作

鄜本陸海之邑，而水田居其少半者，則以泉與河交相利也。泉之大者如槐芽、龍舞、柿林等泉，瀠繞於稻、棉、果、蓏之間，一望溶溶，田家籬落相錯，竹木陰鬱，有水鄉澤國之風焉。雖河有九，灌溉資益，僅達於傍岸沙礫之田，而村落壤墟，遠至二三里曾不得沃涓堉。豈吏茲土者，高尚清淨，不欲以興作損臥治耶？抑雍州之人，世居陸土，其於水利或未講耶？或泰西水法如龍尾、恒升、玉衡諸制，尚未傳於中土耶？

不佞以康熙三年，承乏來鄜，值明年乙巳春大旱，爰步禱太白，獲澍雨尺餘。既而思之：天澤莫如雨，地澤莫如河。故于六年丁未建議興斜谷之役。斜谷既治，再擇水勢地勢之便者，務多方引浚以利民生。信地之富於河以補天之窮於雨也。今年壬子賈生琬等復有潭谷河渠之請。夫潭谷，太白咽喉也，舊設上中下三堰，諸生所請，上堰耳。故有渠道，止旁引曲通于石罅巖竇之中，僅給山前諸衛屯戍汲飲耳。然而湛則流，旱則絕。不佞知其艱飲，乃減騶如山，上下巖壑，遂得全河大勢，乃屬士民告曰，治潭谷水較難於諸河，蓋沿渠大石如崇崗巨阜，嵯峩于連嶁屬嶼之間，所謂「萬牛回首丘山重」。非盡五行之用，不可治也。因指畫方略曰，某石某石須用火攻。蓋石性頑冷，若煉以巨火，沃以寒水，陰陽相薄，斯磈然斷裂矣。某石某石，鑿以鐵，撞以石，扛以木，挽以索。邪許之聲震山谷，斯轟然委落矣。其餘鍬钁畚鍤之用，陂壩閘椿之度，一一授以機宜。民夫懽呼，踴躍趨事，役起二月中旬，竣於三月中旬，渠面深闊四尺，北流三十里左右，聚落莫不霑足焉。近

山諸村，不得私自穿決堙遏。此治潭谷河之大略也。蓋全鄠境内，河有九泉亦有九。潭谷河治而九河之利始全。九河既開而九泉之利益溥。泉與河交相利，而鄠無剩水矣。

重修太白廟碑記

昔秦襄公列爲諸侯，居西，自以爲主少昊之神，作西畤，祠白帝，厥後櫟陽雨金，獻公自以爲得金瑞，作畦畤于櫟陽，祠白帝。漢文帝郊，見渭陽五帝；武帝郊，見五畤其一白帝。白帝之神太白也。淮南子曰：「西方金也，其神太白，其獸白虎。」鄠有太白山，意白帝之神所托棲歟？出雲雨，濟萬民。漢唐以來秩以封爵，視諸公侯，祠以春秋。近世關以西，所在山落、水聚，家奉而戶事，不啻忠臣之敬君，孝子之愛親。舉國如是，不亦過乎？曰：大鳥，黄蛇，金馬，碧雞，無益於天下，且祠之，況乎其出雲雨濟萬民耶？鄠西南十五里第五村舊有太白廟，歷年久，桷楹三灌。村民張某鳩眾庀材重葺之。經始於甲寅七月，落成於戊辰五月。問記於柏，柏曰，衣者祠先蠶，食者祠先農，不忘本也。太白出雲雨，衣食秦人，秦人肅俎豆以迓神貺，勸農桑以安耕鑿，此王道之原而教化之本也，宜書之以告來者。

重修吾老洞廟碑

終南山有説經臺，臺西八里有山，曰吾老洞。林泉幽勝，秦中一大洞天也。上有老子廟，其創造顛末，詳對山康太史碑志：明末盜起，禍及山林，紺殿紫宫，半屬焦土。丙辰，吳人章公泰來宰盩邑，捐俸修葺正殿，事竣，勒諸豐碑。住持道人石鶴鳴復募眾，繕修左右長廊十八楹。金碧丹青，煥然一新。工始於癸亥二月，落成於甲子正月。命其徒季常清問記于柏。柏曰，世儒闢黄老。道家者流，專祀老子，其義云何？曰：道家師老子耳。柏曰，不然。孔子爲天下萬世師。以予觀於老子，則亦天下萬世師也。孔子嘗贊堯、舜、湯、文、武、周公爲聖人，猶未離乎人也。及見老子，退而歎曰：「其猶龍乎？」蓋尊禮推服之至也。道流徒以長生清虛學老子，見其一節，而遺其全體也。老子之道，三皇五帝修身、治國、平天下之道；孔子之道，二帝三王修身、治國、平天下之道。聖人因時變化，道非有二也。老子曰：「君子得時則駕，不得時則蓬纍而修。」孔子用之爲：「有道則現，無道則隱矣。」老子曰：「法令滋彰，盜賊多有。」漢高用之爲「約法三章」，與民休息矣。老子曰：「聖人欲上人，則以其言下之。」漢文用之，致南越王稱臣矣。老子曰：「功成名遂身退，天之道。」子房用之，興劉亡秦滅楚，卒從赤松子遊矣。老子曰：「知足不辱，知止不殆。」二疏用之，辭位榮歸；淵明用之，不爲五斗折腰矣。老子曰：「堅強者死之徒。」智伯、項羽剛強貪得，則亡國殺身矣。曹參，漢之賢相也，用蓋公清靜之言，相齊，齊治；相漢，漢治。張釋之，漢之賢廷尉也，即天子之令有所反，獨爲王生老人結襪于公廷。王生蓋善言黃老者也，能使名公卿尊禮如此。而況老子，自三川竭而度流沙，其遺波剩瀝能使後世王侯將相用其道，則身可修，國可治，天下可平；違其道則殺身亡國。故曰：孔子爲天下萬世師，老子亦天下萬世師也。曰：「韓退之原道闢老子，則又何也？」曰，彼懼後世逃儒而歸老子清虛之道，置天下君臣父子于度外也，故闢之。然韓之三上宰相書，乞憐委曲，又老子所不爲矣，況孔子之徒與？

畫記

太白村有瓦殿一間，製作鄙陋，蓋農樵合建以祀山神者也。辛酉七月，予避雨殿中，仰觀壁間有畫墨，東西各分兩圖，一圖平野敞曠，柳堤桑陰之餘，一人椎髻短衣，邪幅綦屨，耦牛而耕，陶陶如也。一達官朝衣朝冠，鞠躬立。停兩車，車駕駟馬。徒從隊而侍，或執節，或執旗，或捧幣、帛、樽、罍，或控馬，竚視耕之人。予諦觀之，靜思之，以意辨之曰：是謂「莘野聘尹」。一圖田家，籬落雞犬，一人钁土，一人投土於垣，一人科頭戴笠，衣敝絮，跣足執杵操作。旁一人高冠束帶，身前俯頰輔，微含笑以兩手箝展畫軸，圖中一人狀如執杵者。側捧玄纁，二人執香爐，二人執干旌，干旄旗幢各一人，馬一駟，車一輛，立而挽索馭馬者二人，馬之鞍而齕草者三十二蹄。予諦觀之，静思之，以意辨之曰：是謂「版築舉說」。東壁畫。一圖松峰巉嵲，峰前羣山邐迤回合，溪水曲流。溪邊老人，童頭豐髭髯，偉貌長衣，兀坐磐石上，垂綸釣魚。後一人著侯王冕服，肅然長揖，左右車馬、旌旗、甲士、徒旅，十倍勝版築圖。予諦觀之，静思之，以意辨之曰：是謂「文獵渭水」。一圖山遠近大小絡繹如鳳舞，如鸞翔，如獅象臥，檜柏鬱鬱，下有茅屋數椽，一少年書生仰臥竹榻之上，一童子擁帚柴門。門前流水小橋，橋外騎客三人，執轡甚恭。予諦觀之，静思之，以意辨之曰：是謂「三顧茅廬」。西壁畫。

淡園記

仲貞張先生有園一畝，館余其中，問園名焉。余曰「淡園」。或曰：「何取於淡」？余曰，淡之時義大矣哉。子思子曰：「君子之道，淡而不厭。」諸葛孔明曰：「澹泊足以明志」。邵康節曰：「元酒味方淡。」莊子曰：「虛静恬淡。」又曰「遊心於淡。」淡之時義大矣哉。擴而論之，登高不止，作粘壁枯鑽核，擷褌搖尾，哀乎？此不淡者之所爲也。辭天位而耕箕山，謝宰相而隱蒙陽，棄三公而灌園於陵，卻諫議而釣魚富春，此淡者之所爲也。淡則心逸而日休，不淡則心勞而日拙。是以學道君子，爲此不爲彼。

蕭氏宗圖記

人千家，日中爲市，而在乎山水之間。市不言山水，胡爲乎山水？曰，垣，太白也；沼，渭川也，故曰山水也。山水之間，高士隱者之居，胡爲市也？曰，隱者居而後爲市也。幼安居遼東而從者萬家，其例也。隱者誰？奉天維斗蕭先生也。

先生其先，北海人，仕秦中。遂爲奉天人，胡爲在鄜？曰，避亂讀書南山也。子孫日繁，居渭水南濱，四方漸移，居者千餘家，遂爲市也。其子孫百餘家，有耕者、讀者、樵而牧者，仕爲府尹者；有明經，有茂才，有登賢書者，先生有後矣。雖然，由一人身而百餘家，不統于宗法，則親者趨於疏也，聚者趨於散也。宗法圖立，則散者聚，疏者親，千百家而可爲一家，千萬人身而皆如一身。且使世世子孫仰而謂曰，某也耕而勤，某也讀而苦，某也仕而廉，某也樵牧而安分，亦所以爲戒也。包孝肅家訓云：「後世子孫，仕宦有犯贓濫者，不得放歸本家；亡歿之後，不得葬於大塋之中。不從吾志，非吾子孫。」刻石堂屋東壁，以詔後世。蕭氏宗圖，其亦包氏刻石遺意歟！

⿲氵山白莊記

元象山西壑，酒水出焉。明南冢宰弦圃公之別業也。鍬石爲城，引水爲池，蓋山中菟裘云。滄桑之變，誠有如郁離子所云：「昔之龍笙鳳笛，今之蛙鳴蟲響也。」今爲孫孝廉長人購得之。乙亥二月，孫子導余入山盤桓，以莊名請，余曰「⿲氵山白莊」。曰：「于義何取？」曰，子之莊皆山也，皆水也，山可樵水可釣也。子年方壯，可廟廊，可司牧；樵釣非其事也。他日功成名遂，身退歸營菟裘而老焉，樵於山，釣于水，白髮皤然，白鬚皓然，有⿲氵山白之義，命曰「⿲氵山白莊」。莊寓於⿲氵山白，人隱于莊，一任世間或呼爲崆峒道士，或呼爲江湖散人，或呼爲皎然瞿曇，將古所謂高山流水，貞白之風，一⿲氵山白足以蔽之。昔白樂天香山九老會，亦不過於佳山勝水中，作風月主人也。今之⿲氵山白莊，有山可樵作樵社，有水可釣聚釣友，有田可耕偕耕朋。耕朋必沮、溺之流，釣友必嵓、徽之儔，樵社必四皓之侶。以視香山九白髮老人，爲何如耶！

莤園記

青門子咸滿子家有一畝之園，問記於予。予曰，古之名園多矣。如「芳林」「金谷」「獨樂」「辟疆」。其中木石魚鳥必聚天下之奇。而子園無一焉，如之何其記之也？滿子曰：「子飲酒乎？請以酒喻。吾之園，酒之莤也。彼之園，酒之醨也。醨與莤亦各從其志而已矣。是故錦繡綺紈，膾金切玉，醨於衣食者也，而吾莤不與焉。朱輪華轂，結駟連鑣，醨於車馬者也，而吾莤不與焉。雕牆銀帶，畫棟飛甍，醨於居室者也；而吾莤不與焉。斷鬚嘔肝，刻商引羽，醨于文章者也，而吾莤不與焉。莤則短褐、菜根已耳，柴轅、欸段已耳，竹籬、茅舍、質言、俚詞已耳，無俟乎彼之醨也。」予曰，子雲擬易而尚白，吾子隱酒而餟酒，無以解嘲矣。滿子曰：「不，醨能醉人，莤能醒人，衆人醉於醨而醒於莤，吾乃醉於莤而醒於醨。醒醉在我，惟意之適。吾身隱於莤之中，而吾園不在莤之外。」予聞而歎曰，天下好醨，酒池肉圃；天下好莤，風龐俗厚。莤之時義大矣哉。請與子游於莤之中，而書其言於園之壁。

重修大興善寺大佛殿碑

長安城南大興善寺，即晉武帝所建遵善寺也。隋開皇初有梵僧居寺，譯經數百卷，詔名大興善寺。唐肅宗朝，召終南山惟政禪師居之。文宗食蛤蜊，見觀音菩薩變相，問師，奏對稱旨，移大內天王閣於寺中，俾師居焉。宋、元無聞僧。明天順間有德滿禪師居此，振興禪宗。其後子孫衰微，習爲袈裟院子。迨順治十三年丙申，乃有雲峩禪師飛錫關中，西安太守楊公家楨迎主此刹，大闡宗門西來大義，稱中興焉。師寂滅四十年，其徒憨休和尚演法中州新蔡縣金粟禪林，西安當道士庶好善者，具書幣迎請，主此刹以續雲峩一燈。于甲子仲春，入刹住持。西安太守董公紹孔過訪，見佛殿棟楹天人三灌，倡始修葺，爰捐清俸若干金爲陶梓費，而一時文武宰官諸長者，咸樂輸無倦。工興于戊辰季春十三日，落成于孟秋二十五日。越明年，己巳冬十月師西入郃池，訪予太白山房，來言勒文記石之事。予曰：「天有三光，治有三統，教有三種，柏也山林而儒服者，若夜棹扁舟，渡過他溪，未免越俎治庖。」師曰：「不然。請與子觀天，蒼蒼萬里同色也；與子觀水，灝灝九江同源也；與子觀山，南條、北條、中條，萬里東行而同祖崑崙也。故教有三而天則一，陽明記月潭寺碑，龍溪記三教堂報恩寺臥佛碑，何所掛礙？王者中天下而立，必要服荒服九重譯而來，或馳驅道路三十年，鐵車鋼輪，轢海而至，始謂大一統。若曰東不過江、黄，西不過氐、羌，南不過蠻荆，北不過朔方，一切遠賓，閉關不通，無外之謂，何其忍絶之耶？」曰：「柏誦法先王，何知西來遺教？」師曰：「義不二也，白沙與太虚。詩曰『年來雖闡蓮花教，只與無言是一般』。孔子曰『欲無言』，佛曰『無一字』。既曰無言，復删修六經，不知其幾千萬言也。其幾千萬言，不過言其無言而已。既曰無一字，何爲説經八萬四千？其説經八萬四千，不過説其無一字而已。其存心也，儒曰『愛人』，佛曰『慈悲』；儒曰『萬物一體』，佛曰『昆蟲草木皆有佛性』。其用功也，儒曰『戒慎、恐懼、毋自欺』，佛曰『念起即覺，以智慧劍，斬斷葛藤』。其成功也，儒曰『不勉而中，不思而得』，佛曰『出有入無，法輪常轉，自在無邊。』所謂『教有三種，道歸一致也』。」柏聞其説，豁然有解，因並書之。

歲寒齋記

易曰：「履霜，堅冰至。」孔子曰：「歲寒然後知松柏之後凋也。」皆聖人教天下，以善處歲寒之道也。天下草木多矣，皆零落於歲寒，而松柏獨鬱鬱含翠于觱發栗烈之際。噫！危矣。孰知歲不寒，松柏與凡草木無異；惟寒之後，一望宜春、上苑，昔日之青青安在耶？獨松柏蒼然如故。所謂「風急天寒時，身磈砢以多節，葉菁葱而標色。」此松柏得志於歲寒之日也。故歲寒不足以困松柏，而松柏反足以傲歲寒，此其氣與骨視凡草木何如？而人之有氣骨者亦然。華下友人爾泰韓子，生今之世，學古之道，額其藏修之齋曰「歲寒」，使其門人國佃，丐一言以志之。余曰，有心哉，歲寒之爲齋也。齋中何所有？獨有松柏耳。天下無歲寒，則松柏無以自見。歲寒然後見松柏，是苦松柏者，歲寒也；而養松柏者，亦歲寒；老松柏者，歲寒也，而堅松柏者，亦歲寒；冷落松柏者，歲寒也，而馨香松柏者，亦歲寒。歲寒之時義大矣哉。伯夷遇歲寒于周者也。龐德公、管幼安遇歲寒于漢、魏之際者也。陶淵明遇歲寒于晉、宋者也。今爾泰復以歲寒名其齋，倘所謂松柏其骨者，是耶？非耶？

草庵記

庚戌二月初八日，草庵成。明日隨記之曰：

古之草堂多矣，惟西蜀、南陽、浣溪、東坡爲後世樂傳。余之庵雖不敢抗標古人，亦既採茅於山，伐木于林，葺之、覆之而塗塈之。客遂以「草庵」名焉。一老榴欹庵之簷，廿百竿竹森庵之左右階，五楊柳樹臯庵後短牆。一篛笠，一笻杖，一山瓢，一破琴，一瓦爐，一篋書，一蒲團，一逸人在庵之中。逸人閒居，常閉關坐蒲團，胠篋讀書，憑弔古人。遇屈大夫、賈長沙、諸葛武侯，則慷慨悲歌，咨嗟留連。遇郭林宗、管幼安、陶淵明輩，則景行高節，從青史遺文，想見其爲人。遇王右丞、馮道輩，則怒目拋書，唾罵繼之。已而撥火瓦爐，焚柏子香，酌酒山瓢中，彈無譜琴一曲兩曲，琴罷徙倚竹榴之下，倩月入吟，約風赴嘲。星煙雲鳥，悉加月旦。倦則篛笠、芒鞋，緩步柴門，倚杖柳陰，對農談耕，逢漁說釣。雲臺煙閣，非逸人事，則絕口未嘗道及。日暮掩關，則焚香謝曰：「皇天后土，借我無用人一席地，葺茲斗室，得容兩膝，何其仁也。」客有過我者，動以美詞嘉之。或曰「子雲居耶？」或曰「諸葛廬耶？」或曰「子美亭耶？東坡堂耶？」余曰否，謹謝客。古今不相及，山川不相連。架數椽以托足，資把茅以蓋頭，非西蜀子雲之居也，非南陽諸葛之廬也，非浣溪子美之屋、東坡居士之堂，而白山逸人之庵也。

〔明〕漢中府瑞王夫人劉妃傳

野史氏曰，娥、英以上無論已。夏典塗山后緡，殷啓簡狄，周姜嫄。嫄之後則有太妊、太姒、邑姜。八百年王道風化，肇造門內。故周禮天官大塚宰王之宮內，三夫人，九嬪，二十七世婦，八十一御妻，統于中宮一皇后。非幽貞賢淑，才德寬弘，足敵天子者，不足正位坤宮也。東周以降，漢雉、唐曌，女中曹、莽。即長孫皇后，惟德過於才。宋多賢后，高太后爲最著，垂簾八年，裁抑外家。罷熙寧「青苗」「保甲」諸法。進用羣賢，如司馬光、富弼、文彥博、韓琦、程、蘇諸人，神宗退之，太后用之，盡革弊政。不惟有貞順之德，且具剛果之才，故有女中堯舜之稱。先朝明德馬后，德爲帝配，才裕王佐，故徽音垂後，終明之世，不聞牝雞。即藩邸王妃，亦皆淑慎之選，如瑞府劉妃，蓋貞順而剛果者也。王在潛邸當婚，神宗以妃良家子也，備六禮聘爲王妃。王賢而癡性好佛，不近女色，妃亦賦性貞潔，居王宮數十年，處子也。及王就藩國，朝夕禮佛，口喃喃念梵貝經書，如沙門比丘，時坐蒲團，儼然空山枯禪，一切藩政罔聞知也。妃剛斷明決，親閱書奏，大小政務，妃總攬處分，咸中規則。即馭閹人宮妾，嚴肅清慎，釐有條格。一黠閹欲求某宮人爲配，上書白妃，妃大怒，即召母弟劉某與諸官吏，促草書上之，閹懼逃亡沔邑，妃設計擒斬之。其交通宮人，以不首賜死餓殺。漢國遠近聞之，皆服其智勇。以妃之德，求諸上古，則嗣徽妊、姒；求諸近代，則仿佛高、馬。惜乎其處陽九百六之運，國亡家破，間關出奔，而妃之才未得究竟也。癸甲之變，聞有總兵趙鷂子者，脅王入蜀，妃亦隨之。王遇害，妃投江水死。癸酉，予在黃沙遇范姓者，其父燕京人，隨王入漢，爲予言妃投江。後蜀賊滅，妃之神附人曰：「我瑞王妃也，上帝憐我貞烈，命我爲江神，其立廟祀我。」

關西三貞女傳

夫高士亮純白之操，烈女凜貞潔之志。此冰天雪海，似一清冷自念者，然聞其風，可以廉頑而立懦。易曰：「女子貞，不字。十年乃字。」未聞終身不字者也。然北宮嬰兒徹環瑱養父母，終身不嫁矣。古人有之，後世則否。然烈女傳所稱，洪武以後，石孝女、陳烈女、張義姑、潘聖姑，三十餘人，皆未嫁夫婿，烈處子也。然史書傳聞，或多貴耳。近得關西三貞女，則見而知之。劉氏，華州大張里人，父大器，母陳氏。女三歲，父歿，母年二十有四，守節，女十二，母病，日夜號泣禱神，誓曰：「願終身茹蔬不嫁」。母病癒，勤勞紡績，媒妁至，輒憤欲自經。薄田三畝，陋室三間，與兩兄三分之。無何，兄嫂俱亡，遺子皆幼，女事母撫孤，母年八十終，三孤亦各成立，而女亦享年九十有奇。女死，有司上其事於朝，建祠墓，列女史矣。甲子三月，華州楊時若訪予太白山麓，予詢劉氏事，時若曰：「華州烈女，與劉同時，更有一人，則明萬曆庚辰探花王庭撰裔孫，庠生王通儒妹，許聘庠生黃元炳男，未嫁，元炳子被流寇擄去，影響斷絕。及笄，或有勸其別適者，女泣曰：『我之不獲與黃郎偕老，命也；黃郎不返，舅姑無子，我其子也，願歸黃門。』通儒知其志堅，聽歸於黃。卸去鉛華，竭力織紝，事舅姑以壽終。氏年四十，歿之日，異香滿室。」

野史氏聞而歎曰，難矣哉，天無二日，臣無二主，此古孤貞之士，委質舊君則然，非所論於輔遺腹、朝委裘者也。王氏未見夫子，事舅姑終身不二，此其事又非輔遺腹朝委裘之可比矣。歿之日，異香蒸蒸，天之所以不死夫人乎！因歌詩二章，其詞曰：「貞日月，靜乾坤；乾坤不壞，日月不昏。夫人道尊。巍巍太華，滾滾黃河，河竭山崩，如夫人何！」癸酉夏，余客漢中之洋縣，庠生李某女，許聘邑人楊某男，某未嫁而某子亡，女聞訃，晝夜哭，不食，欲自經以殉。父母嚴護之，不獲死，請于父母入某家哭其婿，即持服執子婦禮，事舅姑，誓以終身。縣大夫南宮鄒公旌其門曰：「冰姿玉骨」。余過楊氏陋巷，見寂寂數椽蕭然。窘也，女不爲窘，乃甘心荊布操作，誓死不改。

野史氏曰，古之烈者多矣，或有夫中道夭，如夏侯令女，節以恩也；或有子冀其成立，如章綸母金，撫側室兒成進士，節以子也；或家豐饒如巴寡婦清，節以財也。三女無夫無子而家貧甚，顧冰雪其操，金石其志，其女中鐵丈夫乎！嗚呼，難矣，使生爲男子，則與古之存趙孤、報韓仇、秉漢節、死宋事者，可伯仲也。傳三貞女，所以愧天下後世爲人臣而忘君事仇者。

趙鵠嫗傳

鵠嫗者何？愍趙母也。愍趙母而書以鵠何？嫗之節似鵠也。嫗既節矣，其似鵠何？魯國陶門寡婦嬰，曾歌黃鵠也。其歌曰：「黃鵠之早寡兮，七年不雙。宛頸獨宿兮，不隨衆翔。寡婦念此兮，泣下數行。烏乎哀哉兮，死者不可忘。」魯人聞之，不復求嬰。嬰之節，嫗之節也，故曰鵠嫗也。嫗，二曲歡樂里人。幼，端嚴凝重，其歸趙氏文吾也。嫗笄而趙未冠，進飲食案齊眉也。數年，舉一子，即自勵也。一子在妊而趙忽逝，彌月誕矣。嫗撫二孤，泣曰：「吾不獲從良人地下遊者，爲趙氏兩塊肉耳。」於是朝督僕耕，暮督婢織，身操作紡績，勞如也。自勵髾髫矣，命就傅，嘗以紡甌燈火佐讀，弗懈也。自勵弱冠有遠志，棄諸生業，結客少年場中，鼓琴彈劍歌詩。家雖貧，未嘗口囁嚅而足趑趄，故門多長者車轍。嫗年八十七殂矣。跡其高行，當從古婦女烈者等也。雖然，古婦女烈者有矣，世或清平也，家或饒財也，子或朱衣也。嫗之節自少而老，世兵火，家清苦，子貧且賤。筆洞生曰：「窮簷蓖戶中，未嘗無割股之子，截耳之妻。而家無青蚨，嗣非紫衣，遂令千古節義掩於塵土。」蓋傷之也。巴寡婦清家有丹穴，貲與陶、猗、卓、程等饒。始皇爲立「女懷清臺」。此以財衛節者也。章綸母金，歌詩言志，名垂女史。然綸正統進士，官至侍郎，此以貴彰節者也。悲夫，嫗之家貧而子又賤，始終茹蘖，一節老死。始知後世笄褘丈夫，鐵石心腸，如魯陶門黃鵠寡婦而名湮沒者，比比然也，悲夫！

康孝子焦烈婦傳

易曰，有天地然後有萬物。有萬物然後有男女，有男女然後有夫婦，有夫婦然後有君臣。舜使契教以人倫：君臣、父子、夫婦、長幼、朋友，此所謂天經地義也。先王往矣。後世彝倫攸斁，臣弑君，子弑父，妻妾乘夫鬩牆，操戈面朋，面友而背相傾者，何多也！然乾坤淑氣，間鐘草澤。若有郃康茂才夫婦，則可謂人倫關西者也。茂才名呂賦字乾因，民部繼山先生之季子，生而孝友成性，年三四歲，即知承父母歡戚爲喜懼，依膝下不逐羣兒戲，兩兄或攜之出，持衣裾隨行，無褻語惰容。或遺之棗栗桃榛，必擇其嘉者奉親及兄，而後噉其餘。九歲，民部公捐館，從兩兄居苫塊，面枯髮槁，失童子顏。服除，每於春秋霜露，哀容沮喪，益悽愴不能爲懷，見父之茶灶、筆牀、琴劍、杖履，輒痛哭失聲，或終日不食。事寡母禮如內則。母憐其少孤，每令同食飲，公先噉家人常食数篕，恐分母饌，弗克也。既受室抱子，猶孺慕如嬰兒。日夕侍母榻，爲展衾裯，恐母有問，侍坐良久。母令去，闔其寢門曰：「兒去矣。」乃默立限外，候睡熟乃去。雞未鳴，復至寢門，候母覺，乃啟扉問安。母曰：「天寒，起太早」。應曰：「天已明矣。」洎母疾，侍湯藥五十日，吞泣，不解帶。母歿三日粒米不入口，墨面骨立，如居父喪時。斷葷茹素三年。民部公世稱清白吏，伯兄呂賜好古篤學，不治家產，生計蕭條，無以葬。公出母所遺己釵釧環瑱，易百金，伐石治宅兆，葬如禮。嗣是，家益落，祀先不能供籩豆。公太息曰：「有薄田二百畝，艱於祭惰也？」乃率亞旅勤耕耘，採黍稷之早熟者以爲粢盛薦新，四時祭如儀，康氏之鬼不餒矣。姊早寡，有子女二人，誓爲良人養姑撫孤，弗嫁也。以貴家女貧而節，艱於日用。公與兄視寡姊禮降事母僅一等耳，其周旋門戶、衣食，又餘事矣。以故姊以節壽終。而公之事兄禮降事父一等耳。而兄之視公嚴而慈，愛而有禮，一體連枝，三十餘年曾不聞一言稍涉乖戾也。難矣哉！初娶同邑張氏，繼娶二曲焦氏。焦四世乙榜詩禮家，氏年十五歸公，相敬如賓。及公疾，焦以簪珥延醫，侍湯藥四十日未交睫。疾劇，誓以身殉。公歿，焦哭便絕，絕而復甦者數矣。家人知其必殉，防之嚴；焦故爲不死狀，復事膏沐。家人信之，疏其防，焦乘間縊死。死後五七日，面渥丹如生也。其安貞之德，直內方外之應與！嘗讀李北地祥符烈女傳，所載魏相妻萬氏，相死萬縊死，蓋年二十一也；焦之死也，年亦二十一，其聞祥符烈女之風而興起者耶？抑生而性成者耶？孔子以殺身成仁爲美，曾子以大節不奪爲君子，孟子以獨行其道爲丈夫。男子讀書至此，以義氣自許者多矣；及大敵當前，主辱而臣不死，且夜抱琵琶過他船矣。若焦氏者，豈非閨門君子，女中丈夫哉？吾聞康氏，自對山太史以來，諸姑伯姊姪娣，無再嫁者，今又得焦，倘所謂方以類聚者耶？

野史氏白山李柏曰，人生五倫之內。春秋以來，君臣父子兄弟夫婦之間，缺限者何多也。若康季子乾因公，爲子則孝，爲弟則悌，爲夫則刑于寡妻。移此道以事君，則蹇蹇王臣無疑也。世有朝爲君臣而暮爲仇讎者，不惟愧于丈夫，且有愧于焦氏女子矣。

苟節婦傳

節婦，咸寧苟聞庭女也，生有異質。甫三齡，其嬉戲不愛綵線花草，而好弄小石。其父見之，每曰：「石者，貞介樸素之物，女獨愛之，吾恐他日孤孀難免矣。」年十五爲盧家婦，未一年，盧生死，遺三月腹。誕男，氏抱孤泣曰：「吾不從良人於地下者，以此。」自誓撫孤，事舅姑，不更嫁，年二十五死。關西能言之士，咸爲賦序詩歌弔之。

書奇孝格天傳

孝不可以奇言。奇者何？志變也。孝，庸行也，庸行而出於變，命也，遇變而命復全，天也。當其鞭扶拷掠，既魚肉之，復挫抑之，俾不得伸，則人之權重而天之權輕也。既而出於萬難無可奈何之中，不惟得以伸吾志，且全吾命，則天之權重而人之權去矣。臣之事君，子之事父，一也。願爲良臣不願爲忠臣，常也。至不得已而時窮勢困，委身濟國，則忠臣烈士之名起焉，與夫爲子不得全天倫之樂於膝下，而事處其變，同於刺客豪暴之行，委厥身命，屠驪龍於不測之淵，此人生之大不幸也。人殺其父，而子不報，是無父也；報之，其勢赫赫，熱炙手也，可奈何？毋寧入虎口而食其肝，雖死甘心也。河間孝子李世傑，報父仇擒總管趙福於數百人中，挾之墓門，碎其首，自詣有司抵罪。事移秋官，乃福之内親，狴犴在牢，虎豹守戶，猰貐磨牙，窮奇朵頤，世傑萬無生理矣。乃囹圄冤滯，致天變其災荒，爰書從寬，配流岐、鳳。此與憲宗元和六年富平梁悅爲父報仇殺人，自投縣請罪，議從減死，配流循州事同，可謂古今兩奇孝子矣。然趙烈婦以女子而殺人報父仇，視男子抑又過之。

張烈婦傳

烈婦，渭南隱村郭許里人，張某之女，年十七，歸於王仁寰之次子某。僅三年某夭死，氏無出，欲以身殉。伯兄命其嫂防護周密。氏故爲不戚容，托歸寧父母——實生別也。復歸家，與所抱兄子眠一榻，子熟寐，氏自殺。子覺，急呼生母趨救之，氏頸血淋漓，未殊死，見嫂來救，即以手絕脰而死。乙亥二月，孫孝廉長人言氏殉夫狀，余問其父家，蕭然窮也。夫家亦蕭然窮也。蓋閭閻綠窗貧女，目未睹詩書，耳未聞旌表，乃率其貞剛之性，而能殉夫，可謂烈矣！時同閭又有剡氏孫錫光妻，年二十，錫光死，遺孤三。氏泣曰：「我所不從地下者，以有藐諸孤！」家赤貧，父母勸之別適，氏以一天絕之。勤紡績以養諸孤。衣裙藍褸，糠覈充饑，十指破裂，哭眼朦朧，三十年如一日也。

予昔聞華川王烈女、劉烈女，皆未嫁，處子終身，可謂奇矣。又聞張、剡之烈，一殉夫殺身，一苦節白頭。其聞王、劉之風而興起者乎？抑各行其志耶？世之男子，立人之朝，朝爲君臣，而暮事異姓者，抑獨何心耶？

杜義繼母李媼傳

甲寅六月，余如岐陽，道經杜生關賢家，憩餘前蜀將軍關子祠。祠距生家半百武也。日夕雷雨大作，生攜酒脯跣足淖中。余忸怩。生曰：「母命也。」余曰：「賢哉！」旁有蔡生曰：「繼母耳。」余聞之愕然曰：「人間姥盡母也，而彤管所計，何落落也。其有傳者如孟之斷機，陶之剪髮，柳之丸熊，歐之畫荻，生母也。他如令伯之相依爲命，玄晏之三牲不歡，祖母也，叔母也，而非繼母也。至如繼母，能使伯奇化鳥矣，能使子騫服蘆矣，能使王祥求魚矣；賢則未聞也。亦有賢者如隨子遊學，以成其名，如己子抵罪以生前子，可謂賢矣。于古有之，今未聞也。若杜生者，可謂有母矣。」蔡生曰：「媼，名家子，年十六歸杜翁，年三十杜翁捐館舍。媼盛年，有容且賢。富貴家多求之。族人亦有欲奪其志者。媼以死拒，躬績紡，佐杜生讀，數十年如一日也。杜生既成名矣，媼可無傳乎？」余隨因蔡生之言，爲媼傳，以俟後之續烈女者。

跋

仲貞張公淡園跋

園以「淡」名，何淡乎？而味淡也。味何淡乎？而人淡也。人何淡乎？而心淡也。故古之儒者，簞瓢陋巷，不改其樂，非淡何以能樂也？躬耕力學，歌出金石，非淡何以能歌也？蓬蓽蕭然，屢空宴如，非淡何以能宴如也？行無不得，全無所着，非淡何以能不着也？淡之風，清；淡之韻，高；淡之用，簡；淡之致，閑；淡之情，靜；淡之氣，穆；淡之思，定；淡之操，嚴；淡之行，廉；淡之量，弘。弘則不忮，廉則不貪，嚴則不濫，定則不擾，穆則不浮，靜則不躁，閑則不勞，簡則不煩，高則不俗，清則不污。不污不俗，得淡之品；不煩不勞，得淡之性；不躁不浮，得淡之養；不擾不濫，得淡之體；不貪不忮，得淡之神。蓋神淡則無往不淡也。萬物，一淡景也；萬世，一淡時也；天下，一淡局也。淡之德至矣。吾安知天下之至淡，其中有不淡者乎？吾安知天下之不淡，其中有至淡者乎？故知淡味者，遂以淡爲號，即以淡爲園也。以淡爲園，其亦古之以淡爲庵者耶？

跋蕉窗墨戰後

古今學書者，則以漢、魏、晉、唐、宋人名書爲法。予生平多在山中，希覯法書，卻好書。然山中有聲，聲共我聞，聞非法也，亦非非法。故聞獅吼、虎哮、龍吟、鹿鳴、猿啼、鳥語、蟲響，法其猛烈蹈厲悠揚婉轉之致焉。聞轟雷、狂飆、驟雨、瀑布、海潮、江濤、崩崖、裂石、折木、薩葉、松風、瓦雹，法其雄壯迅駛險怪激切之致焉。山中有色，色共我見，見非法也，亦非非法。故見鳳舞、鸞翔、鷹擊、雕拿、檮杌之死鬥，火兔之嚙鐵，法其飄搖回漩駿快剛勁之致焉。見翡翠、孔雀、豹斑、彪戲、草木之華，日月之光、星斗之文、雲霞之彩，溪中之漣漪、峭壁之煙嵐、古木之劍戟杈枒、怪石之奇詭獰猙，法其文章錯落往來循環變化氤氳離合穿插之致焉。故予之書，多以山爲骨，水爲肉，點畫勾裏，率倔強錯戾，而於漢唐以來書法一無似也。

回春圖跋

一片焦墨圖，獰猙二十鬼：或牽虎，或臂鷹，或騎馬，或持兵，杖前獵後。一鬼手擎梅枝。愚謂，梅，陽之發也；鬼，陰之聚也。羣陰極而一陽復生，其消其長，造化成焉。爲此圖者，其有密抑潛扶之思乎？

重刻於陵子跋

八行之七曰廉。廉之品，冰棱玉角，居之者色腊體腒，匪暨鐵脊弗安也。仲子之廉，安之也。孟子曰：「惡能廉。」闢之也。吾謂仲子不可謂不廉也。陳氏以陰謀奪姜，掬齊國而渾噉之，不義也。仲子恥之，托於隱，避不義也。辭相，清操也。辟纑，苦節也。仲子，廉士，妻亦廉女也。孟子胡爲闢之也？昔七雄鬨而王道闕。齊，大國也。孟子尚欲倚以安天下，世家貴戚肥遁焉，固也。故辟之。經生謂之「矯廉」，非也。趙威后律仲子以可殺，過也。岐陽袁永叔，靜者也。重刻於陵子十二篇，傳廉也。自五帝鑿民心，凡假仁襲義盜而國者，悉貪婪也。仲子不受種瓠術，廉也。至夢拔句氏葵而晝遺其直，廉之至也。於陵子重刻，直欲挹北溟波浣東陵穢也。

卷之三

辯

升水石辯

受園有升水石，傳是渭濱絶品。

余偕客往觀，見其巖洞玲瓏，上下沮洳。遂流連不能去。客曰：「水與石有同乎？」曰有同，同而未嘗不異也。「水與石有異乎？」曰有異。異而未嘗不同也。客曰：「不然。孔子謂，智者樂水，仁者樂山。智者動，仁者靜。蓋謂智與仁異好，山與水異體，故各以類屬之。水主動，山主靜。石者山之餘也，而物以石名，雖一卷亦靜也，物以水名，雖一勺亦動也。而其著於用也，有即石而求火，即水而求魚者矣。必無鑿石以求魚，擊水而求火者也。此水石不同之驗歟！」余曰，否。子獨不聞周子之說乎？——太極動而生陽，靜而生陰。以陰陽立天之道，以剛柔立地之道。皇極經世謂，日月星辰盡乎天，陰陽是也；水火土石盡乎地，剛柔是也。太柔爲水，少剛爲石。由是言之，石，靜物也，而剛應乎陽，靜中有動；水，動物也，而柔應乎陰。故曰，一動一靜，互爲其根。而水之與石，蓋亦相得而有合者。子必因水石之形，岐動靜之理，是欲破太極而兩之，不倫甚矣。客曰：「非是之謂也。箕子之衍範數也，曰，水潤下，蒙之象曰山下出泉，是水以下爲性也。而何其反之也？藉曰，相得而合。則禹之治水，遇龍門積石，將不刊不鑿，直引而度其巔。則玄圭告成，當無俟八年之久也。」余曰，禹之治水，高高下下，注百川於海，若順其性也。苟違其性而引之山，雖百禹不能治一川，而況天下之水乎。雖然，山澤之氣，亘古相通，故寒潭百尺之下有石，而喬嶽千尋之上有水。水爲石引，石爲水升，猶之陽燧向日以致火，方諸承月而得水，亦從乎其類耳。客曰：「水與石既以類相從矣，天地間磊磊錯錯，石之數其無涯也，而升水者不能居十之一，則又何也？」曰，天下之物有同有異，就其異而言之，猶是水也，溺水不能浮羽毛，而黑水則獨向南流矣。水之異有如此者。猶是石也，海南之石能引鐵，廬山之石能致雲，而邯鄲之石則又能凝水矣。石之異有如此者。故石之不能升水者，同也。而石之能升水者，異也。若推以二氣交感之理，五行相生之數，蓋異而不失其同者也。而子何疑乎？客之說於是乎窮矣。園中人以余言爲稽于古也，請筆之以存其辯。

爲秦人太白山求福解

秦人登太白者何多也，率泥於鬼神而惑於福果也。詩曰：「永言配命，自求多福。」夫福不自求而求諸神，則異端誤之也。予臥太白有年矣，多福之求，惟取諸物：曰湫池曰冰雪，曰巖石曰松柏。若夫穠華灼灼於陽春，詩酒熙熙於芳辰，則桃李榮矣。至江空山枯而後萬物凋喪，獨鬱鬱蒼蒼于嚴霜密霰之際，則松柏有貞守焉。嵌空玲瓏以呈奇，松文雪浪以表異，則袖石貴矣。至大風拔木而不撼，洪水浮天而砥柱，則巖石有剛氣焉。山有湫池，撓之不見天光，澄之可鑒毛髮，是宜靜而不宜動者，其清德也。山有冰雪，蒙翳則皓魄如煤，遠塵則素光沁月，是宜淨而不宜污者，其潔操也。故欲人心潔，則取諸冰雪；欲人心清，則取諸湫池；欲人心剛，則取諸巖石；欲人心貞，則取諸松柏。貞可以矯天下之淫，清可以勵天下之濁，潔可以愧天下之污，剛可以振天下之懦。能剛能潔能清能貞，舉凡松柏巖石湫池冰雪之類，皆吾胸中之物，而太白山不得獨有此清福也，抑多福也。詩曰，「自求多福」，蓋言福在我而不在彼也。

萬味珍羞解

傳曰：「肉食者鄙。」顏蠋曰：「晚食以當肉。」雪庵清史曰：「藜口莧腸者，多冰清而玉潔；膏粱玉食者，多形勞而神悴。」李子曰，此皆古之知味者也。吾家七月初一絕麥，八月初一絕鹽，日惟淡食黍粥兩餐而已。至八月十五賣黃牛之革易鹽，胡麻易油，蒸黍米爲飯，佐以園韭，闔家欣然一飽。女梅曰：「諺云百味珍羞，吾家亦有之。」余笑而應之曰，此吾家萬味珍羞也。蓋品以淡而增濃，物以儉而倍豐，非抗節山林，久處貧約者，不知此味。世傳八珍五侯鯖，石季倫一食萬錢，厭飫之后，不如菜羹。人當饑渴困頓之際，掘嚙鼠肉，壓飲糞汁，吞紙丸而實腹，望粢糲其奚有。當此得一食，可以緩死矣，奚暇擇味哉？故翳桑餓夫，蘆中貧士，淮陰王孫，滹沱天子，俱不能忘情於一飯也。

嗟乎！處富貴即犬馬易厭粱肉，遭貧賤雖王侯難覓糟糠，況乎其爲陋巷編蓬之人邪？孔子絕糧于陳、蔡，孟子絕糧于鄒、薛，子思居衛三旬九餐，陶潛歸里扣門乞食，彼大聖大賢猶有此厄，況以闒茸而遭叔世之饑歲乎！雖然，窮達有定命也，飲食無定味也。桀、紂肉圃脯林，詛咒淵藪；而西山之薇，商山之芝，到今芬芳。味在此不在彼。飲食之人，多不知此，孔子所以歎鮮能也，善乎。真西山論菜根曰：「百姓不可一日有此色，士大夫不可一日不知此味。」彼辯雞塒而識龍肉，特知肉耳，又焉得爲知味哉？

壽夭解

鄘東師氏，同母兄弟四人，伯、仲、季，剛，早死；叔，柔，年七十餘矣，尚健。蕭氏同母兄弟四人，仲、叔，季，剛，早死；

伯，柔，年八十餘矣，尚健。李子曰，舌柔而壽，齒剛而夭，豈獨師、蕭。或曰：「顏夭跖壽，不以剛柔。」李子曰，爲善如顏子，三十，壽也；爲惡如盜跖，百歲，夭也。況善如顏子不多夭，惡如盜蹠不多壽乎。

貧賤

李青蓮曰：「功名富貴若長在，漢水亦應西北流。」富貴如王侯，至矣。禹會諸侯于塗山，執玉帛者萬國，至周初則八百國，萬國安在耶？至春秋見於正朔編年二十三國。八百國安在耶？至戰國七氏稱雄，二十三國安在耶？秦並天下爲一國，七國安在耶？漢滅秦，天下一國四百年。至於今，漢又安在耶？故曰，富貴無常。虞氏富盛腐鼠中俠客之肩而。虞氏滅嬴政，子孫求爲黔首而不可得。故福不降者禍不酷，榮不極者辱不至。苗扈雖虓，不奪潁水之牛；曹、莽雖奸，難篡首陽之蕨。故富貴如春華，而貧賤之清風，則山高而水長。

語録

語録十八款

吾道可以包天地，轉日月，運古今，壽帝王，育萬物，達幽明，一生死。

聖人之道，損而益，翕而昌，謙而尊，柔而剛，淡而濃，弱而強，隱而見，圓而方，微而顯，闇而章，簡而繁，伏而翔，約而博，晦而光。

至貧而富不可量，至賤而貴不可當，至無而萬有張皇。

堯舜不仁，湯武不武，孔孟無道德仁義。堯舜行天之仁，湯武用天之武，孔孟法天之道。皆因時奉天而已，己何與焉？以萬古爲一時，以萬國爲一家，以萬物爲一體，以萬聖爲一心。

齊生死，忘人我，泯得失，一寤寐。

蔗不甘不嚙，荷不秀不折，蘭不馨不爇。

天之高無物不覆，地之厚無物不載，日月之明無物不照，滄海之大無物不容。學者存心，覆物不如天，載物不如地，照物不如日月，容物不如滄海。人曰，學君子。曰，弗學也。

遍乾坤皆金玉寶器，人對面不識是不明也。故智爲第一。識得是寶，則必用力取之，非勇莫取也，故勇次之。取斯得之，則必守而勿失，非仁莫守也，故仁又次之。何謂守而勿失？曰，主敬。何謂主敬？曰，戒慎乎其所不睹，恐懼乎其所不聞。

欲爲天下第一等人，須做天下第一等事。欲做天下第一等事，須受天下第一等苦。能受天下第一等苦，然后能享天下第一等樂。

天下有道則見，無道則隱。邦有道則仕，邦無道則可卷而懷之。用之則行，捨之則藏。須看「六則」字是何等決絕，何等勇斷。今人卻因循荏苒，以爲通達權變，故終身不濟事。

大丈夫人品，上爲皇者友，次爲帝者師，次爲王者佐；若管、樂、蘇、張，定霸才也，不足爲矣。

觀李將軍之不封侯，始知數奇者雖才高不偶；觀謝皇后之位中宮，始知富貴在天。若以天地爲一身，則萬物皆吾所有，何言貧富貴賤？若以性命還陰陽太虛，歸於無極，則無始以前，無終以後，皆吾壽。何有修短生死？

人爲三才之一，故天非大而人非小。惟聖人爲能法天。人能希聖，則凡人亦可法天也。法天之學不在語言文字。孔子曰：「天何言哉？」當深思而自得之。

三皇無有文字，五帝所讀何書？然開物成務，爲書契以來之文章之祖。後世人君亦有炳夜觀書博通典籍者，至有疆域日蹙，身危國亂，何也？其所學非帝王之學也。帝王之學只是虞廷十六字。大禹惜寸陰，衆人當惜分陰。余謂學者當惜一呼一吸。一吸不根於天，一呼不還於天，非事天也。以心與天有間斷歇絕也。微有歇絕，則人欲入之矣。如童子擊毬，甲棒起乙棒入，危莫危於斯也。故曰：人心惟危，道心惟微。

操存捨亡，即生死人鬼關；操存，雖一夕死，猶萬年生，天理存。輕清陽氣，天之生機也。生機萃，雖死不死，天長在也。捨亡，雖萬年生，猶一夕死。物欲肆濁，欲貪，妄人之死趣也。死趣凝則雖生不生，天早滅也。

雜著

續功過格

功過格何以云續也？仿了凡袁子之意而續之也。年凡一冊，冊之葉數如年之月數，爲葉十二；葉之格數如月之日數，爲格三十。系年於冊，系月于葉，系日於格。格之所記，皆日之所爲，功則白，過則墨，別善惡也。繁則繁……簡則簡。無則不著多寡也。功及物方；過蒙慮即。謹微也亦克量也。遠期之百年不倦也。近約之一息罔懈也。苟能自息而刻，自刻而時，而日，而月，而一年，而十年，而百年，絲粟必察，脉脉相屬，亦不息之道也。雖然，慎獨其要也。凡人成功難，毁功易；有過易，無過難；一過掩百功易，百功掩一過難。見其難而阻之，過也；見其易而忽之，亦過也。蓋人於過則出於功，出於功則入於過，理不易也。自古王業不偏安，漢、賊不兩立。一絲而青黄其色，一途而南北其步，危莫危於斯也，微莫微於斯也。故曰，慎獨，要也。

癸酉元日記事

洋城東南隅爲友人秦子德英精舍，有垂柳三株，杏二株，桃大小三十株，胡桃一株，榴八株，綠竹二百竿，黃楊、杉各二株，臘梅、老紅梅各二株，桂四株，小松一株，柏大小十五株，梔樹三株，幽蘭四五叢。壬申六月，余入精舍，嘗孤吟坐臥其下。癸酉元日，雞鳴起，盥手爇香，率兒崧步松、杉、竹、桂、柏、黃楊、梔下，幽蘭叢旁，各插香一炷，肅然長揖。兒崧曰：「柳、杏、桃、榴無香可乎？」余曰，孺子，來，吾語汝。吾所爇香敬禮者，松也，柏也，杉也，梅也，桂也，黃楊也，梔也，竹也，蘭也，遇歲寒而青青，遭雪霜而吐英。吾愛之，敬之，不惟友之，而相與師之。柳也，桃也，杏也，榴也，逢春則榮，遇秋則零，骨瘁于嚴霜，氣餒於朔風。吾愛之，容之，但不敢尊爲師，而與爲友也。

月梅

坐月觀梅，有隱者之德四焉。空山無人，抱一守純，隱者之幽情也，月梅如之。迴出物表，不受塵埃，隱者之淡致也，月梅如之。萬緣俱息，虛室生白，隱者之靜機也，月梅如之。冰雪沍寒，精神乃見，隱者之貞骨也，月梅如之。

當仁不讓于師

李謐初師小學孔璠，後璠還就謐請業，當仁不讓于師也。華歆黨曹，管寧高節不仕，當仁不讓于友也。管叔叛，周公輔成王東征討罪，當仁不讓于兄也。鯀無功，禹平水土，當仁不讓于父也。紂無道，文王惠鮮懷保，當仁不讓於君也。惟天爲大，惟堯則之，當仁不讓於天也。

豫防

牛有角則觸，象有鼻則捲，鱷有尾則擊，虎有爪則搏。犯所恃，害及之。然則羿、奡之勇，蘇、張之辯，曹、莽之奸，弘恭、石顯之讒，甚於角、鼻、尾、爪也。可不慎耶？

山雉

南山有雉，三三兩兩，翱翔于煙霞之表，徜徉于泉石之際。予讀書山中，嘗坐而玩之，如籬下雞。客有入谷子者過而歎曰：「異哉，此雉不陸而山，終身無稻梁〔一〕之食矣。」予曰，嗟！予之角者缺其齒，予之翼者兩其足。子不見世之所謂田雉乎，百穀是飽，相呼相喚，怡怡然自以爲樂也。然而王孫公子、牧豎耕夫，彈之繳之，畢之羅之。蓋田雞豐其穀而危其身，山雉艱于食而全其生。孰得孰失，孰損孰益，子將奚從？客不答。時羣雉遊戲草間，忽聞獵者噪而逐鹿，一雊飛去，不知其處。客仰視良久，遂揖予曰：「子殆雉隱乎！」

〔一〕 疑爲粱之誤。

鳩巢

齋前疏竹百餘竿。有鳩焉，往來飛鳴不止。李子曰，是殆將巢也，而惡其疏。乃索綯約竹密之。三日巢成。五日卵生。十有五日而母子依依，得其所矣。李子曰，物之不得所，而待人以安集者，寧獨鳩也哉？蓋天下一巢也，萬物一鳩也。周宣中興，安集鴻雁，則亦代鳩營巢耳。彼攀其巢而食其卵，棄鳩也。棄鳩也者，鳩亦棄之。厲王所以流彘乎！

所見

立四刃爲斗門，人赤身出入門中，擲身如梭，刃去身不盈一寸，而飛來飛去，絕無掛礙，難矣！人反易之。竿百尺也，人進步竿頭，騰踏顛倒，左右旋舞，危矣！人反安之。人之於道也，無鋒刃之逼，而有枕席之安。人以爲危且難。噫，愚矣！

防微

橋，行人者也，而有機之時。見武備志。地，載人者也，而有阱之時。門，通人者也，而有鬧之時。舟，濟人者也，而有膠之時。魚，食人者也，而有劍之時。酒，飲人者也，而有鴆之時。藥，醫人者也，而有毒之時。筑，悅人者也，而有鉛之時。是以君子憂讒畏譏之心，在中古尚不可無，況後世乎！

無才

翡翠羅以文章之身，鸜鵒籠以能言之舌，神龜灼以前知之殼，鷹鸇紲以擊搏之力。此以才災其身者也。君子處世，露才不如斂才，有用不如無用。故瞽者鮮坑長平之土，而躄者不焚赤壁之火。

文字

岳武穆曰：「陣而後戰，兵家之常；變化之妙，存乎一心。」李子曰，學者之作文寫字，亦復如是。

薪難

家世業農田二百畝，去太白山麓十五里。豐年麥秸、豆萁，家人炊爨擇美薪，色黃短爛者不以爇。餘則與鄉鄰之借。飼牛馬者不足，則遣家僮以牛驢運，日一車。故余家穀或絕于災季而薪則歲有餘。辛未七月，避地鳳翔之西房村，僑居亢氏書室，去南山遠樵不及，北山赭無薪。大旱十四月，郊原赤土，米薪真如珠桂矣。家人煨牛糞以爨，一人撥火，一人鼓扇，久乃飯熟。嗣後，糞盡則剪牡丹葉，葉盡則扳薔薇枯枝，枝盡則掘竹根，根盡則折老梅幹，幹盡則摧梧桐杇柯。柯盡則掃篁葉、剝筍籜、摘楞葉、楮葉。葉盡則捃摭乾萊，斯楊柳粤條。或並日而炊，或日不舉火。亢氏憐之，遺一柳樹。遣兒望興伐之，則傷其脅，痛不能動，可謂窮於薪矣。五羖大夫妻烹伏雌炊扊扅；則客舍無扊扅也。張志和之婢蘇蘭薪桂；則客舍無蘭桂也。彼正月進儺之夜，設火山數十山，焚沉香數車，或燭不盡跋，或以燭代薪，抑何窮奢至此哉？豈知空郊貧士，連根之野菜時挑，帶葉之生柴莫斫也。憶昔居太白山，豐草長林，千峰蓊蔚，舉帚則落葉盈車，運斤則長柯頹山。雪嶂雖寒，爇榾柮則陽春冉冉；冰窟總烈，〔二〕燒松節則暖香馥馥。興言及此，感生今昔。安得風雨調和，歸我家山樵雲釣月老焉。如其不靖，則移向燃石山去。

擬山中開義館教授題詞

竊思：賦性維均，當初原無分別；秉質各異，后來斯有參差。有物有則之烝民，懿德同好；上達下達之殊品，趨向攸分。若能善爲提撕，便可人皆堯舜。柏本村落癯儒，草野一介。苦南山椿落，早違教子一經之恩；幸北堂萱青，深荷擇鄰三遷之德。丸熊畫荻，嘗期鷦鶉作鵬；雪寫月哦，曾學蠹魚食墨。舞象之後，不羨身居要地，朝朝碧水蘸門；弱冠以來，自知骨非封侯，夜夜白雲入夢。到處山爲詩稿，吟瘦吉鬼蓮仙；有時月當酒瓢，酌滿海濤江浪。洎一朝悟得，猛地回頭；將多年狂行，一齊撒手。或膝着冷齋木榻，或身在小院蒲團。瞑目看烏雞，飛帶天雪璘璘；掩耳聽黃鶴，唳徹溪風颯颯。意中高山流水，彈來真個無弦；眼前斷簡殘編，說去何嘗有字。從此無始消息，已期窺見半斑；由是源頭根苗，殊覺尋通一線。感古賢嘗恥獨爲君子，念先民不言世無好人。德必有鄰，善宜及物；思興河汾之館，須下廣川之帷。第勤紙上舌耕，匪誇戶外屨滿。狼煙百丈飛山外，任渠蝸戰蚌持；螢火一囊照案頭，共君鐵穿韋絕。先器識而後文藝，昔人已有成言；內性命而外經綸，吾黨豈無定訓。干木大駔，師子夏而成儒；周處凶人，學陸雲而立節。良材不擇地，玉每藏諸石中；大寶鐘於天，珠恒產自蚌腹。類無分於貴賤，山中木鐸之聲；教必化乎智愚，林下司徒之職。

〔二〕「烈」疑爲「冽」之誤。

虎

虎性猛烈，生三日即有食牛氣，虎強矣。駁食虎，駁又強矣。豹食駁，豹又強矣。獅食虎豹，獅又強矣。犴食獅，犴又強矣。……強之不可恃也如此。

銅鐵

銅鐵，天下之至堅至剛者也，物莫能勝。然貘以舌舐銅鐵，頓進數十斤。溺消銅鐵爲水。又有崑吾國之大獸，昔吾國之雙兔，吐火羅國之大獸，皆食銅鐵。銅鐵之堅剛安在哉？近古才雋氣雄者，據蜀而蜀亡，據吳而吳滅，據河西而河西失，據洞庭而洞庭破，據關中而關中之王者不一姓焉。故曰：在德不在險。

梟

梟食母，獍食父。食父母者，子亦食之。蝮蛇破母腹而出。破母腹者子亦破其腹。故取天下于寡婦孤兒者，人亦取其天下于寡婦孤兒。曹、馬之毒，則亦梟獍蝮蛇而已矣。

柴關

乙亥十二月初三過柴關。關前後多漆樹，滿身刀痕。其餘雜木萬本無一斧斤創。莊子曰：「物以不材得享天年。」漆之割，以其材可粘器也。李子曰，桂以香伐，桐以聲斬，翡翠以毛羅，鸜鵒以舌籠，麝以臍災，猩以血擒，自古然矣。豈徒漆林哉！

與友人議辟地

圖讖云：「早奔漢上神仙路，」多年不悟。近清夜獨坐，偶得一解。蓋漢上即漢水上也，猶云泗上、河上、江上、湖上、海上、川上、淇上、灞上、易水上、汾水上也。禹貢：嶓冢道漾，東流爲漢。山海經曰：嶓冢之山，漢水出焉。如淳曰：「北方人謂漢水爲沔水，至漢中爲漢水」。鄭樵曰：「漢水出興元府西縣嶓冢山，爲漾水，東流爲沔水，又東流至南鄭爲漢水。有褒水，從武功來入焉。南鄭，興元治。興元故漢中郡也。華陽國志曰：「漢有三源，出武都抵道漾山，因名漾。禹貢「流漾爲漢」是也。祝穆曰：「天下之大川以漢名者二。」班固謂之東漢、西漢。東漢則禹貢之導漾自嶓冢山，逕梁、洋、金、房、均、襄、郢，復漢陽入江者也。向在署中，與明府披覽輿圖，略知漢中形勝。歸山詳考山經水注，始知漢上是漢中無疑。若欲避地，其入於漢乎。何大復雍大記曰：「余觀漢中形勢險固，四塞若納諸匱中，此可以爲門戶之扼，而不可以爲宮安居也。其北至褒，西至沔，東至城固，方三百餘里，崖谷開朗，有肥田、活水、修竹、魚稻、棕梠、橘柚，美哉，其地乎！而據巴蜀之粟，出秦隴之馬，通荆襄之財，由來利之矣。然地遠而求多，民雜而賦繁；害來於所產，災生於所聚。」信然哉，信然哉！

聞笛

謂笛有聲，而不自聲；謂笛無聲，而已有聲。有聲聲滅，無聲聲生。生滅者誰？總非笛情。此既有聲，彼必有聞。不知誰聞，誰不能聞。牆壁、瓦石、蟣虱、虻蚊、草木之類，悉不能聞。是誰能聞？曰，惟人聞。胎中之人如何不聞，陵中之人如何不聞？彼人無聞，此人胡聞？彼此無聞，是誰聞耶？

獅子

外國利未亞產獅子，殺物之獸王也，最有情，受人德必報之。有鳥焉，名亞既剌，殺物之鳥王也，亦最有情，受人德必報之。寇萊公薦丁謂，謂得志傾萊公。以怨報德，視鳥獸有愧色矣。

知人難

書曰：「知人則哲，惟帝其難之。」唐堯其知如神，尚以知人爲難，況中人耶？後世亦有知人者，如武侯之知魏延，九齡之知祿山，汾陽之知盧杞，老泉之知安石是也。亦有不知人者，寇准不知丁謂，趙鼎不知秦檜是也。賢奸易辯也，奸而似賢則難辯。鶡似鳳，琨似玉，物亦有之，何況於人。孔子曰：「言忠信，行篤敬。」孟子曰：「居之似忠信，行之似廉潔，真似之際，賢奸之界。」余少年交鳳翔程名世，家有百金之產，亦耕亦讀，取予不苟。交遊三十年，聽其言，言則忠信；觀其行，行則篤敬。予以爲真忠信篤敬也，而不知其似也。辛未荒旱盜起，予避地鳳翔，欲糴麥于秦州，而難其夥伴，欲擇一忠信篤敬之人，遍觀交遊無如名世者。托之糴麥，與銀十五兩。名世見利忘義，陽爲代勞，而陰實奪之。十五金遂成泥牛入海矣。予始知名世言行忠信，蓋孟子之所謂似忠信似廉潔也。久交三十年不能辯奸，使身居臣僚，薦賢於朝，則必誤舉。謂、檜之徒使居要地，妨賢病國遺害天下，可不畏與？燕居書此，恐世有易言知人者，當以予爲戒也。

日月眼

天以日月爲眼。人眼明者，亦謂之日月眼。若漢丞相諸葛忠武侯孔明先生之眼，其即天之日月乎？荀彧、華歆、孔融、楊修，皆依曹爲漢相，先生獨目之曰「漢之賊」。如日月之照妖狐，爪尾俱見。先主當流離瑣尾之際，天下謂之「孤窮」，先生獨目之曰：「漢正統劉」。鼎將覆，隻手扶起；地雖三分，天歸一統。君臣交泰，成堯舜以后之小唐虞；征討合義，嚴哀、定〔一〕以來之漢春秋。見始知終，見微知顯。此所謂窮天下亘萬世侯之光明眼，天之日月眼也。關、張、趙、姜各具明眼，如景星北斗之麗於天，代日月而並明者也。彼荀、華、孔、楊輩，渾敦無别，認賊爲主，其雙目瞶瞶者乎？

耕難

耕非難，貧而耕難；貧耕非難，貧而耕異鄉難。予在郿太白山麓，嘗將亞旅，耕薄田二百五十畝，有僮僕牛馬，不知其難也。壬申避地漢之洋縣，至癸酉春二月，以爲不耕則不得食，乃過江入南山，覓牟氏沙河山田二十畝。貧無牛。洋俗租牛。有吳二者，荒年貧病，春雨絕糧，攜衣質米。予不受衣，借米六升，值銀二錢許，耕地十畝。至四月二十日，偕吳入山，

〔一〕「定」疑爲「安」之誤。

遇雨二日，晴始耕。吳滿面傲色，視其牛如騶虞麒麟，天下無雙。自視如五丁三士，人間希覯。怒而去者三，予笑而留者三。乃知小人伎倆——未遠先怒，近愈不遜。全不念荒疫並興，雨中絕糧，灶冷煙寒，攜衣求米時也。昔廉將軍在楚，思用趙人，予耕洋亦思用鄙人耳。

圖

前題牽飲上流圖

有名墨一幅，圖古柳二，古松三，山遠近大小四五峰，水一溪，人二，牛一。其一人坦坐石上，以手臨流挖耳。其一人牽一牛，牛圖貪意，人圖嗔意。說者謂：「是古高士許由聞堯讓位，洗耳潁水，友人巢父恐污牛口，牽飲上流是也。」京兆滿子咸得是圖于南國，藏數十年矣。至是遣猶子某攜過白山草堂，乞予一言。予曰，巢、許在唐、虞之世，亦兩自了漢耳。在春秋高矣，在秦、漢則愈高。孟子以伯夷爲百世師，以聞其風者頑廉而懦立也。巢、許之風亦自山高水長耳。故太史公伯夷傳及於許由，而皇甫謐高士傳托始巢、許。其旨微矣。

後題牽飲上流圖

淵明先生曰：「巢父、許由，皇者之佐也，而生於帝代。」意謂生皇代則不隱也。元儒劉靜修曰：「堯天萬古更無鄰，何地容君作外臣？莫佔箕山最深處，後來恐有避秦人。」意謂君如堯則不宜隱也。二者皆失。蓋士固有志。志在丘壑，無論生帝代即生皇代，亦隱也。善乎，莊生「日月爝火」之喻，可以得巢、許之心矣。爲我謝陶、劉諸君曰：「若巢、許者，聖天子在上，可以不出而仕矣。」

題錢叔寶深秋圖

予嘗五登太白，得皎潔絕塵意；兩登太華，得峭削拔俗意。庚申五月，客青門，夜夢一老衲揖予曰：「明日與君東游太華，西游太白可乎？」予曰：「諾。」覺而疑之。詰旦，金湯郭先生招飲。先生古貌嚴雅，則夢中所見老衲也。予又疑矣。已而出錢叔寶深秋圖，其一派皎潔峭拔之致，則合太白太華而爲之者也。予恍然悟曰，「至人無夢」，夢亦是覺。常人多夢，覺亦是夢。太白也？太華也？深秋圖也？主人也？柏也？真也？畫也？夢也？覺也？孰辯之也。

讚

武侯讚

在唐、虞，稷、契之友；在商、周，伊、呂之流；在孔門，顏、曾之亞。在李唐、宋、明，伊誰云儔？晦庵謂：「天民未粹。」吾不知粹者孰愈於侯？

蜀前將軍像讚

孔門如冉求，不足言矣。子路以剛果明決之才，尚稱臣季氏，曹孟德視季氏何如？漢末名士如荀彧、楊修、孔融、華歆，爭爲臣妾。公則曰「漢之賊」。觀其對張遼「劉主舊義未可忘也」，即此一言，可以血食萬年矣。後世有忘君事仇者，對之寧不汗顔邪？

文中子讚

子曰，子曰，孔子子曰？文中子曰：子曰……子曰……

自山任先生像讚

曰有相，士不可以皮相；曰無相，古何云法相？吾無以相於胸腹得賢豪。（湖海），[一]相於眼、耳、口、鼻，得聰明辯；相於月面廣額，得美丈夫；相于衣冠，得君子儒；相于鬢眉，得仙相。吾無以相，乃於有相而求先生于無相。

[一]「湖海」疑爲衍文。（供參考）

商山一叟德徵牛先生像讚

以人言，其陶先生之清羸耶？以物言，鶴之癯耶？松之古耶？而不知矯矯於風塵之表者，其游神於虚而静者也！

温泉老人像讚

皤其鬚，絳其衣。藹然者胸，坦然者腹，不可見而可見者，笑容微微，曾戴堯天，曾仰舜暉，曾耕禹甸，曾宅周畿。列襄陽、洛社，耆舊、耆英座中，吾不知其是與非。老人生於萬曆中年。

篔簹主人仲貞張先生像讚

數間瓦屋，一院緑竹，薔薇爲籬，松杉謖謖，開徑三三，篔簹之谷。一琴，一劍，一鶴，一鹿，一灶，一牀，一磬，一筑。有一老人，經史笥腹，布袍笻杖，散誕林麓，以儒教子，以農教僕，耕讀之暇，以漁以牧。有客至，止燒筍瀹蔌。甕頭濁醪，葛巾是漉；瓷碗瓦盆，對飲瞠目。山中八十，人間百六。安命樂天，知足便足。

鳳泉山石蓮讚

東千國土，蓮半恒沙；小根小蒂，一年一花。菩薩種是，永劫而葩。泉如毛孔，能藏娑竭之海；山似芥子，長開陀羅之華。

先朝儒將讚

「蘊經濟」已矣焉哉，「負韜略」之乎也者，夫蓋甚「運籌帷幄」，意若且「奠定朝野」。

明末文儒讚

蒼蠅鼓翼，以支大廈。螻曰「之乎」，蟻曰「者也」，三千王丁，八百史賈。督師登壇，意態瀟灑。王之大將，待以牛馬。五嶽飛塵，萬國解瓦。廟廊之盜，而送天下。

孟衡劉先生像讚

似個酒漢，科頭岸然，顔赭而神全也。不荷伶之鍾也，不手持一錢。坐磐石，高於山；握紈扇，大於天。遊五嶽，珍惜兩腳；破萬緣，只用一拳。一絲不掛，千慮可蠲。不可須臾離者，酒與書篇。斯人也，謂之仙而實是儒，謂之儒而卻是仙。

仙人圖讚　四首

出世在世，而儒而仙；一輪天月，而印萬川。

又

是大將軍，是大神仙；風動鬚髯，遨遊九天。

又

髮長於江，扇大於天；十洲三島，在拄杖前。

又

松耶，柏耶，結吾屋。霞耶，氣耶，果吾腹。鶴耶，鹿耶，侶吾獨。雲耶，煙耶，着吾服。易簡乾坤，無往不復。

岐陽清俠李顯吾讚

少年好兵，中年好琴，偉幹長髯，氣象幽沉。衣冠劍履，總不如今。清俠醫隱，一廛槐蔭。琴弟子輩，皆非知音，廣陵一曲，絕響至今。

銘

杖銘

義扶傾，仁憐老。冠天履地，毋顛倒。

硯銘

維厚乃壽，維堅乃不穿。動而悔也，故默然守吾太玄。

且閑亭銘

勿謂一枝，且以吟詩；勿謂如斗，且以飲酒。勿謂一席，且以容膝。有鶴一雙，有鹿一隻，有琴一匣，有書一袟。讀書彈琴，且永朝夕。冥心是非，忘懷得失。人曰違今，我且從昔。

啟

請梅侯開渠堰啟

恭惟云云：南國祥麟，西京瑞鳳。德教洋溢，桃李花滿三城；和氣流通，楊柳風清二月。學雕龍，預探龍珠，臥泛藝海仙槎；氣食牛，早執牛耳，坐定文壇寶鼎。廉泉心洗廉水，泉乘秋風，灑作桂露；白雪操嚴白山，雪會春雷，化爲梅霖。深仁挹彼而注茲，厚德損上以益下。某微如偃鼠，窮似涸魚。飲水於河，望斷九萬南溟；煦濕於轍，尚冀升斗西江。道在潤枯，沛法雨或亦東注；志切待澤，仰慈雲祗候南飛。謹占仲春吉日，載瞻天上德星。固知霓旌出郊，應有雙鹿隨輦；駿馬行部，願效羣雉傍車。

上鳳翔府尹楊公啟　代作

恭維云云：系出雀玉，學受雪門。「四知」銘心，嗣漢家關西夫子；五經敷教，續宋代道南大儒。著作滿于蘭臺，以風以雅；爵命出自宣室，惟要惟清。念四百里重鎮乏股肱；釐二千石顯秩待心腹。鳳凰客尹鳳凰郡，沐恩波，特拜尚城；文章府司文章衡，掌絲綸，復裁製錦。某全牛未食，半豹罕窺。十年舌耕，敢期青出藍澤；三冬面命，孰知刀是鉛華。寶劍固莫遁于薛評；巴曲量難入於襄耳。冀弘獎勸之典；廣開搜羅之門。木屑竹頭，拾來或可備用；杏紅桃碧，種之皆可逢春。倘渡渤稍堪注收，則雲露益切瞻仰。

祭文

祭楚客黃浮庵先生文

嗚乎！先生竟客死于秦矣。先生，楚人也。胡爲乎客死于秦邪？以方輿言，秦、楚相去三千里，先生客也。以道言，秦與楚總在乾坤內耳，往古來今，孰非客，而獨客先生哉？先生往矣，死秦猶死楚矣，死秦猶死楚，則非客矣。

祭有部老人明徵張公文

韓子有言，人不識惟有天翁知。嗟乎！人生斯世，終身不爲人所識，至老死不悔，不亦苦且難乎！雖然，人患不爲天所知耳。天翁知我，又何恤人之識不識也。筆洞生曰：「欲求合，空中天無以對塵中人；欲求合，塵中人無以對空中天。」夫人欲對空中天，則必有一事焉，爲人所不爲，而我獨爲之。則此一事乃天翁所知，而人不識者也。故人見以爲苦，而我以爲樂。人見以爲難，而我以爲易。故終身守之，老死不悔，如有部老人明徵張公是已。老人家世系五陵甲第望族，少業儒，不成；復講孫、吳之學。自黃帝以來如陰符經、龍豹韜、虎鈐、太白陰經，及近世茅氏、王氏、戚氏所著諸兵家言，莫不究極根底；推而至於陰陽術數諸書，莫不叩其門而升其堂。每與客談忠孝節烈事，則諄諄切切，惟恐人不爲忠孝節烈。或及於亂臣賊子，則拍案嫚罵，髯張髮指，恨不得其人而手刃之。眼前時貴熱可炙手，呼吸可通帝坐者，鄉曲武斷惡少，所謂生不怕京兆尹者，公視之蠛蠓如也。有匹夫匹婦即微賤如卑田院乞兒，一言合于忠孝，則又手舞足蹈，喜生眉睫矣。癸甲之變，避世東郊三家村中，薄田數畝，荒園一區，破帽單衫，往來阡陌，春夏耕耘，秋冬手一卷弗釋也。或經日不火，經冬不棉。二三友人，憐其貧，復憚性嚴，不敢輕爲衣食。嘗醉以酒，褫其緼，易之以新。酒醒喇喇叱咤，友人笑而慫恿之乃已。滿院蓬蒿，氣味蕭然，四十年如一日也。昔都山老人居南北之衝，全身遠害，得年八十。劉静修以爲得於天，厚於養。今有郃老人如此，又據都山上座矣。晚喜導引，居太白山麓土洞百日，鬚髮復鬖鬖黑也，今年八十有八，談笑而逝，所謂耆于遇而豐于壽者乎！一尺鐵面，冷冷終身；滿腔熱血，揮灑無地。嗟乎嗟乎！匹夫有志定于蓋棺。生也人不識而天翁知之，其死也天翁知而人始識之。故鄉里友朋始敬老人之德，服老人之操，爲之薦蘋藻而哭老人焉。

横渠先生十七代孫茂才張君翰庵哀詞

横渠張子十五代孫，後裔張公嫡孫翰庵君，十歲就傅于爾攀蘇子。時其祖與余爲忘年友，實詔予在坐云。酒將闌，其祖呼君出拜蘇子。予一見驚曰：「横渠有後矣。」君時方垂髫，著大紅袍，進退從容，坐客咸嘖嘖稱羨。或曰「石麟」，或曰「神驥」，或曰「衛家一玠」，或曰「張家一緒」。客咸舉酒賀。乃祖曰：「不愁公孫不富貴，但恐富貴逼公孫耳。」就傅之後，性既聰穎，更兼勤苦。舞象，就童子試，時郿庠應録四人，而君爲首。洎葉文宗較士關西，君列前茅。辛酉科試，君試冠軍。君工帖括，一下筆滔滔如大河東注，一曲千里；又如武夷九曲，一曲一勝。秋八月，君點額西歸，念四日，君偕學友于生，袖扇六秉，來索予書。予時家無升粟，一茶清談而已。日西，君別歸。越數日，君祖與予痛飲槐市，后二日仍相見槐市，君祖曰：「孫男有疾，吾甚恐。」予慰之曰：「以若孫福德相，偶失和，可勿藥也。」揖別十日，予至槐市，市中老幼愀然歎曰：「張子夭矣！」斯人也，而夭乎？初聞不信，詢君鄰人，鄰人曰：「如是……如是……」予大詫曰，以貌取人，失之張君。君有貴人相，未貴而夭乎！君有壽者相，不壽而夭乎！吾嘗究心神相全編等書，其言夭相也，曰「目緩神弱」，曰「豬脂牙光」，曰「臉皮崩急」，曰「肉多骨少」。有一於此，夭相也。其言壽相也，曰「眉目高聳」，曰「年壽豐隆」，曰「垂珠朝海」，曰「筋骨堅老」，曰「精神有餘」。有一于此，壽相也。君於夭無一，而壽咸備，乃不壽而夭乎！則麻衣、柳莊諸書可焚也。武王帶銘曰：「火滅修容」，戒慎必恭，恭則壽。君言訥訥不出口，君行兢兢自持，所謂恭也。恭宜壽而反夭，武王欺我哉？昔者顏子年三十二，孔子以爲不幸短命。君年去顏子尚少八歲而竟早夭，此亦天壤間大不幸，大不幸也！昔桓子野每聞人清歌，輒喚奈何奈何。吾於君夭，夫復何言？則亦輒喚可奈何可奈何而已！

書

與馮海鯤先生書

我倆人老矣。老而貧且病，老而貧且客，何天之困人至此乎！雖然，天能困我身，不能困我心。何也？心大於天，天能困乎？生，可也；死，可也。貧賤，可也；饑寒，可也。不貧不賤，不饑不寒，亦可也。所謂無入而不自得也。但放開皺眉，展開曲腸，從天主張，我可也；從我主張，天可也。不然，終日愁窮而窮來，終日愁死而死至，竟何益哉？死生有命，富貴在天，天主張我之說也。趨吉避凶，君子立命，我主張天之說也。信天則以天爲主，信我則以我爲主，此工夫須從戒慎恐懼，不睹不聞時參入。若只在訓詁文字中討生活，邊見偏聞，濟得甚事？究之七情，横發妄念，恣睢其好惡，未有不同於凡夫俗子者也。試思普天下，亘萬世，有不好富貴者幾人乎？有不惡貧賤者幾人乎？好富貴而富貴不遂，是徒好也；惡貧賤而貧賤不免，是徒惡也。徒好徒惡，何如不好不惡。不好不惡，生亦可，死亦可，貧賤饑寒亦可，富貴溫飽亦可。所謂無可無不可也。所謂無入而不自得也。人能自得，貧也而富在其中，賤也而貴在其中。方蛟峰曰：「富莫富於蓄道德，貴莫貴于爲聖賢。」能爲聖賢，則無位而貴矣；能蓄道德，則無財而富矣。又曰：「貧莫貧于不聞道，賤莫賤於不知恥。」與其有位而不知恥，何如無位而爲聖賢；與其有財而不聞道，何如無財而蓄道德。向子平曰：「富不如貧，貴不如賤。」其斯之謂歟？魯仲連曰：「與其富貴而屈于人，寧貧賤而輕世肆志焉。」曰肆志，此得志於貧賤者也。曰屈於人，此不得志于富貴者也，田子方曰：「安往而不得？」吾貧賤，其斯之謂歟！我倆人生逢斯世，貧極矣，賤極矣。由方蛟峰、魯仲連、向子平、田子方諸君子言之，貧也，而實不貧；賤也，而實不賤。此謂帝鄉之富貴也。普天下萬世人皆知富之爲富，而不知富而不能蓄道德者之大貧也。皆知貴之爲貴，而不知貴而不能爲聖賢者之大賤也。皆知貧之爲貧，而不知貧而蓄道德者之大富也。皆知賤之爲賤，而不知賤而知恥能爲聖賢者之大貴也。我兩人年已七十餘，年已六十餘，冉冉老矣，將安歸乎？其歸老於帝鄉之富貴焉可也。

寄茹明府紫庭

如何一年不見音書，豈衡陽雁斷歟？抑關山遙阻歟？時從五陵道上問晉商人，或云泛槎吳越，或云走馬燕趙，都無確信。西方離人惟目斷天涯，積思成境，積境成見：登太白則姑射如黛，涉渭川則平水如漣，望秦天則晉雲如龍。道範巖巖在眼，即之縹緲不見。一聲長歎，石人動色。以明府之才之學之品，即在南海北海東海西海，無往不合。然杞人之心不能了了者，太君春秋高寅，官稚弱，合家百口，萍寄堯都。晉中人情，大異秦俗，而三四知己，遠在關西，所以耿耿不能釋諸懷也。秦中去歲，夏收一分，秋收二分，賴臥雲先事調濟，不至大窘。山中無聊，寄書遙問，又不知何日風馬雲車吹聚會合，黄河變酒痛飲一醉也。

寄佟明府

干旄出郊，載美鄘什；菊籬送酒，留芳晉書。五季以來，大夫不揖客久矣。明府猥自減騶，光賁丘園。山澤之癯，過沭〔二〕降禮，敢不拜登偃室？但念生平性近麋鹿，跡遠州郡，更以田間野服不宜踐履公庭；欲着儒冠，則又身是農人。再四躊躕，不敢徑造。恃明府覆載高厚之量，或不以往來曲禮，切切與迂拙老傖較也。

與奠石書

「水滿清江花滿山，深林二月孤舟還。借問故園隱君子，來來往往住人間。」此唐人譏隱者之詩。來往人間尚且不可，況出入郡縣乎。是以自做秀才時，斗大鄖城，近在眉睫，亦未嘗數數晉謁官長，況今衣冠去身，白髮蒙頭乎。昨，佟公辱顧茅廬，此皆奠石爲不佞作曹丘生，過於遊揚所致也。禮宜答拜，但皓首老樵，衣冠違俗，一入郡城，則物議紛紛矣。此種苦情，惟奠石爲能解之。況佟公豁達之度，緩頰言之亦必見聽。若抹殺山林本色，曳裾達官之門，此與馬首巢許，隨駕處士相去幾何？非不佞所以自處，亦非奠石所素望於不佞者也。

〔二〕「沭」，疑爲「沐」之誤。

與家徵君中孚先生

凶荒大劫，吾家南北老幼亞旅數十口，俱獲平安。此天佑，非人力也。弟在他鄉，日惟舉手謝上蒼耳。遊子思故鄉，漢高帝不學猶能言之，況弟稍知詩書，微解道理乎？太白終南，猿鶴寂寂；丘園鄉井，桑梓依依。況西風吹漢水，白雲滿秋山。千里孤客，豈能忘情？但道路悠遠，山川間隔。蹣跚老腳，難於彳亍。是以留滯彼土耳。

寄明世

青松白雪，蕭索久矣。若得吾兄作主，入則山靈，庶不寂寂耳。

寄靜齋

武陵桃花，久待秦人。阿兄不來，則風月誰主？某等閒人，豈敢獨當青山家耶？

答蕭柳庵孝廉

來翰謂，樗木不蔽，采菖興嗟，盍歸乎來？非愛我深者不及此。但因久臥客窗，靜觀有得，時時藉以自解人生。俯仰上下，環視八方，不過此天此地，此日此月，此山川，此草木，此雲霞，此鳥獸，此風雨，此春夏秋冬，此城郭邑里，此男婦老幼，此貧富貴賤。謾說四海之內，即在東海之東，西海之西，南海之南，北海之北，總在乾坤內耳。若言人生如寄天地爲逆旅，則無論他鄉故鄉，盡人客也。若言隨時隨地於佳山秀水中，爲風月作主人，則他鄉故鄉盡可作主人觀也。故古之達者，謂此身到處便是家鄉。是以久客三載，雖咬菜食糲，亦足自遣。春風童冠，得浴沂之曠懷；敲針釣魚，追濠梁之逸致。即窮死亦不戚戚也。

辭修志與洋縣鄒大夫

太白山癯，避地漢南，幸以蒲柳叨蔭松桂。昨蒙瑤章下頒，欲纂修邑志，濫竽及柏。夫周官小史，掌邦國之志。邑志，史類也。必也胸羅百代，識兼「三長」，然后可耳。柏也何人也，而敢膺斯役耶？柏九歲孤，家徒壁立，寡母弱子，力田糊口，耕多讀少，是以空疏無聞。即今稍稍識字，不過輟耕之餘，拾得殘簡餘唾。況自十八歲別去同學少年，燒卻八股時文，理亂不入於耳，是非不掛於齒者，四十有六載矣。迄今六十四歲，老耄龍鍾，復入是非場乎？知柏成柏，是在明府。若過聽虛文，物色及於豎儒，則東海之東，無翼而飛；北山之北，有足可入矣。

再辭修志書

捧讀翰教，不覺愧汗淫淫下矣。柏聞好玉之國多碈，好鳳之國多鷃。明府不知柏之不肖，而辱以搜輯典故之命。此以碈爲玉，以鷃爲鳳。在柏則得矣，但惜明府炯炯法眼，欲修曠典，濫録贋質，使瓦缶秦聲，向白雪臺前仰歌烏烏。柏雖至愚，豈敢唐突？前聞本朝欲開史局，廟廊之上，將薦昆山顧寧人先生爲總裁。寧人以書辭曰：「七十老翁，於世無求，所欠惟死。如不得已，使不令之子追隨老母於地下，此亦人生不可多得之遇合也。」寧人，南國大儒，天下學海，尚不敢謬膺大典。

柏之固陋，何敢比擬？若一味模糊，率爾應令，則捧腹之嚬，於今復見。明府慈悲寬弘，一切民物，咸在矜恤；龍鍾如柏，反不見憐耶？

與張大將軍幼南

自別長安城南，大將軍龍躍天門，柏蟆伏草莽。雖出處異轍，而霖雨蒼生之志，則不問於潛見也。聞將軍建牙以來，武備森嚴，海上六鼇入釣；文教修舉，南邦多士談經。羊叔子之輕裘，杜征南之武庫，兩兼之矣。秦中大旱四五年，赤地數千里，恐不免溝壑，攜家入漢，僑居洋川。以六十三歲之山癯，爲一千餘里之孤客，其伶仃艱苦，甚于古之風雪閉戶者。洎令叔先生自南歸，一見如生平故舊，凡事所需，皆先意綢繆。臯伯通之于梁鴻，孫賓碩之于趙岐，劉荆州之于仲宣，嚴鄭公之於子美，古有其四，今見其一矣。

復張大將軍幼南書

古人一日不見如三秋，今則一別九載矣。古人千里命駕，今則萬里各天矣。興言及此，心飛海山。

與蕭柳庵及蒼二弟書

屈指辛未七月二十四日去我故鄉，過二年矣。鬱鬱南客，文章雖好，難遮緼袍之寒；詩字揔佳，不療枵腹之饑。猶幸饑不至餓殺，寒不至凍殺。此是莫遮福利，無邊吉祥，況人口平安，不爲刼縛乎。王子安云：「窮且益堅」，「老當益壯」。

我既如是，弟亦宜然。自今以往，酒破愁城，水滅火宅。凡一切吉凶悔吝，視如太虛浮雲，任其升沉往來。而我之天光湛然，天體泰然。及風靜雲散，依舊是「萬里碧霄清似水，一輪皎月掛松峰。」何樂如之？

太白山中寄友人杜海門

茫茫四海無事可做，千思萬思惟向青山作主人可耳。雖屬迂闊，然採藥彈琴，亦可以消磨歲月矣。

寄趙子初

借山作枕，懶漢故套耳。二十年來，懶未如願。今在山中，早起而紅日三竿，遲眠而夕陽在山。生平志願，於此少酬。

寄袁永叔

入山后，書亦懶讀，文亦懶作，魚亦懶釣，鶴亦懶調，朝夕閑太甚耳。古云：「不是閒人閑不得，閒人不是等閒人。」某等閒人，獨得閒趣，僭矣僭矣。

寄張素石

宇宙事業有兩：曰山林，曰廟廊。廟廊非吾事也。以山林言，茹草，葛天食也；草服，神農衣也；茅茨，帝堯居也；耕稼，大舜業也。四帝王日用過活，野人兼而有之，可謂榮矣。孰謂山中兮不可以久留哉？

寄茹公

六月二日，登太白山，小結茅茨。忽有老樵說，别有洞天在白雲深處，松壁萬仞，中開石室，有石柱、石窗、石榻，皆自然天成，泉水清冽，可鑒毛髮。此李青蓮所謂别有天地非人間者也。樵今病足。遲數日潛引至彼，果是佳境，可以老矣。

再寄茹公

寒山枯林，自分斷在溝中。明府熏以南風，膏以春雨，不覺浡浡然生氣復萌矣。但質在樗櫟，雖遇郢斤，裁成無地，乃爲愧耳。向者羊裘一襲，厚於綈袍之溫；今日新米有資，重於漂母之飯。蚊背蝿腰，何以圖報？但願明府大行其道，禄米分炊，則委巷編蓬之士，待以舉火者，豈僅齊大夫及于三百家耶。

寄仝九搏

千峰白雪，坐月無人，猿鶴笑之矣。乃於六月二日，負笈入山，覓得秦人舊居，伐茅作屋如九苞。念及故人，當相訪於清泉白石之間。

寄輝玉

六月登山，佔得一峰白雪，不忍獨臥。思與輝玉共之。不識可踏破白雲，一來相訪否？

寄滿老

藍田偕隱之約，敬聞命矣。但太白山別有一幅真洞天，不忍遽別。

寄張藎公

「桂樹叢生兮山之幽」，此等景色豈可令閑猿野鶴獨享受耶？某今僭作主人矣，愧甚。

寄翰垣

今夏南登太白於水雲窩裏，覓得桃花洞口，風景頗佳，覺秦人仙源不在武陵，而在吾鄉矣。君如能來，某當平分。

寄趙靜齋

自入太白，雖云空山清寂，然漁樵以我爲師，猿鹿以我爲友，清風以我爲故交，明月以我爲知己。此山家之榮，於某足矣。兄若發憤爲林下雄，自當並驅煙霞，未知鶴調誰手。

復茹公

今春又在春風中坐了十日。分袂出門，三月如秋矣。明府以風雲不羈之才，局蹐百里轅下，此豈大丈夫得志于時，彰君之賜以養多士之秋乎！然禄米分炊，及于草茅，不惟衣食是資，抑且門戶是賴。在明府不以爲德，在布衣不以爲惠，所謂相與於無相與者乎。

答劉孟長先生

柏生也晚，前不見古人，然好尚論古人。齠齡稍知讀書，每見古人遭逢不偶高尚其志者，恨不捧置上座，北面百拜而師事之。偶於小學見古人嘉言善行，即取案頭時文焚燒一空。先師大怒，撲抶六七十，令從今人章句諸生，習帖括取科第，但答以「願學古人」，雖死不悔也。一時同會人聞之，或曰「病狂喪心，可延醫投藥」；或曰「鬼物入胸，宜延術士驅除」；或曰「愚騃下賤，命合饑寒」。遠近傳聞，咸驚爲怪之怪，異之異矣。從此三避童試，西渡汧，東適晉，南如棧。出而復入，不敢長往者，以先妣在堂故也。柏九歲孤，先妣孀居以來，門戶衰弱，更兼赤貧，受盡鄉曲武斷之苦。學使者至，或教先妣命之就試，柏不敢違。雖濫竽頭巾，如鳥在籠，終鬱鬱耳。

先妣見背，脱去敝屣，了初念耳，非有異也。蹉跎半世，前不見古人，後不見來者，一身踽踽，未嘗不歎吾道之孤也。前丙辰歲避兵太白山中，偶遇臨潼採藥者，松窗夜話，始知秦中有先生矣。暨壬戌六月入太白山遇梓人劉氏，敬問先生起居，渠爲口悉。雖素不謀面，遙通姓名者，蓋有以也。柏生平爲人，如志不同道不合，雖共眠一榻，如南海一人焉，北海一人焉；如聞有道長者，即千里亦同堂也，況近在吾鄉乎？投以小詩，出於至誠，實非佞舌。所可恨者，少年病狂，中年病傲，老年病懶。昏昏悶悶，如瞽人獨行大荒，四面荆棘，莫知所適。何幸先生高山在望，今之古人，奉以景行，可以寡過。近以家弟新亡，不遑東謁。他日華山、渭水之間，有樺冠鶉衣，面黑如鐵，將杖扣門者，即柏至矣。

復茹公

劉青田曰：「大寒之後，必有陽春。」自西風吹雁以來，而履霜，而堅冰，日寒一日。悵望關河，不知春在何處。而明府一函遙頒，溫言如玉，徐徐春風拂四座矣。小女于歸，綠窗貧女，荆釵出自園莽，布裙又須賣犬。明府念及寒微，遺之禽粟，既行古人婚嫁相恤之義，又成蓽門淡素之風。用心曲折至於如是，闔家感佩，筆頭墨汁吐不盡也。

答李三劍客

足下以燕趙義俠，西遊五陵，與不佞相遭於他鄉草澤之際。愧無寶劍駿馬分手脱贈，以結平生一片心耳。顧反以兒女瑣屑，遺以奩資。此在燕山竇長者行之，固分內事。年少劍客，宜氣象闊略，疏枝大葉，乃是本色。若留心細小，反似三家村中冬烘先生矣。開匣領受，亦不言謝。

寄焦卧雲

向日積穀之説，非爲卧雲廚無粟也，隱爲鄉黨荒年故耳。范少伯之散千金，馬伏波之賑河西，青史載之，後世傳之。卧雲，關西男子，亦宜如是。此中意味，難爲俗人言，而可爲英雄道也。茹紫老已開粥廠一月，可謂先著祖鞭矣。

謝茹侯饋麥

向偕王將軍南歸。次日大雨滔天，簷花落處，點點是愁。天道人事如何如何……近來鄉村四月，小麥青青，大麥未黄，正值山窮水盡之際，忽承老明府命五丁力士，挾山超海，突起一峰，不覺雲蒸霞蔚，氣象萬千矣。

答王周復先生送犬

某聞：贈壯士以劍，贈故人以綈袍。某山中人也，劍與綈袍，山家不需，所需惟犬。故唐人之詩曰：「寂寂孤鶯啼杏園，寥寥一犬吠桃源。」又曰：「犬隨鶴去游諸洞，龍作人來問大還。」又曰：「風動葉聲山犬吠，幾家松火隔秋雲。」詩人吟犬如此。而先生以義犬相遺，某戲爲一詩續之曰：「長年採藥少人羣，山犬遺來毛色纁。鸚鶴不孤龍有伴，桃源深處吠秦雲。」

寄康孟謀

前了凡使者來，遺以和章。薔薇露浣手，然後捧讀。如對空山松鶴，能使五百年塵土腸，清涼似水。服其文矣，尚未知其人也。洎華川張子老云，與社臺相逢蓮花峰上，其志略沉雄，似西漢進履、宰肉二少年，其介節剛嚴，似東漢申屠蟠、管幼安二處士，其急人之難，濟人之溺，則又似魯之朱家、鄭家。當時某所聞于張子老如此。知其人矣，尚未沐其教也。一東一西，山川間隔，不知何日始得巖邊對嘯，尊前吐膽也。

寄張子餘秋元

先生一戰而席捲三秦。弟在田間一聞捷音，千歡萬喜，萬喜千歡，望東遙賀，如李藥師望東南遙拜張虬老，得志於扶餘時也。古者贈人以言。弟辱班荆，敢進一言：我輩岑寂半世，豈無胯淮陰的惡少，浴重耳的傖父，阻將軍的亭長，役高士的小吏。望先生涵以汪度渠。如可罰，頭上青天，明而且嚴，所謂恢恢不漏也。不如付渠等於此老，聽其遲早判斷了也。狂夫之言，或可采焉。

寄魏海陽

客臘十七日，空山一晤。清風俠腸，迥出物表。意者得伯陽之傳而成一海陽乎？

寄岐陽琴俠李顯吾

別老人矣，長思老人。因思老人之琴，因思老人之年。老人今年七十八矣，猶愛彈琴。故作彈琴老人詩，遥遥寄來，欲使老人知白山李柏，相別之後，長有一老人在其意中也。

借梧桐

名園碧梧，此杜少陵所謂「棲老鳳凰」者也。不識肯賜鵷鶵一枝不？

寄牛先生

九月念日在恒州客舍，始聞先生立子矣。鳳毛麟角，知不爲陶家栗棗兒也。

饋人箋紙

吴箋三十葉，雖不及薛濤手制，亦光澤可愛。某得此全無用矣。肅寄文案，以供起造五鳳樓時一採用耳。

答永叔先生

朱子節鈔録畢。餘諸理學集徐容借閲。磻溪行固不足以盡先生譬——「搀蠡飲海，幾曾盡海。」然水味在海猶在蠡，孰謂一蠡水味，非一海水味耶？

寄振宇楊老

草堂無恙耶？柴扉無恙耶？梅竹桃李無恙耶？黄鳥鳴春時候，柏必偷間臥聽其中，不識主人肯出斗酒雙柑，一療遊客牢騷不？

寄牛商山

先生久客岐陽，兩歌鼓盆，一感西河，自非太上忘情，何以堪此？去歲八月，辭舌耕而就躬耕，菜根米汁，差可消遣。報聞見麟人時，代候劉隱君有道。

寄華川僑隱王將軍巒公

余不必問，年老人只要身體矍鑠足矣。

與焦臥雲書

臘雪分手，又至夏杪。寒暑相催，添人白髮。驥齒加長，尚嚙枯草之根；虬甲已成，徒蟠踬涔之水。自比管、樂，生平之畫餅何多；神游唐、虞，畢世之夢魂空結。衰也長歎，淚流比干之心；老矣增悲，聲咽李耳之舌。面上之唾，時時令其自乾；背後之嘲，日日任爾叢集。劍山星斗，漸蔽塵埃；硯海蛟龍，無復飛躍。田間作苦，惟偕犢子蠢蠢；澤畔行吟，祇共蛙兒小小。一腔怨恨，滿腹傷心。匪臥雲莫可告者；惟臥雲始可知者。

勸焦潛飛積粟書

龍，神物也，而馴擾于劉累，飲食之也。虎，暴物也，而搖尾于粱鴦，飲食之也。魯國之人，不歸昭公而歸季平子，以隱民就食者眾也。齊人不歌舞姜氏而歌舞陳氏，以豆區釜鐘之惠及人深也。由此觀之，則積粟之説無乃今日急務乎？

寄楚客黄老人書

桓子野每聞人清歌，輒喚奈何奈何！先生獨客秦關，弟獨臥太白。一東一西，三載不面，可奈何！可奈何！

寄康甥

老夫年三十五，始舉長女，從許大饑寒場中，寸養尺育，朝誨夕訓。心血不足喻其親，掌珠莫能比其愛。生於甕牖蓽門，歸於文人孝子。方慶付託得所，不謂芳蘭未茂，秋風春生。一段天緣，竟成幻夢！渡渭而南，荆妻臥榻，兒女悲號。遺髮殘帨，觸處是恨。歲月恨時，草木恨色，山嶽恨骨，江河恨淚。開卷遣愁，遣去復來；對客強笑，笑亦是哭。生者如此，死者可知？静言思之，不如就木！

寄滿老

問津驪山以來，曾幾日月又更一年。回想灞橋風雪，驢子背上，猶依依如昨也。但願舊疾不作，飲啖平善，與王、韓、鄭、唐三四好鄰，日日調笑雲鳥，嘲侮花木。人間老頭，福如是足矣。

答茹侯

恭惟明府以龔、黄、卓、魯之才，仕文、武、周、召之里。渭水清波，溢爲霖雨；南山翠嶂，蒸爲卿雲。某在鄰治，與蒙膏澤焉。昨驅犢田間，忽承瑤函下頒，擬以非倫，惶愧無地。即當奉教偃室，奈新雨一犁，乘時播種，不敢輟耕。俟野務稍閑，岐陽道上，有竹杖芒鞋，逍遙徒步者，即某至矣。

寄宗弟仁俟

憶與將軍定交以來，將軍客也，我猶秦人。至於今日，將軍固客，而我亦客矣。同病相憐。在他人萍水之交，尚亦關心，若誼屬骨肉者，何以爲情？歲未凶，憂將軍病；歲既凶，憂將軍貧。今者歲豐不憂將軍貧而還憂將軍病。雖然，病可醫也，若因病中爲客消磨義氣，萎靡健骨，此不可醫者也。功名富貴，將軍亨過，舊物留得傲骨在，功名遇合徐俟之耳。古之豪傑，謂三寸舌在，尚可有爲，況將軍七尺長軀乎？金石利病之藥，勿謂啖之大苦也。

寄梁布衣質人

一春一秋，一日一月，將古今黑髮少年都被風輪轉老，可爲太息！弟落拓一生，空山無事，胡嘲樵歌，書之槲葉，奇零散碎，邇來收拾成帙。向在湖南曾求大序，已蒙允諾。今可賜教，使秦人缶聲，不同荒煙蔓草，樹蟬砌蛩，轉眼斷絕者，先生椽筆之外，更屬何人耶？諦思諦思。

辭富平邑侯郭公

「蟻陂吏隱在，哦松藍田時。」耳之熟矣，頻陽邂逅，尤今日事耳。本擬登龍，但樵采之足，不宜城市。辱蒙厚貺，義當飽德，而還山期迫，不遑下嗛。高明如先生，可以原其心矣。

寄張明徵

以八十五齡之白頭翁，益貞晚節，吾道長城，屏翰萬里。彼都山老人，不過尋尺短垣。而劉靜修誇詡滿口，是不知後世五陵舊家，别自有一種老豪傑耳！

寄茹司馬

五千里外聯榻四月，開雲衡山之巔，望日高臺之上，樂何如也！已而分手星沙。祝融峰頭，雁行别南北之影；瀟湘江上，瑟音異秦、楚之聲。如荆州，笑孔明不以子龍副雲長；過武關，憐昭王〔一〕祇爲青山死秦地。曉渡藍關，悲大儒遭貶于佛骨；暮宿霸陵，哭將軍受辱于亭長。千古不平，行人掩袂。四月晦日，晤焦臥雲，一喜；天涯客歸，一喜。石交如故，兩狂奴樽前吐膽，月下談天，至使坐客驚倒欲死，侍者瞠目如癡。此時此際，惜無湘南司馬公，同一掀髯大笑也。

答升軒書

不覺又是一春。高蟾云：「人生莫遣頭如雪，總得春風亦不消。」這段傷心，古人不免，況於我輩。但恨天公無情，既使春來，又叫春去。春風送人耶？人送春風耶？吾兄精研岐黄，此中妙道，能留春住？果爾留得，不妨平分與我。

〔一〕「昭王」疑爲「懷王」之誤。

答郭親

菜根腐儒，只緣饑寒債深，以故挺身貧賤場中，遊戲一番。直待風火散時，任他世上呼作什麽人也。

寄杭君德

人生幾何，別離多年，不得相見。一見卻又別離，此情何堪！生於五月初四到家。五陵生火，三川無水。庚午，辛未，壬申三年不見五穀，百姓逃走者、餓死者、病死者、自縊死、自藥死者，大約十去七八。傷心酸目，言之淚下。生於昨年七月遷鳳翔，今年三月遷漢中之洋縣。家山田園，盡行拋去。他鄉風霜，又是一番饑寒徹骨。此時即有良、平之知，蘇、張之舌，亦不免艱難二字。況闒茸如生者耶。命也，命也！安之而已。生既歸秦，君德在楚，書不可不讀，劍不可不看，氣不可不養，志不可不存。古人相贈以言。柏也今人而學古者，故以言爲贈也。

寄仁侯將軍弟

聞將軍在城南新買田園，俾童僕耕耘其中。將軍衣於斯，飲於斯，食於斯，歌詠於斯，偃仰於斯，可無求於人間矣。功名之偶不偶，付諸天；世情之美不美，付諸人。是非得失之當不當，付諸無心。蝸角之戰不戰，蟻陣之鬥不鬥，鷸蚌之持不持，付諸物。若田園之治不治，身心之檢不檢，子孫之賢不賢，斷不可以他諉也，求之己而已矣。

復張子餘内翰

無端旱魃作怪。終南千嶂樹無葉；關西三川草無根。先生想已稔聞之矣。弟於庚午九月爲紫庭茹司馬邀游南嶽，辛未五月還山。麥禾百畝，僅收五石。舉家十五口，知不可活。於是西遷鳳翔，咬菜根于客邸者九閱月。遣人入鄜，種麥一百三十畝，冬無雪春無雨，晝夜朔風不歇，麥根之穿土中者，枯三尺，又知不可活。於壬申三月，南遷漢上，旱魃又來作怪，千里赤土，不異關中。舉家嗷嗷，如何可活！想先生聞之亦必爲之悽然太息矣。前於辛未十一月始得先生翰教，沐手細讀，乃知先生一别十餘年，道路三千里，尚有太白峰頭白髮故人在其意中也。江雁北飛，繫帛雙足，欲使先生知關西老李生，昔爲太白樵叟，今爲漢上漁父矣。

與憨休和尚書

日者葦航南渡，覺太白峰頭，全是法雲布濩。深山野人，逢此奇緣，五百年火宅塵土腸，不得不化爲清涼世界也。但愧家貧山居，惟笋一味將。昔人所謂情深，應不笑家貧者，是耶？非耶？

與家徵君中孚先生書

憶昔與兄相見于沙河東村，兄年二十二，弟年十九。兄十四少孤，弟九歲失怙，命之苦同。兄一寒徹骨；弟貧無立錐。兄菜色而登山；弟枵腹而臨水。兄縕袍而見客；弟鶉衣而訪友。境之困同。兄囊螢而讀書；弟爇香而照字。學之勤同。兄企慕于先民，弟亦不屑爲今人。志之遠同。爾時自以爲年正富力正强，學之五十、六十，其成就或有可觀。至於今日，兄髮戴雪，弟頭蒙霜。年之老同。中有不同者，吾兄學成名立，天之北斗，地之泰山。至於弟者，踉蹌田園，混跡漁樵，年與時去，竟成枯落。奈何奈何！

寄臥雲

蹉跎岐陽，釜無米汁，灶無炊煙。於三月二十四日，登車西行。越陳寶，入雲棧，一路酸風苦雨。山色江聲，盡貯奚囊。蚩蚩行客，不識人龍。晚憩茅店，枕石臥薪，舍者爭席矣。南出褒斜，山川明秀，别開一境。次日同君衡登漢王臺，觀拜將壇，慷慨悲歌。心折席捲之才；淚落鐘室之難。暮歸客舍，仰觀北斗，俯憶故人，既憐關西，復愁湖南。紫庭匏繫下位，大鵬垂翅，摶風無期。

寄雲柯

天地不仁，偏困老儒百畝之田，歲歲不見一粒。十口之家，常常度日如年。西歸兩月，盜賊横起。徙居鳳翔，米珠薪桂。南陽之躬耕不遂；西山之薇蕨難採。不得已，於前三月二十四日，南遷漢上。故山草堂，空餘一輪明月；他鄉破屋，只有數點殘星。所可喜者，仲子就傅，乃是梁、洋明經，言行可法。所謂經師易遇，人師難得也。

寄焦臥雲

四月如漢南，常以溝壑不免爲憂。近能尚友古餓者，自爾灑樂無邊。鄧通、亞夫爲餓諸侯，梁武帝爲餓天子，楊無敵三日不食，爲餓將軍，文天祥一十八日不食，爲餓宰相。柏也何人也？至貧至賤人也。以至貧至賤之人得與天子、諸侯、將軍、宰相同爲餓夫，此亦往古來今饑困場中窮豪傑，窘丈夫。攀龍鱗附鳳翼，得志於餓者之所爲也。又何溝壑之足憂？

寄蕭東始

僑居洋縣城東南隅，乃秦太學德英精舍。花木池塘，桂樹竹林，極其幽爽。時時狂生毫端，或吟一詩，或構一文。惜無吾弟月旦，好與否都付篁林鸜鵒品評，道衡氣骨而已。且喜洋北諸山，連亘太白，回視雪峰，依稀如見客舍，不甚寂寞者賴此。

寄門人仝九摶

黄鳥不啄粟而粟盡，碩鼠不害苗而苗枯。此邦不可居，聊以適樂土，故千里不言遠也。聞秦川疫厲流行，十去五四，如欲擇地而蹈，當相待於天台、漢水之間。

爲焦臥雲告松友之變　松友鶴名

向無端而東遊，徒令我恨殺、悔殺、怨殺。明知無益，而益自恨、自悔、自怨。人心宜無偏，而此獨偏；宜無着，而此獨着。偏與着皆心病，不能自遣，則太偏太着之過也。過咸陽悲燕丹之爲布衣；經未央弔淮陰之死女子。此二事足令英雄短氣。既而微服入青門，遇雲柯于馬首，他鄉故人，慰我愁懷。抵劉輝玉家，乃十二月初一日也。二之夜，夢回草堂，連呼「松友」，不應；尋覓竹下，亦不見。怪，問家僮，答以「松友壞矣」。夢中大怒，誚讓老妻，鞭打僮僕、兒子輩。怒罵而醒，即與蕭及蒼、劉輝玉言之。答以鍾愛太深，此思夢，非正夢也。予心已有所疑。三之夜，夢如前；四之夜，夢如前。去家三百里外，三夢如一，予已知爲松友凶兆。脉脉愁腸，日愈百回。酒味如水，肉味如蠟。平生舊友來訪，對之目瞪口吃。人問其故，托以他詞。不忍明言松友入夢不吉之故。十二月八日還家，一入柴門，連呼松友，寂然無聲；遍覓竹根，闃然無蹤。窗前牆下，惟有寒霜落葉而已。疾趨後院，呼覓再三，形聲杳然。良久，小孫女云：「松友折一足矣，養之幽房。」予始悟青門之夢，乃正夢，非思夢也。開門視之，但見垂頭臥地。予呼其名，翹首長鳴三聲，哀、怨、淒其！即鐵石人，見其苦狀，未有不動色者。痛罵老妻，誚讓家人，髮衝冠而目裂眥，宛然夢中光景。然松友自此不食穀餅，次日買豬肉飼之，不多食。次日羅黃雀飼之，不多食。次日殺雌雞飼之，不多食。次日殺一豬飼之——命宰夫未脫毛，先斷豬舌，予捧舌入門，而松友氣奄奄矣。少割一片，納入口中，而松友昏然氣絕。蓋十二月十九日也。痛矣哉，松友不負予，而予負松友！蚤知如此，即將軍令下，宰相書來，亦不出門，況小事耶！千悔萬悔，悔何及哉！曾記出門之時，遍呼一家小大十五口，囑以善養松友；倘有蹉跌，予歸不輕爾等恕矣。孰知一朝別去，便爾永訣。煢煢一身，獨臥木榻，長夜難寐。茅棟寂寂，甕牖冷冷，一片寒心，無所聊奈。步出簷前，不見松友，相思殊甚：見月思唳，見風思舞，見雪思立，見雲思飛。叢篁節上，空餘剝啄之痕；枯松根旁，尚有跡印之字。猶憶松友渡渭水，入雪山。予得之笑不合口，舞不歇手，自以爲林下愛子，可以伴老孤山；塵外拙妻，於焉隱終蘭谷。而孰知其中道相拋耶！漫說家貧，即有金錢聘來，安得馴擾聰明如我松友也者？近爲家侄畢姻，不遑埋瘞。俟來春，練以白布，葬之太白山麓，以沙書石，題曰「松友之墓」。而終不足以解我自恨、自悔、自怨之心也。

與張少文書

秋到五臺，應知天盡頭絕塞邊城，秋風更早至也。來翰謂歷盡行路之難，因思西漢忠臣志士，秉節北海十九年，鎮定西域四十年……讀漢書至此，猶令人魂消沙漠也。別後下院酷暑如火，乃白晝移坐太玄洞，日微有一線清涼世界。然蚊黨縱橫，聲勢成雷，晨擾暮爬，不得安穩，戲作蚊祟賦一千六百字，將千古來負虛文而蘊蠱蟲者，誅死筆舌之下。見時呈教。昔司馬太史，歷覽名山大川，乃成漢史。[一]先生西游所經，李將軍誅羌處，趙充國屯田處，段先生講學處。觸目感懷，發爲文章。及其歸期，又在「涼風九月蕭關道，西風吹斷天山草」時也。江山助筆，集爲奇書。他日東歸，弟以菊花露沐手讀之。西行諸什，一縷清風孤行紙上。尋不出人間半點煙火。祝刺史穆庵李公文，汪洋一大篇，脫盡截江網。祝松、祝鶴、羔雁，介壽料子，真正一卷冰雪文也。小集豈敢言文，不過斜陽衰草，三兩牧童，浪歌牛背者，先生褒許太過，益增愧汗。

[一] 應指史記。

疏

重修周公廟募緣疏　代岐令

道生天，天生堯舜。堯舜以所得於天之道傳之禹、湯、文、武。禹湯文武傳之周公。周公傳之孔子。則是周公之道，上承堯舜而下啟孔子者也。承堯舜則堯舜無子而公其子；啟孔子則孔子無師而公其師。何以知其然也？聖人之生，時位不同，而道則一。故前之聖人，或爲帝，或爲王，而公獨爲相。後之聖人，不得爲帝，爲王，爲相，而得爲儒。公蓋有位聖人之終，而無位聖人之始也。其終也，上承堯舜之心法；故堯舜無子而公其子。即祖季歷而父文王，兄武王而弟康叔，可勿論也。其始也，下啟孔子之道統，故孔子無師而公其師。即回也復而參也宗，伋也述而軻也亞，亦在其中也。公之道大何如也！日月光華，公道明也；江河灝瀚，公道行也；山嶽巀嵲，公道峻也；雲漢昭回，公道章也。公之道大何如也！宜天下後世廟食之報，當與孔子同也。何也？古今道統之歸，不曰周公，則曰孔子，尊孔子即尊周公也。古今廟食之報，在聖人之爲相者，莫盛于周公；在聖人之爲儒者，莫盛於孔子。報孔子即報周公也。孔廟，郡國都有，而要當以曲阜爲重。曲阜，孔子之父母邦也。公廟始于東魯，而還當以岐山爲本。岐山，公之湯沐邑也。邑有廟，在卷阿中央，即雅詩成王與召康公遊歌處也。建置顛末，載在邑乘。

歲庚申，不佞承乏來岐。越數日，以少牢展禮公廟。一望蒼涼，昔之朝陽梧桐，今之荒山蔓草也；昔之辟雍鐘鼓，今之廢井鳴蛙也。乃愀然歎曰：昔狄梁公毀吳楚淫祠千七百所，獨存泰伯、季札廟。公廟之係於周，更重於泰伯季札廟之係於吳也。乃吳廟存而周廟廢，黍離之感，豈獨行役大夫爲然也？況公之道大，即帝如堯舜，可爲祖考；聖如孔子，可列門牆。先儒曰，個個人心有仲尼，則是個個人心有周公。何也？周公者，孔子夢寐見之者也，如曰人心可以無周公，則天可無日月星漢，而地可無江河山嶽也。其道之散見於詩、書、易、禮、樂，治之，垂統於天下後世，古人詳言之，今不羅縷。即以關西論，生乎公之前者，如伏羲、神農、蒼頡、岐伯、伊尹，諸所行之道，孰承之？公承之也。生乎公之後者，如横渠、容思、小泉、默齋、涇野、少墟，諸所聞之道，孰啟之？公啟之也。且孔子未嘗入秦，而七十二賢，天水、汧水之間，有秦、壤、石、燕四子焉。蓋西人師孔而就學於東，亦猶東人愛公，而恐其留相於西也。向非周公啟迪于前，安知四子不以秦民老也。公之道大如此，即廟貌輝煌，俎豆萬世，未足云報。而忍使二南、頻蘩之鄉，八百漆、沮之旁，春秋烝嘗之地，神靈陟降之堂，徒餘殘山剩水，枯木寒鴉而已乎？故敬書一言，以告夫人心之有公者，作新公廟云爾。

重修岐山文廟疏

今之岐學，古之周學也。周自太王荒山邑岐以來，歷三世文王生，敬承十四王之道，思進成人小子而造之。是以有靈臺，辟雍之役，遂與虞膠、夏校、殷序之學相始終。東遷後，大雅不作，秦風歌焉。青莪、棫樸之化，一變而爲車轔鐵駟，再變而爲擊缶炊扅。故東周大夫見西周黍稷，不得不悲歌留連於其際也。迨軹道繫嬰而後，兩漢人才，右鋪爲盛。唐宋以降，大則公侯將相，小則郎史守令，雲蒸霞騫，豈非文王辟雍之化，有以維持於不替耶？癸甲之變，不惟村郊絕桑柘之社，即辟雍亦無「芹藻」可採。數十年「鹿鳴」絕響，「杏苑」無春，教道中衰，至此極矣。恭逢燕山茹公，美秀而文，牧我岐周，首重教化，引德水於橋門；進多士而講業。庚酉[一]秋薦，遂得二人，譽髦斯士，已有成效。侯曰：「不[二]登山者必陟崑巔，雖不至，猶勝丘垤也；觀水者必窮海瀾，雖未盡，猶勝行潦也。」爰割懸魚之甲，以養龍門之鯉。創建兩廡若干楹，七十子血食

[一]「庚酉」疑爲「庚申」之誤。
[二]「不」疑爲衍字。

有地矣。乃立欞星，乃立儀門，博士弟子升降有序矣。齋房射圃，名宦鄉賢，啟聖等祠，尚欲次第成之。不佞思侯清白吏，書數卷，琴一匣耳。凡在我輩，緊豈無心？乃爲文一帙，告我生徒，合衆腋而爲裘，約百絲以成緍，使學宮一新，化枳棘而梧桐之。則今之岐學，不惟上接古之周學，抑且紹休有虞氏、有夏氏、殷人三代之學矣。如曰華門圭竇，財力殫亡，我躬不閲，遑恤其他，是重負侯之心也夫，重負侯之心也夫！

重修蜀前將軍廟募緣疏

大哉，蜀前將軍雲長關壯繆之爲人也！其私淑孔子者乎！孔子，作春秋者也；壯繆，讀春秋者也。孔子不得志于時，懼亂臣賊子横行於天下後世也，以匹夫而操二百四十年之賞罰，是以筆削代斧鉞。此孔子之善用其權也。壯繆不得志于時，懼亂臣賊子之横行於天下後世也，托威武而定西蜀三分之漢業，是以刀馬代筆削，此壯繆之善用其權也。壯繆之威猛雄武，勇冠三軍，號萬人敵，世之所知也。壯繆之學問精邃，見道分明，世之所不易知也。何以知其然也？春秋時，魯國權奸，莫過季氏。勇如子路，藝如冉求，俱稱聖門高弟，皆臣事季氏。惟顔、曾、閔子則非季氏之所得臣也，故後世俱稱大賢。孫權割據江東，南面稱孤。曹操位極宰相，挾天子令諸侯，此其勢十倍季氏。而壯繆獨視權如狗，視曹如鼠。若生春秋，則其視季氏不啻蝨蚤蚊虻而已，豈能爲之臣耶？使列孔子門牆，則其學問人品，卓然與顔、閔諸人相爲伯仲。而季路、冉求之稱季氏曰「夫子」，自稱曰「二臣」，此壯繆之所身羞爲而口羞道者也。孟子之所爲大丈夫也。生平心存漢室而天子孱弱，乃驅馳於蜀先主以定三分之鼎。爲蜀所以爲漢也。亦如孔子心存周室而天子孱弱，乃周旋于魯哀、定之間，以明君臣之義。存魯所以存周也。故曰：壯繆，私淑仲尼者也。郿東舊有壯繆廟三楹，歲久圮矣，不葺是侮壯繆也。葺之則居人二十家，寥寥窮也。於是彙一廟之費，而募鄰村之緣。

重修鍾呂坪募緣疏

郃太白陰，石骨蛻，洛書離位。化木巔樸窩一殿，象鳥爪女子，豹仙人，列雙壁侍壁各一四。東坪坪西偏鳥道百餘武，下越硔復鳥道百餘武，上得樸窩西坪。坪腦髮阡，左腋泉，色味玉女。右偏三祠：一祀鐘仙人、呂仙人，一祀三清一空。在昔雕冏丹甍，枚如實如山。前人捃摭蘋蘩，時薦焉。明季晉銅鞮魏侯，欲據險築山郭，營黔首兔窟，功三軔已。薌火斷絕念年。歲柔兆敦牂，道人某入坪，修聃道。顧堧垣匜圮，桷楹悉天地人灌，思葺。知廟非禹非麻，楝櫟之須不復僥倖阿香車。山非峽山，谷非嶰谷，材木必不飛來陰生也。雖腦林谺谺，不桄梛奚麫？不文檴奚米？故丐文乞檀那，爲拙鳩了家緣計。但山前人窮矣，今日之募，其母多千錢，喜；其母少一粒，嗔乎？

溫泉里重修五瘟廟募緣疏

五者，天地之樞紐，陰陽之門戶，造化之根底，人物之宗祖也。易曰：「河出圖，洛出書，聖人則之。」河圖，五數居中；洛書，五數亦居中。自五而之一、之二、之三、之四生數也，五生之也。自五而之六、之七、之八、之九、之十成數也，五成之也。一三五七九爲天數，天亦五也；二四六八十爲地數，地亦五也。故五爲天地樞紐。天數奇，奇屬陽，陽極則陰生。地數偶，偶屬陰，陰極則陽生。故五爲陰陽門戶。虛五而冥於無，則爲無極。實五而麗於有，則爲萬有。分五析其理，則爲一氣，爲二儀，爲三才，爲四象，爲六律、七政，爲八卦，九宮、十干。合五而概其義，則爲五氣、五嶽、五常、五典、五行、五星，造化於是乎出，人物於是乎生，故五爲造化根底，人物宗祖。漢書曰：「五星者，五行之精，五帝司命。」注曰：「五帝即五星，在太微垣中」。酉陽雜俎亦志五帝名號，曰東方蒼帝靈威仰；曰南方赤帝赤熛怒；曰西方白帝白招拒；曰北方黑帝協光紀；曰中央黃帝含樞紐，端主人間生死禍福善惡報應。然則五瘟者，其即五帝之臣乎？或曰五，陽數也。瘟，天刑也。陽德物，陰刑物；瘟而祀，母〔二〕乃以刑爲德？李白山曰，刑之乃所以德之也。子不見深山之草木乎？不霜雪零落於秋冬，則不能雷雨長養于春夏。今有拔山扛鼎之男子，自謂生不怕關內侯矣，一聞禍福報應之說，則惕然改色，由是遷善改過，貽休無窮，豈非刑天即德天耶？故五而繼之以瘟，亦猶王不足則伯道，德不足則繼之以刑罰也。溫泉舊有五瘟祠，久歷年所，堧垣盡圮，桷楹三灌。里中長者鳩集鄉人補葺破壞，丐余文以疏其說。余應之曰：時無須達多，誰布金爲園？輸錢粒米，益釜益費。滔天洪流，涓涓之積。雖然，凡人始事易，終事難，簣土爲山，豈一朝夕之力？咨而善輩其有終。

僧如定水陸募緣疏

僧人如定，佛門之英。少肄「三農」，長歸「五律」。愛水漲撼嶽之浪，曾經慧劍指回；火宅飛迷天之煙，卻教唾珠噴滅。眉毛挽起是非，不桂〔三〕眼逍遙；肚皮放開風月，長隨身散誕。挹西方天竺法雨，心上静洗蓮花；翻東漢蘭臺古經，口中嚼爛貝葉。依慈悲教，廣方便門。慮渭水東西波濤，一線隔千里小海；斷行人南北來往，跬步限九折太行。坐下水杯，難周閻浮之渡；腳底蘆草，豈遍恒河之沙。於是會同高年，創設義舉。取木於藪，不借麻姑叱雷；運石於川，無煩嬴政鞭血。架虹霓于飲龍之脊，絕勝天鵲羽梁；跨黿鼉於長蛇之腰，奚卜海神醋字。更憐酷暑焦石，日鏡磨火山之輪；大寒折膠，冰粟綴玉樓之花。是以遇樵丐薪，逢農乞米。夏之日，冬之霜，伊蒲散香積之供；楊柳灑甘露之潤。濟遠亦濟

〔二〕「母」應爲「毋」。
〔三〕「桂」疑爲「挂」之誤。

近，任他朝四暮三； 施粥亦施漿，進我一匕半鉢。凡他鄉孤客，遠道遊子，來者來望荻灣，如就樂土； 去者去離梟渚，似失故園。曾幾何時，三年願滿，西辭秦水，南渡吳江。半片衲衣，孤雲野鶴。三千里一根藜杖，水月空花； 六七年既參報恩，老禪復別天目名剎。黃鶴華表語，知是令威還鄉； 青松簷前低，卜得玄奘反國。其鄰里舊友，桑梓故人，以當年作橋餘資，施粥羡物，欲建水陸，以祀河神。蓋祈鱷徙鯨眠，永絕子胥之怒； 蛟馴虬蟄，不作陽侯之波。恐法壇一開，費用難給。文欜不產三輔，豈取麴於樹皮； 桄榔不生五陵，安採米于木葉？ 故抱楮帙乞檀那，分千樹一柯之陰，並結因果； 普大海一滴之水，共作道場。

重修鳳泉山菩薩殿募緣疏

歙太白山陰而東，爲郿鳳泉山。唐史永徽、天寶間，高宗、玄宗駐蹕鳳泉。泉有三煎，可脫牲明。長安王孫浴於此，建祠祀河伯，且爲歌行勒石。歙泉而東，高原連山，名七頃原。原築千家之聚，前建菩薩殿五楹，雕冏彩壁，扂扂濯濯，蓋亦山中道場哉。然歲深傾圮，瓔珞綴空中白露； 衣裳著天外素雲。荒山破殿之下，隳乾行人之淚。和尚普安一見浩歎，奮思修葺，手募緣一帙，謂余曰：「鳳山刹崩，菩薩之相露處矣。」余曰：「嗟！ 菩薩果有相耶？ 其以相爲相耶？ 無相耶？ 其以無相爲相耶？」普安不答。余曰：「凡有所相，皆是虛妄。眼、耳、鼻、舌皆相也，亦皆妄也。眼、耳、鼻、舌既是妄，又以土木相爲相，是相外生相，妄外生妄耳。西方之法，從無相始。無相之相，乃是真相。棒不能打，刀不能割，火不能燒，水不能濕。諸如是相，何有破壞？ 子所謂相，風之斯剝，煙之斯煤，斧之斯斷，雨之斯漉。諸如是相，不是真相； 既非真相，豈是菩薩？」普安笑曰「吾非不知有相皆妄也，吾非不知土木之相皆妄中妄也。但見世人墮落，皆因相見。既生相見，斯有我相、人相、是非相。菩薩無一切相見，是以有永劫不壞之相，是以世界有土木菩薩之相。世人見土木相，能苦尋不壞相，是土木相亦不壞相法門也。且人皆可以成菩薩，如何不皆成菩薩？ 緣不著力。故我願世人見此土木菩薩，猛然省曰：此固槁焉之木，塊然之土，一著人力修爲，便可立成菩薩。人具眼、耳、鼻、舌，如何墮落，反讓此槁木土塊耶？緣是即妄以尋真，即有以尋無，亦覺世意也。然無相何以見菩薩？無殿何以位菩薩？無募緣何以有殿？」余曰：「和尚既要募緣，亦當憫人窮乏。勿少一粒，嗔；勿多千錢，喜。施與不施，聽其自然，勿生癡相。和尚能如是乎？」普安首肯，書以爲敍。

創建夢海寺募緣疏

僧實法者，俗姓陳氏，有田百五十畝。中年感白駒之易逝，悟萬緣之悉空，遂捐棄妻子，薙髮爲諸佛眷屬，平分田産，入于常住。乙卯星紀之月，過白山草堂，丐余文爲募緣弁。予詰之曰：「何所修建？」曰：「古海觀。」予曰：「觀者玄門棲真之地。僧而觀，得無玄之尚白乎？」僧曰：「不。疇昔之夜，曾夢長橋如虹，橋有遊人。數人戴金兜鍪，衣金鎧，乘金鞍白馬，自東而西。僧曰：『是何福地？』答曰：『古海觀也』。覺而憶之，遂起建修之志，即取夢所見聞，爲榜署定名。」予笑問之曰：「汝身幻耶？真耶？汝夢幻耶？真耶？」僧默然。「汝現在身汝身耶？夢中誰耶？謂現在身與夢中身一耶，汝作夢時汝家牀上，應無汝身。謂現在身與夢中身二耶，汝現在身，眼觀我色，耳聽我聲，舌說汝夢，鼻聞香臭，眼、耳、鼻、舌，現具汝身，則夢中之聞見、言語何所從來？何所歸去耶？」僧又默然。予笑而釋之曰：「汝夢，幻識也；汝身，幻形也。覺而憶夢，夢中憶夢也。今日說夢，夢中說夢也。一夕是夢，一劫亦夢也。一劫夢不覺劫，劫夢相續也。故必有大覺者，而知此乃是大夢也。嗚呼！無始以前，不知誰先入夢。無終以後，不知誰先出夢。中間流浪生死，無人不夢，無夢不異。王侯將相，富貴夢也。牧圉廝養，貧賤夢也。簾前金釵十二，堂上珠履三千，繁花夢也。松下茅屋半間，釜中菜根一升，清冷夢也。王喬千齡，殤子數年，修短夢也。六郎似蓮，杞面如藍，妍媸夢也。而且夢中歌，夢中哭，夢中安樂，夢中恐懼。以百年旦暮之身，顛倒迷惑於幻夢場也，不亦悲乎！獨怪淳于之夢槐安也，既領南柯郡守，又贅金支公主，可謂榮矣。既得榮夢，即當久享。而無如苦惱隨其後也。此亦人世之缺陷也。更可悲矣，要之夢不留人，人自羈夢。汝夢古海金人矣。古海金人亦夢汝。總幻夢也，謂之『夢海』可也。且古人亦嘗假夢以覺世矣。莊生之夢蝴蝶，鄭人之夢蕉鹿，盧生之夢黃粱。是皆寓得失於一枕，齊百年於須臾。欲使人因夢得生覺照，一覺不復入夢。故曰：『至人無夢，實法唯唯』。」明日書以爲序。

松窗瑣言

士也貧 二首

金石堅其骨，江漢濯其身。嗚呼！士不貧，誰則貧？

又

頭顱照以日月，衾影凜以鬼神。詩書養其百骸，聖賢責以五倫。其進也，伯夷揖于門闥；其退也，盜蹠觴於東鄰。嗚呼！士不貧，誰則貧？

日喻

日在天上，以昇以沉。不著一物，不息分陰。虛明廣大，萬象以森。嗚呼！天之日，人之心。

有感　十四首

維鳥有梟，維獸有獍。父兮母兮，不考終命！

又

封爲虎，哀爲虎，李爲虎，人之化也。麟也，鳳也，孰化之也？

又

松之槮槮，蔭彼九皋。彼狡童兮，偃仰蓬蒿。

又

荆山之璞，土如苴如。彼狡童兮，寶彼碑礫。

又

狐之先虎，鹿之倚主。莫或爾侮，終爲爾苦。

又

枳也者，橘也化而之，不美也。鷹也者，鳩也化而之，不仁也。物亦然也。[一]

又

青青平林，弩伏於旁。坦坦原隰，烈火于藏。

又

馬陵之灶，井陘之旗，蹈彼樞紐，兵潰身危。

又

餌之於魚，酒之於猩。非醉飽汝，其中有情。

又

軏機所伏，依稀微茫。勿謂千里，而有蹶張。勿謂庭階，平如康莊。勿謂梧桐，惟棲鳳凰。勿謂枳棘，不産室堂。

[一]「物」疑爲「人」之誤。

又

杜漸於微，易言履霜。繩鋸木斷，水鑿石傷。鼠牙之穿，頹爾垣牆。凡百君子，念茲莫忘。

又

烏啄牛背，角尾莫傷。鼠可投也，器在其旁。嘬人肌膚，蠅蚋蚊虻。禍不在大，蜂嗡文欜。

又

百尺之竿，危之斯安。東門之礫，騂騮傷肝。

又

勿謂魚肉，劍匣魚腹。勿謂酒德，鴆巢醽醁。

戰兢歌

穴一尺，起霹靂。雲一握，蔽山嶽。

古意

天下霜，柏蒼蒼。天下雪，松青葉。

前題

虎不人益，萬夫辟易。牛不人損，屠門不遠。

安貧

貧賤在我，抑有其門。出我門死，入我門存。曹、莽如土，顔、憲益尊。所知者時，所守者道。食核衣緼，身名以保。一食萬錢，禍一何早。

有爲

堯若腊，舜若腒，後世隱者肥端車。堯鹿裘，禹惡服，後世隱者衣羅縠。堯茅茨，禹卑宮，後世隱者第如公。

言箴

石不言而自堅，蘭不言而自芳。海不言而自深，乾不言而自剛。

人無棄

冷冷菜根，饑作肉吞。荒荒蘆花，寒作綿遮。

犧牛

牛被繡，鸞刀就。

勸學

龜骨可灼，鐵鍔可削。人不學，不若物。

卜居

嗚呼！兔營窟。嗚呼！鳥擇木。嗚呼！人居火屋。

悟語

雪厚霜濃，吾木不落。海汐江潮，吾淵不混。山走谷移，吾石不轉。霧障雲遮，吾月不暗。颶吼雷轟，吾巢不墮。峽險浪狂，吾舟不汩。水濁泥汙，吾蓮不滓。地覆天翻，吾鼎不仄。

（卷之三終）

卷之四

五言古

弔三閭大夫

廢生於忠良，讒生於文章。憤發於騷經，怨流於瀟湘。君不我感悟，臣不我同行。皇天兮蒼蒼，后土兮茫茫。楚山兮崔嵬，汨水兮洋洋。

漢宮鐘

戊申居恒州趙氏書樓。西鄰之婦有子而殤，苦慟淒切。客不能堪，詩以志之：

漢宮未央鐘，弗鼓而自鳴。鳴聲悲以切，乃感銅山崩。金石有母子，脉脉通一誠。亦有南山猿，將子南山行。子殤母腸斷，幽怨塞蒼冥。皎皎雙白鶴，高巢避羅罾。使者征羽毛，爲雛自拔翎。在物尚如此，而況婦人情！

碑

貞介莫如石，而今乃復假。問石石不知，誰是任咎者？塗澤真盜蹠，唐突僞柳下。天地既無口，鬼神亦癡啞。哀哉不能言，悲風響松檟。予本有心人，感此淚空灑。焉得郭林宗，庶不愧風雅。

白山有喬木

白山有喬木，其高五百尋。上枝拂月窟，下根潛極深。日月宿其巔，霜雪不敢侵。千年一卷葉，九垓失其陰。千年一開花，香傳天地心。他山有蔓草，芳花繡石衾。瑣瑣含春意，妒殺松柏林。

囑室　戊申六月作于二曲客舍

盈盈兩歲女，而我心頭血！歧嶷亦堪愛，如何成遠别？思之不得見，脉脉意偏切。對人難爲言，強抑心如鐵。汝既兒之母，豈可輕挫折。饑寒固當恤，衣食亦須節。勿教多出門，出門恐蹉跌。勿教近雞犬，雞犬恐啄嚙。勿教戲井臼，勿教坐雨雪。勿教弄刀剪，勿教噉土屑。千萬珍惜意，不能盡言說。但得兒平安，窮愁亦怡悦。

梅竹隱

林靖隱于梅，張薦隱於竹。鄭熏隱於松，陶潛隱於菊。彼茁本無心，胡爲伴幽獨？豈無桃李英，爛然照我屋。曰非冰雪姿，無以勵高躅。故取二友節，醫彼和光俗。

說忍字

我面容人唾，人胯伏我身。卓哉忍辱力，玉成二大臣。儂本鄉曲士，讀書混風塵。是非固在我，毁譽終由人。花開蝶自媚，膻存蟻競親。物情咸有托，各以類爲鄰。人心一粒米，何處容怒嗔？有客呼牛馬，不必應麒麟。仰視中天月，圓缺無定論。

嘲秦穆

人道穆公非，我道穆公是。死而棄良人，終非真好士。五帝與三王，何曾計及此。所以秦穆公，好士直至死。

火鼠

火鼠不知熱，冰鳥不知寒。海外億千國，不知周秦韓。何年經神醫，易其心與肝。代馬忽思越，越鳥慕燕山。來來復往往，誰曰道路難！歎息黄河水，萬古不西還。

賤士

周之士何貴，秦之士何賤。貴賤無定名，吾道終不變。鳳鳴岐山頭，麟來魯何求？趙殺竇鳴犢，仲尼不西遊。物情惡傷類，桂伐蘭自愁！

感時

風生於虎嘯，雲起于龍吟。是故文武世，兔罝亦腹心。殆至威烈後，道喪德日沉。洪鐘成毀棄，瓦缶作雷音。君門遠復遠，桃洞深復深。去去將何之，王侯驅山林。

童子耕

李柏貧且病，乃命兩童耕。大童年十四，小童方七齡。小者引牛鼻，大者扶犁行。柏也桑下坐，俯首吟葩經。葩經曰三百，數篇愜我情。桑畝閑閑者，考盤在阿陵。泌之樂饑人，棲遲於茅衡。伐檀河之干，河水漣且清。惟此數什義，守之如箴銘。在家連連誦，在野吟不停。朝吟心如醉，暮吟忘我形。吟來復吟去，吟去吟復生。童子曰夕矣，行吟返柴荆。鄰人笑我吟，我吟愈高聲。山妻止我吟，我復索篝燈。杯酒酹古人，相與對寒檠。我吟古人和，古人呼我名。與子結今友，千秋勿寒盟。夜深古人去，送之於門屏。一榻黑甜久，在牖兩三星。古人去復來，自謂是淵明。葛巾與竹杖，長髯抱羸形。見之驚且疑，稽首拜草亭。先生百世師，聞者奮焉興。我今得親炙，敢不奉典型？先生曰孺子，入道貴至誠。齒髮易枯落，日月易邁征。聞言生慚沮，背汗如雨零。覺來不見人，明月穿松欞。

觀中山

耳觀山無色，眼聽水無聲。而欲成觀聽，聲耳目色精。石人耳目具，如何不聰明？以此識六根，發機由主盟。

獨夜

涉世良非易，獨夜恒捫心。豈云薄軒冕，所志在山林。匪持白雪曲，而藐巴人音。學道數十載，難與世浮沉。棄捐馮道膝，鄭重比干心。進退遵時命，是非付古今。有懷不敢吐，寫在無弦琴。

詠巢許

猗嗟巢、許氏，而逢唐堯宰。日月出東方，皎火熄其彩。萬國親考妣，遁世終不悔。出亦匪我功，處亦匪我罪。士生蒼、姬後，石隱真成怠。納我於清涼，置物於鼎鼐。賢哉忠武侯，不鄙從政殆。民物吾胞與，安忍膜外待！近古誰有情，寄懷知何在？天下古天下，四海今四海。

丹穴

鸞鳳生丹穴，歌舞珍羽翰。來游黄、虞、周，隱以哀、定亂。哲人貴知幾，慎莫嬰禍難。魯西狩獲麟，仲尼發浩歎。所以孟虧氏，翩翩絕羈絆。

太白中峰坐月

皎皎天上月，湛湛巖下水。水月遙相望，何啻千萬里。月既出於天，如何在水裏。天月爲之母，水月爲之子。月子如月母，圓缺亦如是。譬如形與聲，影響隨滅起。萬物各有本，乾元爲資始。

南山行

東壚酒正醺，沽來佐獨步。深秋挂杖頭，挑向衰草路。行行三五里，路旁逢古墓。蕭蕭老白楊，紛紛藤蘿附。其上巢烏鳥，其下穴狐兔。嗟我徘徊久，恍然如有悟。酹酒問死者，誰教此中住？子孫相望極，何不一反顧。以此感我心，淚下如雨注。舉頭見南山，雲光横布濩。山巔寒猿嘯，山麓行人度。前人去不歸，後人來無數。去來如波浪，南山永如故。

古別離

十歲期偕老，未偕君遠別。別時桃李顔，今已成衰歇。曉起理機杼，夜來望明月。獨坐無一言，思君一何切！思君君不見，一日腸九結。妾若不思君，火井生白雪。妾若不思君，冰海成炎熱。并刀剪長江，水不爲之絕。擁帚掃月色，光不爲之滅。提筐出採蘋，鶺鳴於蟻垤。雙飛入南林，草木亦清越。

穆公墓

秦穆居西陲，奚、蹇爲之傅。能起非子疆，式廓大駱步。國計富且強，西征復東渡。救荆一何烈，置晉復其祚。河山既百二，重以虎狼戍。開關嘖咳唾，諸侯皆西顧。雄風吹落日，遺命多錯誤。不復爲盟主，以殉三良故。哀哉秦之人，徒爲黄鳥賦。千載隴山下，浮雲空布濩。霸業一片石，書曰穆公墓。

蜀前將軍廟

大哉關雲長，私淑孔仲尼。匹馬孔子車，寶刀孔子筆。扶漢尊周法，討賊賤霸律。孫、曹強晉、楚，靈、獻威赧匹。將軍仗大義，心如天之日。結髮事先主，乃心在漢室。君臣盛高光，征伐天子出。百折志益壯，但恨賊不黜。百戰非好鬥，戡定需勇師。赤精運雖衰，之死吾事畢。仲由爲菹醢，爲輒豈無失？將軍讀春秋，見義精且密。富貴不能淫，威武不能屈。烈烈大丈夫，漢代人第一。

立秋前一夕登南莊趙氏樓

天下暑將盡，先從心上秋。況復西風起，吹月度南樓。樓高疑近月，伸手直其鈎。捉之不可得，挂起通宵愁。或問「樂亦在其中矣」，義酷辨不喻，爲賦短章乃喻。魚以水爲家，鳥以空爲路。飛天與潛波，樂亦與之俱。問魚魚不知，問鳥鳥不悟。

季元常先生有峪泉阻雨之什同蕭雪山即席次之

之子臥空山，清隱似巢、許。結茅白雲鄉，數椽欹險阻。種石傍春林，釣月臨秋渚。偕隱曾有約，松窗共夜語。朗誦北山文，細評盤谷序。清晨騎鹿遊，重攜猿鶴侶。看山已自醉，況復酌春醑。

鏡

自見眼所難，因鏡以自見。見面不見心，鏡即眼之瑱。我有鏡無形，照心如照面。既能照而惡，亦能照而善。照來固不辭，照去亦不戀。不敢墮于井，不敢懸於殿。塵土不敢侵，古今不能賤。光芒如明月，能照天下遍。

太白山樵者

今年斬老松，明年斬小松。小松正青青，斬之如切葑。三年山如赭，斤斧何處庸？

太白山雪月　二首

夜坐山中月，月光復映雪。雪白月更白，月以雪增潔。月如雪之夫，雪如月之妾。雪月兩不礙，一體無分別。

又

我愛月下雪，我愛雪上月。月光蕩雪花，乾坤胥白徹。高士懷素心，寧與雪月別？一滴飲貪泉，雪殘月亦缺。

壬戌九月過岐茹明府署中邂逅諸友爲十日飲予將還山詩以別之

四明毛石臺，而爲五陵客。頭放二丈焰，胸藏萬斛血。河東許子秀，西游秦冀闕。沽酒咸陽市，鼻頭如火熱。浙濱盧甸仙，浩歌彈長鋏。揚帆過大海，探珠驪龍穴。青門杜雲柯，道與楚狂埒。玩世嘗談天，筆花飛騷屑。華下王纘功，老面冷於鐵。結髮將三軍，勇氣江河決。主人燕趙士，慷慨延豪傑。築臺岐山下，日與鄒、郭接。劍履無珠玉，賓客亦怡悅。柏也披裘人，聾聵兼啞拙。長揖謝我友，而臥太白雪。

古意

霧雨隱玄豹，俯首巖穴間。七日不飲食，羽毛澤成斑。是以古大人，十載不出關。其清如秋水，其靜如深山。一朝補元化，霖雨遍九寰。損然後能益，勞然後能閑。攘攘夸毗子，徒令二毛頒。

田園吟

半世居田舍，嘗與老農游。農以酒觴我，我吟詩以酬。守門惟一犬，耕地有雙牛。更爲子孫計，木奴千百頭。

東湖

湖在鳳城東，月在湖水中。水能涵月相，月能印水空。水月兩不礙，人天如是同。

劍琴

劍是莫邪劍，琴是焦尾琴。琴中春雪白，劍上星斗森。二物蔽塵土，志士爲傷心！

詠史

楚鼎烹漢父，中山飲樂嗣。布以妻言困，紹以子病遲。事後觀成敗，君子宜審機。

丙辰夏日宿吴道士士洞

吴子開山日，李生弱冠年。餐霞臥一樹，採藥烹三田。莊、惠濠梁上，遠、明溪水邊。笑聲猶未已，真役有後先。萋萋舊隱處，綠草幕寒煙。

宿石壘

路出白雲上，忽在白雲下。四面碧峰合，紺殿無古瓦。風聲溢木竅，吹息如野馬。北望飲龍川，東流自瀟灑。但恨百年後，誰是來遊者。

烏夜啼

不知南林烏，何以事宵征？碧虛不見月，天河三兩星。長夜如萬古，寥寥復冥冥。幽人竹窗下，忽聞啼烏聲。啼烏午夜啼，啞啞杜陵西。上林樹已兀，誰復借爾棲？勸子歸南山，將子復將妻。

有感

鷹鶻性本鷙，猰貐性本虣。物不慎趨避，殺之何其暴！失水海大魚，螻蟻欣所好。盧獍不惜力，均克田夫灶。以此感我心，卻步長安道。萊子辭楚相，魯連欲海蹈。豈不懷蒼生，末俗違吾操。

鑿山開渠贈梅明府品章

大哉水之德，浩浩淼難測。萬物資生始，奇功在稼穡。無人爲疏瀹，委流荒山側。先生富水學，家世居南國。抱此濟川才，握符宰西北。駕言巡所部，憑軾長太息。深山藏大澤，何以嗟艱食！爰召邑父老，諏日以興力。戴星之南山，手辟荆與棘。相勢鑿巉巖，水火兩相逼。鍬鍤動雲根，險阻無不克。次第治八溪，阡陌浥禾稷。百里無石田，萬家樂耕織。感此功德深，路巷豐碑勒。千載郿陽道，行人歡顔色。

見月

但恨在天月，其光未照徹。鴟鳶上雲霄，黄鵠六翮折！既以臨下土，胡爲有圓缺？問月月朦朧，問天無言說。更問諸鬼神，兀兀而泄泄。徒令悲歌士，淚枯雙瞳血。所賴經與史，返鑒堪怡悦。功罪生晻曖，瑕瑜死昭雪。千年紛俎豆，崢嶸多豪傑。累累義士壟，草木自苾烈。向見廁中鼠，啾唧在一穴。

懷故友屈二成寰

十歲爲君友，二十與君離。君長我一歲，我兄同學師。作字君先妙，爲文我較遲。君貌姥擲果，君才泌賦棋。芝蘭正欲茂，秋風忽敗之。二老三幼子，泣血徒漣洏！里巷隕涕泗，草木鬱淒其。於今三十載，悠悠繫我思！

雜吟 二首

心如一碗泉，文似萬種花。引泉澆花樹，花成泉可嗟。何如浚泉眼，源深流無涯。

又

松柏無名花，牡芍懼秋霜。所以學道者，所急非文章。仰觀天在上，於穆而蒼蒼。無口說雕蟲，萬物亦張徨。

訪李記室

杜二唐十八，合之爲一族。嗟我仙李根，遠蟠在鴨綠。雨露湛天和，枝葉何鬱鬱。五千演玄言，九流探天禄。四海風雲際，經綸實其腹，仗劍西入秦，吏隱學蠖伏。俠烈干氣象，義聲達空谷。聞之不能寐，雞鳴飯脫粟。訪子如郿城，應門兩童僕。呼童達姓氏，答以王事趣。室邇人則遠，彷徨以躑躅。春遊十畝園，君詩題牆屋。見詩不見君，松風空謖謖。

庚申元日

蹉跎年五十，悲憤足千秋。拳曲溝中斷，溯洄涔内鰍。時危髮易白，道重骨難柔。「六極」莫言極，「四休」真可休。老非丁令鶴，大類景升牛。學術懷「三策」，形骸穢九州。棲遲柳宅茂，徙倚松窗幽。公子辭秦去，大夫懷楚憂。瓢懸無柏葉，爐爇有松逑。暫適鷦鷯性，終期汗漫遊。

問鏡中人

鏡中一貧士，莫非李雪木？聞汝少年時，汝欲老空谷。汝髮已斑白，汝行尚碌碌。睹面一唾汝，汝慎毋瞋目。秦越汝鄉黨，冰炭汝骨肉。父母汝薄葬，兒女汝枵腹。荆棘生汝田，風雨頹汝屋。汝衣恒藍褸，汝食恒糲粗。汝年四十九，汝壽非鶴鹿。汝不歸山去，唾汝恨不足。

鏡中人答

我既是雪木，不知汝是誰？汝貌酷似我，我形真似伊。汝我二而一，出入不相離。我年既老大，汝豈少壯時？我行不努力，汝志亦委靡。汝我一發憤，南山即東籬。

冬日王青門至自寧王村辱弁詩序日午送歸蕭雪山趙琇玉猥自田間枉訪文談至夕既歸詩以歌之即柬三子

一送「邵平」去，兩迓「求羊」來。野服咤雞犬，文談鄰舍猜。共抱樵採癖，兼矜農圃才。麟獲鳳不至，沮、溺在蒿萊。杖屨識猿鶴，松月狎酒杯。天道私聾瞶，月旦寬癡騃。涉世利攸往，欽此銘靈臺。不楃風雲足，誰別捕鼠材。

郊牛

郊牛甘鼷鼠，烏鳥嗜烏賊。物各恣所貪，貪者爲所食。差也踐擒之，智也褭所殛。我貪人之土，人滅我之國。吉凶生乎動，倚伏安可測。

雜吟

巢、由一山富，堯、舜四海貧。桃花三月秋，梅花臘月春。見荄知花品，獨有羲皇人。

隱者不可富

堯爲貧天子，缺爲富隱士。菀與枯所集，禍與福所起。前軌折其轄，後車可以止。不然輿說輹，云何其吁矣。

弧矢

竹飛土逐肉，羿也藝神奇。九日烏雙目，落而左右之。夙聞蒙、衛、養，棘鋒墮猿兒。後世有大巧，中蝨戟牛皮。技也至於此，大道乃可爲。聖人既已死，大盜復不止。小則殪一禽，大則射王子。

定情篇

寒燠雖殊序，榮悴互乘期。蒼蒼巖下柏，烈烈歲寒時。磽埆殖枯槁，熏風亦淒其。採蕨西山顛，牧羝北海湄。天地自板蕩，吾道愈坦夷。

伐木

登山而伐木，求得百圍樹。近根成地灌，其稍蝕風露。其身十餘尋，還堪匠氏顧。或以數寸朽，置之在中路。鬼神具冥識，風雷千里路。遷之麻姑廟，雕楹龍鳳附。惚恍生精靈，卿雲日布濩。昔爲溝中斷，今中廊廟度。

士品

楚不刖卞和，所抱非真璞。漢不屈賈誼，行止盡諧俗。宋人寶燕石，魯人傷麟足。玄豹在深山，霧雨七日伏。

火鼠

冰鼠蟄冰溫，火鼠食火涼。二鼠無所畏，性定體自剛。庖刃解千牛，以神遊鋒芒。因知人間世，嶮巇而康莊。

有感

哀清嚴化虎，食人而跳樑。一嘯風生嵎，賁、育不敢行。哀哉田家犢，彎彎漬桂薑。

愁

日月度愁海，天地寄愁城。憂亦在此世，樂亦在此生。松柏遭霜雪，青青復青青。

自言

雨雪紛霏日，雷電震長空。鳳鳥歸丹穴，海内起大風。少孤貧且賤，竄身草莽中。力微難舉鼎，數奇莫求通。即今髮白後，山林矢自終。不窮不是我，是我何言窮？白石不堪煮，紫芝正芃芃。

己巳五日哭屈子

我恨屈三閭，何以生楚國？先生既生楚，墨守乃可則。枳棘充四郊，明哲宜默默。辭賦身之災，忠義反貽賊。吾爲先生計，丹山潛鳳色。九州歷相君，焉往不黜直？毒哉上官氏，蓄意那可測！讒言傾國士，令我淚沾臆。遥拜汨羅江，秦山隔異域。手劍斫佞人，事往不可得！徒挹硯海水，泣灑雪山黑。

愍節 有引

楊氏、舒氏，鄖東農家女也。笄而俱爲吾鄉婦。楊歸王受，舒歸曾三省。省與受亦農家子也。二氏相夫以禮，後皆無出，乃勸夫各買一妾。妾各生一子。才數歲而夫與妾俱逝。二氏居孀，正值崇禎末年寇盜竊發，兵饑相仍。二氏各負一塊肉，逃竄匍匐，菜色道路。見者莫不鼻酸。而二氏皆自若也。洎二孤長成，甫能耕田爲養，而二氏相繼逝矣。苦節如此，而竟以貧賤故，遂令冰霜大節蕪沒於綠草黃土之中。使在朱門高第，其旌表當何似哉？李子閒居，偶憶此事，不禁拍案傷心！遂爲五言弔之。詞之粗拙，不遑計也。

鄖東兩貞婦，俱嫁小家婿。出身俱微賤，性情俱聰慧。數年俱無出，俱向夫婿說。俱爲夫買妾，俱求宗祧繼。數年饑疫起，夫與妾俱逝。妾俱生一子，伶仃俱數歲。二氏矢靡他，俱誓不解帨。俱無舅與姑，俱鮮兄與弟。數年俱遭兵，負兒南山憩。數年俱遭饑，兒肥母粗糲。兩兒俱長成，耕田爲生計。兩兒甫得力，兩母忽焉斃。州縣不以聞，俱向黃土瘞。節俱鐵石堅，名俱貧寒蔽。借是朱衣母，俱餉春秋祭。所以感我心，潸然頻出涕。古今非無才，多在空山閉。

獨坐

乞食漢淮陰，釣魚周呂望。天下布衣人，由來隱上將。當其貧且賤，舉止多骯髒。吾聞雲夢鷹，狐兔匪所向。鵬雛徙南溟，聳身霄漢上。全力擊大鳥，天地亦震蕩。毛血落雨雪，猛氣何其壯。神物抱絕技，鴝巧豈足尚。譬彼江湖潮，不可沼沚狀。君子遇寒士，愼勿以皮相。

絕糧

孔孟亦絕糧，在鄒、薛、陳、蔡。聖賢大宗師，貧豈我之害。天道有剝復，人道盡否泰。

文

心如一碗泉，文似萬種花。引泉澆花樹，花成泉可嗟！何如浚泉眼，源深流無涯。重出

憶舊

落落荒村耳，儂生初在此。五歲能記憶，百家叢一里。賊盜時竊發，走避似奔兕。聞人說太平，如在夢寐裹。生來不曾見，向前細問彼。父老爲我言，一齊都提起：伊昔宗與祖，種成桑與梓。風俗淳而樸，依希華胥氏。欄阱豚鴨肥，阡陌禾麻美。謳歌填衢巷，門外無公使。兒童皆讀書，間亦出佳士。治極還生亂，兵燹從此始。鴆糞五嶽石，鯨簸四海水。天下事可知，禍亂不遽已。而今憶其言，句句關治理。而今過其地，步步牽棘枳。不知何王世，乃得復舊只。仰面看青天，云何其吁矣。

晝披裘六月寒，夜來燃火冰雪宅。我在山中見白雪，白雪之白白於月。須臾月出白雪上，白月之白更皎潔。雪白月白山亦白，又見白鶴立白石。我著白衣白接䍠，雪中看鶴踏月出。白鶴向我舞，白月照我室，白雪沒我足，白石盤我膝。手持白玉杯，笑將白酒啜。山中之客喧笑語，笑我面頰冷如鐵。倚杖回言君莫笑，我將山月爲君說：山中之月宜在昏，嫦娥素服窺松門。山中之月宜在曉，水晶簾卷桂輪小。山中之月宜在春，花神冠玉侍幽人。山中之月宜在夏，瑤琴初鼓熏風罷。山中之月宜在秋，霜華坐破石林幽。山中之月宜在冬，梅花枝上看玉容。我見山月思首陽，清風吹動蕨薇香。我見山月思商山，輕别紫芝出藍關。我見山月思渭川，一竿釣周八百年。我見山月思漢江，龐、馬相逢把酒缸。我見山月有所思，悠悠今古思無期。不如無心渾忘卻，兀坐山月但蚩蚩。有時夢逐松風去，長揖葛天與伏羲。

愛松篇

君不見太白山頭之老松，老松夭矯如老龍。愛松老人來松下，倚松爲屋老其中。風動松兮松有韻，伐松爲琴勝梓桐。有琴不於松下撫，玉匣鳳池塊如土。有鶴不於松下舞，清唳三聲哀怨苦。有酒不於松下醉，瑤草琪花春憔悴。有茶不於松下烹，銀瓶金鼎徒膨脝。有香不於松下爇，椒蘭枯朽芳澤輟。有棋不於松下敲，子聲確然如擊匏。有劍不於松下彈，干將斗文半凋殘。有鹿不於松下騎，寒猿升木見人疑。有雲不於松下眠，繩牀瓦枕鬱蒼煙。有雪不於松下嘗，青女笑人頻鼓掌。有月不於松下看，嫦娥蹙眉愁廣寒。有書不於松下讀，萬斛俗塵眯雙目。有詩不於松下哦，白石清泉奈爾何！所以吾生愛松柏，爲愛古松家太白。一入松島四十年，蝴蝶莊周共松宅。我愛松兮松愛我，結就松實垂顆顆。採而服之延松齡，高臥松頭看雲朵。我愛松兮松愛我，愛松之外無一可。知己惟有山之松，撫松盤桓絕煙火。自我束髮適松林，行吟坐嘯在松陰。松邊槐棘匪所愛，千愛萬愛松一岑。與松盟老歲寒心。

書五丈原武侯廟碑陰

大賢爭天不爭地，大盜爭地不爭天。爭地萬里無尺土，爭天一日天萬年。一統三分何足評，忠漢篡漢身後名。漢地三分曹爭一，漢天一統讓先生。嗚呼，萬世奸雄誰敢爭？

明月篇贈溫母唐節婦

明月山頭明月明，明月明明照山城。山前淑女鍾明月，愛看明月月下行。山有明月輝草木，人見明月豈無情？明月捫來入懷抱，此身可比明月清。笄爲明月山前婦，夫婿明月山之英。祇期月滿山長峙，孰知月缺山如傾！月出山邊泣黄鵠，月落山門燕不鳴。我今爲歌山月曲，明月皓皓山青青。富平有明月山

逍遙吟

虚虚實實自家知，是是非非更問誰？水水山山真可樂，名名利利欲何爲？兩三酒酒詩詩友，一二歌歌舞舞兒。賦賦離騷看看劍，書書科蚪彈彈琴。身居寂寂寥寥地，心作兢兢戰戰思。欲語語時還默默，方愁愁處更怡怡。榮榮辱辱有天命，攘攘熙熙莫逐時。炎炎到頭成冷冷，盈盈未幾即虧虧。分分寸寸勤吾業，聖聖賢賢是我師。子子孫孫教以善，夫夫婦婦莫相欺。磽磽瘠瘠田三畎，歲歲年年雨一犁。童僕耕耕婢織織，藥苗采采蠶絲絲。低低茅屋深深巷，小小松窗破破籬。世上機機巧巧好，山中悶悶淳淳宜。人人事事要如意，古古今今稀有之。

磻溪行

吾聞鳳城東南古磻溪，鐵壁敞空色如漆，上有不老之喬松，下有仙人之石室。石室窅冥星斗寒，仙人紺髮玉葉冠。天女裁衣碧瑤壇，剪破白雲爲素紈。夜燃松火煮琅玕，曉騎蒼鹿吹紫鸞。暫時高臥幾千秋，人問甲子但掉頭。丹灶看老雙白鶴，藥臼馴守二青虯。匣中寶劍光如練，屠鼇解鵬似截線。前年醉舞瑤池宴，誤削崑崙落半片。乘酒遨遊星宿海，戲曲黄河爲佩帶。既借青鳥駕羽輪，又倩飛瓊驚霞蓋。須臾歷覽大荒遍，叱馭復向三島外。海若聞之驚且怒，蕩漾惡浪鼓煙霧。鼉鼓龍馬列水面，霓旌電旆連天佈。海嶽震動日月昏，氛埃障斷御風路。仙人瞋目發浩歎，何物蝘蜓敢作亂？一揮莫邪飛雲漢，轟然霹靂吼天半。黿鼉蛟黨忽星散，鯨背鱷腰寸寸斷。仙人仰面笑不輟，萬里碧霄復澄澈。此時舉手辭天闕，歸來還弄磻溪月。

梧宮

梧宮臺上梧桐花，古人歌舞梧宮下。只今宮老梧桐死，野草連天嘶牧馬。

知我吟

鐘期云徂，伯牙胡爲怒而破琴乎？吾自知我我知吾。吾我之外，一任牛馬呼。予既無心，渠亦糊塗。六合豈無知我者？天有日月吾不孤。日月曒曒耀雙輪，往來送盡古之人。山河大地都照徹，肯遺深山老頑民？日月天眼明於火，照我心如丹砂顆。或有尺霧來障之，照見亦可，不見亦可。我自知吾吾知我。

題劉侍御安劉先生表忠録後

張賊殺活天下士，乃是鳳翔劉夫子。當時一日不求生，至今夫子何嘗死？憶昔逆闖犯闕時，文武調笑如不知。先皇本是神明主，洞悉時勢不可爲。蒼黄披髮煤山上，龍去鼎湖弓髯垂。先朝養士三百年，摧朽拉枯多披靡。豈知輶軒採風人，乃是死義報國臣。君死社稷臣死君，阿咸死叔節嶙峋。君恩家訓兩得矣，大忠大孝一門真。他年君臣同閟宫，烝嘗俎豆秋復春。

老牛篇

盡萬物之類，而生死於苦者，其牛也。牛壯之時，有力如虎，歲歲年年，爲主力土。力土十年牛已老，齒衰半減去年草。羸骨如削毛如掃，猶教負車泥水道。老牛負車如負山，眼哭口喘百般艱。主人心忙鞭欲死，血濺黄塵點點殷。點點黄塵老牛血，老皮禿裂皆瘢凸。明知主怒不易犯，只緣力盡敢臥轍！共言牛病不言老，誰容空將芻粟齧？芻絶粟斷皆相向，皆言可殺不可葬。壯兒饞眼無全牛，砉然支解投火浪。火浪千沸相煎急，但聽牛在釜中泣。烹牛還將骼爲薪，骨成烈焰肉成汁。汁胾相和飽家人，又呼兒童招鄉鄰。一半分羹結義氣，一半博錢濟家貧。憶昔家貧貧不愁，百畝薄田有耕牛。麥壟犁破月千頃，黍陌曳動雲一丘。雲丘月壟都耕了，主人還嫌牛力小。努力荒田爲飽人，忍饑軛下誰復曉？軛下忍饑苦莫訴，朝朝暮暮耕如故。一粒亦關千鞭苦，力得君家衣食足。君家衣食自牛生，牛老忍教牛遭烹？一切苦惱憑他受，生食其力死食羹。可憐生苦死亦苦，誰將物情比人情？人情一飯報千金，耕牛飯人刀斧尋！試將物情一反推，如此報君君何心？君不見，殺牛牛角刺其腹，嫁人殺牛自貽賊？老秣生芻君之恩，死瘞黃土君之德。君不見，楊氏門閥甲天下，宋家科第冠古今？一編竹橋渡螻蟻，一藥黃雀放山林。放雀渡蟻果報明，況乃牛是星宿精。我願世間人，率爾好生性，勿食牛之肉，勿殺牛之命。

韓淮陰掛甲樹 有引

洋州西北二十五里，有酇都山。建三清廟，廟前古柏磊砢，蓋數千年物，相傳爲淮陰侯掛甲樹。侯自登壇以後，或講武、射獵山中，掛甲樹上，亦不足異；但侯以年少奇才，用力于孫、吳，而未嘗奉教于黃石，故及於禍。予爲此詩，蓋悲侯之功成名遂，而身不退也。

虯耶？龍耶？即而視之，乃是山顛千尺夭矯古柏樹。宮殿逼仄橫布濩，問之山中老人，亦不知其生於何代，歷年之數。傳是開漢大將淮陰韓侯掛甲處。掛甲樹老將臺古，棟櫟高檠天漢路。根盤社稷四百年，葉覆三秦卷煙霧。山魈木石逞魍魎，飆發竅穴霹靂怒。杈牙烏號棨戟列，枯桻星點劍鍔露。蒼枏結陣風雲變，霜皮溜墨書露佈。大材偉幹吐精神，赤帝庇蔭穩玉步。重陰可供麒麟臥，苦心不免螻蟻妒。哀哉淮陰絕代功，英雄底事空復空？出陳倉而略雍廢，渡夏陽以定關東。固已勳名赫赫，震耀寰中：及其大戰垓下，摧滅楚雄，何不辭王爵而謝元戎，攜子房長往於深山，從游於赤松，同乎冥冥之飛鴻，顧乃陳兵出入，鞅鞅然恥伍噲等庸庸。以致嬃也讒攻，雉也交訌，爲呂篡漢，畏將軍才高知洪，陰使舍人誣以反蹤。哀哉淮陰，以用兵如神。百戰百勝之英風，乃爲蛾眉女子紿入未央宮。不聽蒯通，鳥盡藏弓，英雄底事空復空！幸有三歲孤兒，還賴相何寄南越，至今韓半傳無窮。萬世精誠感天公，陽甲城裏草色紅——信不背漢，此事可憑。徒令行人過之淚灑荒叢。吾願天下後世抱淮陰之孤忠者，功成身退，善其始終，而儀刑乎「猶龍」。

望夫山　有引

辛未十月廿三日，寓岐陽客舍。夜不能寐，偶有所思，隨吟望夫山一篇，曉起淚硯磨墨書之。

望夫山上望夫還，望夫不還空登山。前年望夫至酒泉，今年望夫入玉關。年年登山爲望夫，望夫不見見雙鸞。賀蘭山上霧冥冥，鳳凰山上雲閑閑。千山萬山皆雲霧，雲霧之外絶人寰。萬里沙漠冰雪裏，妾夫衣鐵戍其間。憶别時，不贈玦，贈以環；手折文無插鬟鬟。誰忍視妾如草菅，望之不見，愁損妾顔。山草青青妾髮斑，望夫山，望夫還；夫未還，空望山。若教妾不登山望，化作石頭亦不頑。雖然化爲石，猶且望夫君。泣涕成雨，幽怨結雲，眉黛慘慘鎖秋雯。萬年翹首爲望夫，腸斷石妻口難云。

夢終南劍客趙靜齋

乾坤老去鬼神死，壯士頭白草莽裏。憶昔君下終南山，仗劍西遊鳳泉里。君年正少我束髮，一見心知是國士。醉後吐膽口談天，刺虎斬蛟爭不已。或云煉石補青天，或云釣鼇出海水。不然屠牛朝歌邑，不然賣藥長安市。潛學鷦鷯棲蓬蒿，欻化大鳥萬里起。誰知天意正模糊，滔滔逝水東去矣。日月征邁四十年，君鬢如霜我雪顛。千卷詩書博貧賤，薄天意氣散浮煙。我在漢江登漢山，東望長楊思杳然。千峰萬壑白雲滿，鴻雁不到五柞邊。

此間樂

乃公馬上定三分，乃子座上棄三分。漢官威儀出劍閣，錦城無如魏士樂。豫州之牧英雄姿，功名未立歎髀肉。誰知生子豁達度，此間安樂不思蜀。才如武侯難補天，而況伯約之孤獨！琪[一]兮琪兮徒一哭。

丁巳冬月王青門寄紫荆山人永叔袁子詩索敍言也賦此答之

不才多病故人疏，抱琴臥枕白山麓。自從風雪閉柴門，十年客不到空谷。無端青門老王郎，覓得石徑穿紫竹。授以紫荆山人詩，字字血嘔陶潛腹。李柏讀之妬欲死，何物老此風雅士？恨他盜飲柴桑酒，大醉淋漓吐滿紙。王郎含笑酌大斗，勸我以酒跋其後。柏也嫚罵不絕口，瞋目灑墨但信手。短章寥落辭鄙俚。王郎謂是作敍已。

在頻山子德大弟宅喜晤子禎宋隱君歌以贈之

甘泉高士年六十，老骨如鶴山頭立。攜楮易種出煙霞，足跡復不至城邑。與我相逢頻陽道，不言不揖但大笑。吾弟引手指其人，云是谷口之子真。谷口有田一百畝，躬耕嘗與漁樵鄰。近日愁見石壕吏，掉臂東來陟嶙峋。一臥西堂十餘載，青鞋布襪折角巾。胸藏千卷不知富，家徒四壁不知貧。世間萬事非所好，惟有研田可隱身。柏也聞之發浩歎，仰視浮雲過

[一]「琪」疑爲「堪」，禁當之義。

霄漢。幡然欲辭太白雪，與君約釣硯海畔。研海洋洋大無岸。

踏雪行

十萬白龍戰玄天，亂落鱗甲滿大千。片片悄下似茶芽，樵青曾蓄活火煎。冷腸幾碗澆菜園，呼童背錦踏渭川。渭川迢迢何所見，珠樹瑤樹色如練。青女絡霧繫銀繩，天孫牽風織玉線。玉線銀繩㫒抑陌，雁字寫斷南山白。江郎高臥擁破絮，呂子東閣笑詩客。君不見雞窗讀書貧家子，拾得六花映寒几。吐盡蚪甲不知止，姓字琳琅馥青史。又不見子卿仗節大漠北，牧羝嚙氈枯顏色。十有九年餘老鬢，南還秩比典屬國。義重報輕古有之，丈夫烈烈盡爾秩。赤腳登壟望垌野，五陵豪貴驅白馬。接䍦鶴氅，意氣瀟灑，問葛彊以何之？遙指瓊樓，醉也！吁嗟兮，鄭、衛、嬴娥圍肉屏，吁嗟乎，暖薌獸炭爇大廈。吁嗟乎，癯儒短褐皮膚皴！則思天下有寒者。

古柏行

白山之麓有古柏，霜鱗雪甲映渭川。石根穿地經幾劫，銅柯刺天數千年。宛似扶桑生碧海，恍睹若木灰野巔。蒼蚪大吼雷電起，翠螭爪繫星斗縣。風來輕搖隴鸚夢，月出淡籠楊鶴眠。山東王孫空留恨，趙州老僧勘破禪。五陵劍俠正年少，道旁勒馬嫣然笑。或云偷種茂陵邊，或云移向錦城廟。當日僧繇畫傳奇，鋪素三日欲窮妙。幾回臨池寫不成，投研閣筆徒長嘯。

鸜鵒歌

有鳥有鳥號隴客，錦腦翠翮，嘴舌晛睆，於彼夕陽之柏，啄盡南枝踏昷羅，主人擎歸楊柳陌。楊柳陌頭客無數，擲地好辭吐煙霧。杜甫敲成別離句，禰衡裁就鸜鵒賦。笠叟著作駕龍門。惜爾能言被籠樊，古槎舊巢千里別，雕梁新恨五更吞。羽毛殺盡伊誰怨，夢裏家山月夜魂。鸜鵒兮，聰明啣愁向晚啼，故人吳嶽應獨棲。艱難離析歸未得，當年祇應宛頸忍饑，高臥松壁之西。時友人馮海鯤有桂林之役，故篇中三致意焉

古松行

曾見支離老叟，傴僂雛顔，似憨如顛，隱入太白，不知其幾多年。太白去天三百尺，奎宿掩映山之脊。白龍爪擘寒山霜，青鳳翼遮暮天碧。更有綠髮蓑笠翁，結茅偃臥松林中。松底白犬伏如虎，往來馴擾青衣童。元神靈異胡如斯？翁道不是盧家樹。朝元飛過天台山，石橋怪枝鎖層霧。袖來培得剛梢堅，撥雲刺天挹白露。實延偓佺千萬齡，葉覆褒斜八百路。伊昔老禪入天竺，十萬程途回幾時。鹿苑鷲峰消息斷，歸來忽爾卜松枝。夙聞少師冰雪守，曾種七松對五柳。五柳先生傳高節，七松處士名齊斗。幾時褰裳入空山，柳爲鄰兮松爲友。

南莊古意

平原老樹掛村煙，耕鑿人傳幾百年。丱童擊缶遊舜日，白頭鼓腹歌堯天。每到歲臘社甕熟，打鼓吹笛張几筵。款段馱

醉歸南隴，黃犢牧雨下西阡。村翁七十不見官，里胥經年不討錢。但恨太平不千歲，一治一亂成往還。鯨魚横簸四海水，欃槍生角犯星躔。星躔天上垂乖異，豺虎人間爭作祟。哆口大嚼生靈骨，漸致弓刀遍天地。秦房漢苑成焦土，山落水聚亦毀棄。伊昔比屋連松廊，而今蓬蒿滿堂出！後園金井堙破瓦，其上銀牀蔓薜荔。薜荔菁菁帶露垂，豚阱鴨欄穴狐狸。雀啄短牆剝蝸篆，風走破戶斷蛛絲。無限荒涼棲野鳥，帶血啼上夕陽枝。

菉竹篇

山中之人食無肉，山中之人居有竹。有肉無竹非山居，山人種竹滿山谷。森森綠玉蔣翊〔一〕徑，菁菁籜龍張薦屋。屋邊徑邊竹無數，看花看子看不足。又坐竹林看竹譜，乃知此君出處故。此君出處大奇異，大節高標世所棄。湘箬飽經凡草妬，彤竿那顧閑花忌。共道腹空老荒山，豈知刺虎如犀利。爲舡截斷江海浪，爲柱廣將天下庇。天荒地老成抛擲，終有化龍騰空意。騰空化龍飛上天，老髯殘爪墮渭川。劉季冠皮爲天子，離婁餌汁成神仙。運退人遺申池火，時來客識高遷椽。高遷之椽鳳聲藏，爰伐爲笛鳳聲揚。一吹白石裂，再吹鴻雁翔。雖有異響等昭華，不遇中郎終枯簹。君不見，帝俊竹林在共谷，中散竹林在山陽。紺族綠筒今已矣，猶將嘉種志縹緗。縹緗紛紛竹枝辭，怪狀靈跡不一詞。枝啣異鳥活夫婦，音出嶰管分雄雌。湘山揮淚怨帝女，豚水〔二〕浣衣收王兒。削片作甲起霸圖，插葉引車思君時。思君引車不相見，寶鏡寂寞芙蓉面。願將此身化爲竹，來世生長白虎殿。白虎殿前生竹苗，漢臣作頌頌漢朝。簳折蓬山聞鐘磬，路回磐石聽管簫。管簫緲緲山風送，一陰一陽律吕中。玉花珠粒非無用，長爲明王養丹鳳。君不見紅桃白李人所豔，繁華空作三春夢。

〔一〕「蔣翊」爲「蔣詡」之誤。

〔二〕「豚」辭源爲「遯」。晉常璩華陽國志四南中志寧州：「有竹王者，興于遯水。」

冬日馮別駕邀飲見羽扇懸壁即席賦短歌志感

十月雪堂白于練，大寒削肌風割面。冷壁胡爲懸羽扇？羽扇羽扇，今非其時，胡不深藏而淺見？幾許過客冷眼看，惟余爲君發長歎。高聲狂叫主人翁，珍重牢封篋笥中。莫作無用漫棄置，會須得志于時，掌上日前，號令清風逐炎吏。

西山行

吞聲苦誦采薇歌，當年餓活士兩個。周家戰歸天下小，夷、齊死後西山大。西山一片高嵯峨，鯨柏石篆老荒坡。度鮮身叛則殺之，信達心叛其奈何？大名中天懸星月，高義凜凜壯山河。試問忘君事仇之賊子，從此過之，其思也麼？

大鵬歌贈蕭一弟雪山

君不見北海有鵬鳥，爪如鐵石眼如星。靜裏養成垂天翼，背負日月到南溟。羽毛毰毸濯天池，獨立陽阿以暴之。君不見斥鷃亦有得意時，飛來飛去榆枋枝。

登太白山東望長安有感

我登太白望長安，白雪紅塵分炎寒。如掌秦川千里小，巉巖三峰汗漫寬。山有胡僧雙碧眼，山有仙人鐵作冠。嗟爾瀛洲蘭臺之客，何不褰裳一盤桓。咸陽西來三百里，一步回頭生羽翰。或云太白去天但尺五，鳥道凌空，莫陟瓊巒。豈知漢唐之季，物華凋殘。長安城中不見人，野老悲歌行路難！

代内贈郭貞媼

關西隴東八百里，南有太白北渭水。名山大川鬱磅礴，「二南」風化被女士。漢有烈女名孟光，彤管姓字馥青史。後有郭家康貞媼，敕德高行續芳趾。蔓結絲蘿五百年，花開桃李三月美。齊眉案舉蓬蒿屋，承塵鵰叫秋風起。荊布偕老老未偕，盛年芳容良人死。此時欲從地下遊，其如一女復一子？一女一子「兩塊肉」，獨行出入獨顧腹。故琴舊劍封塵土，呱呱那堪繞膝哭！屈指食貧三十年，心血半枯鬢欲禿。女已嫁，男能讀，莫負陶門歌黃鵠。兒已娶，復有孫，莫負隻飛老燕門。微賤如妾忝葭莩，親見貞媼說撫孤。別來一水兩隔絕，登高悵望郃國都。

贈彈琴老人李顯吾

彈琴老人七十七，師襄衣冠伯牙質。性情成連移東海，俠烈魯陽挽西日。使氣不因郭解勢，罵座猶將灌夫叱。邇來白眼傲禮俗，抱琴大笑入石室。石室横拖石欄杆，羽弦一鼓六月寒。霜飆凍裂鐵如意，桃李衰颯草蒲團。忽然改弦奏角音，春滿蓽門花滿岑。先生此技少人知，古來惟一終子期。近聞子期老將死，天下從此無山水。

又贈彈琴老人 居岐陽

彈琴老人七十八，霜白虯髯雪白髮。鳳凰喈喈鳴弦上，陽春冉冉走指甲。掀髯劇譚少年事，任俠結客長安市。一擲千金家未貧，殺人報仇身不死。前年老去壯心在，老拳欲擊太行碎。今年老去壯心灰，曾學淵明賦歸來。「三徑」松風吹瓦枕，「東皋」巾車輾青苔。山中鶴子松前舞，世外梅妻傍月開。詩百篇、酒千杯，聊乘化以歸盡兮，樂夫天命奚疑哉。

樵南花 並序

戊午二月，長安子咸滿先生觴余家園東籬之下。先生世冑清俠，農隱西郊，好延賓客，種花木以娛老。籬邊花樹一叢，初發蓓蕾，清香遠襲。余異之，問此何花，答曰此所謂「樵南花」也。崇禎初秦王好花木，客有樵南杜生者，輦移中人。中人植于內苑。王愛之，問所從來，中人對曰，此樵南杜生所獻也。王佳其名，即以名花。至今長安有樵南花焉。余聞之，以酒酹地曰，吾鄉先達往矣，名寄草木。古有「淵明菊」「茂叔蓮」，得無類乎！感而賦之，用闡幽異。

秦王宮裏千樹花，遍搜深山與郊野。關輔名園數百區，買根乞子無遺者。郃池明經杜樵南，淹貫經史稱大雅。太學六館推才名，初牧平度駕五馬。一朝掛冠東門外，曳杖歸老太白下。習聞秦王愛園林，輦來花樹僅供把。秦王素重樵南名，即取姓字爲花榮。內苑流鶯啼二月，異香飛滿長安城。自從鼎湖墮龍髯，留得佳話傳西京。西京野老隱桑田，長髯白面似坡仙。平生獨愛樵南花，惜花移種杜曲邊。樵南遠祖出杜曲，花發杜曲豈偶然？杜曲主人世冑賢。子咸前朝指揮

喬松篇爲商山牛老先生壽

君不見喬松千尺高，月冷空山漲翠濤。寒木不辭春華妒，鐵幹惟宜老鶴巢。人言老鶴千年壽，喬松之壽更不朽。商山夫子冰雪骨，歲寒結爲喬松友。松頭餐霞嚙雲芽，松根讀書空「二酉」。商山蟠踞六百里，其下東流丹江水。山頭明月善丹青，曾貌喬松江心裏。江水東流不知止，商山嵯峨長如此。江有月兮山有松，吾歌喬松壽夫子。

長沙弔屈子

李柏五日哭屈子，年年滴淚弔以詩。今日南至長沙地，高聲呼君君不知。呼君勸君君勿怨，吴國大江流鴟夷。越國范蠡不去越，應與先生共水湄。萬載汨羅江水寒，令我至今怨上官。

篔簹行壽仲貞張翁

漢山蒼蒼漢水綠，松柏繚繞篔簹谷。谷中主人志和子，以竹爲樓山之麓。林下闃寂何所有？一琴一鶴與一鹿。漁童鼓枻蘆花塢，樵青蘇蘭烹野蔌。壁上丹霞噴五嶽，牀頭素書緘一簍。求道感得老邋遢，爲君手授長春籙。絳縣甲子何足數，從此添籌滿海屋。我本終南採藥人，與君長醉篔簹竹。

彈鋏行

公子好客田孟嘗，馮諼彈鋏事可傷。彈鋏以前食無魚，彈鋏以後乘車行。古人肝膽傾貧賤，相逢如故青天見。若待彈鋏始知心，賓主輕薄友道變。絶交成論千餘春，一諾百金尚有人。君不見管、鮑貧交盡人倫，分金戰北情益親。愧殺紛紛儀與秦。

六十四

壯士老矣六十四，嗜酒不知老將至。匣中鐵龍吼霹靂，寶氣騰作斗牛瑞。一十八歲號健兒，豈有白頭反自棄？君不見夷門老監年七十，風輝猶動魏公子。市井交遊鼓刀人，鐵錘出袖殺晉鄙。談笑立解邯鄲圍，戰國侯生尚爾爾。吾之家世隴西李。

題周在豐松鶴圖

胡爲乎堂上蒼麟老扶疏，鐵幹磊砢交蟠紆。又若九皋鶖露〔二〕唳天衢，崩雲裂石乍有無。即而視之，乃是江南周生潑墨醉寫松鶴圖。鶴出青城山，羽毛翩翩霜雪俱。松是天台樹，青鳳白龍互號呼。松稍掛月葉綴露，山房清晝蔭團蒲，不羨秦

〔二〕「露」疑爲「鷺」之誤。

帝封大夫。雙鶴盤空報客罷，拳足刷毛啄綠蕪，不向衛國乘軒輿。吾生愛鶴又愛松，四十年臥太白峰。爲鶴吟詩幾千首，爲松入山幾萬重。邇來作客山城裏，夢魂嘗與松鶴逢。何幸周生寫石墨，與我相值灤水東。兀坐終日對松鶴，鶴亦不翔空，松亦不凋風。恨不結茅畫圖上，扶松調鶴老其中。

太白山房

四海吾今無以家，來向山中採松花。千松萬松冰雪窟，一瓢一笠冷生涯。此中大有「滄洲趣」，何必斗牛去泛槎？

贈杜海門

戴髮老僧杜陵杜，老腳踏翻曹溪路。歸來口吐曹溪波，養成一個菩提樹。枝枝葉葉放光明，不增不減亦不住。

漁父辭

百丈虹霓竿頭絲，繫得月鈎沉水腹。一釣六鼇出海底，手折扶桑烹其肉。五島不動波不揚，乘槎直到織女星。

酒園落花吟

朝爲卿相暮田家，昨日黑髮今霜華。人生大笑能幾日？九十春光不我賒。無錢沽酒春亦去，勸君「典衫」醉流霞。

君不見，酒園花，昔日爛熳今泥沙！

壬申五日新遷漢上哭屈子

我在周南山居時，年年五日哭屈子。汨羅江上草芃芃，屈子此日死江水！鄭袖緩頰張儀欺，懷王還貪六百里。青山六里石巉巖，楚子走死武關裏。直臣底事是逐臣？空賦離騷怨楓芷！我在漢、洋懷沅、湘，王孫芳草何茫茫！家貧靡獲楝葉米，掩淚長吟招魂章。

磨墨

半世藏名古墨莊，馭磯石硯金星光。朝磨千山之松煙，暮磨萬杵之麝香。我磨墨兮一池黑，墨磨我兮兩鬢霜。磨到秋風吹幽蘭，不然虯車駕雲翔。地下宜佐修文史，天上題遍白玉堂。雲漢黃河水茫茫，墨汁浪翻鳥魚狂。稱觴河西織機女，捧硯河東牽牛郎。道士醉後灑毫芒，一天星斗煥文章。

生孫 有引

甲戌八月癸丑，長男崧婦生子。婦青門老友子咸滿先生之孫女也。先生歿十餘年矣。余在客舍，因喜懷舊，思我故人，詩以哭之。

我在洋州憶青門，泣下沾襟口難云。當年垂涕媚[一]姻約，殘燈暗淡酒半醺。予將卜居深山，先生苦留不得，因以孫女許配長男。我以家貧靳一諾，三年俠氣散秋雯。別三年，先生歿于家園。素車白馬入龍首，蒿里、薤露歌送君。余自鄜至青門會葬。明日以情告厥子，子遵父命爲許婚。韓子又韓在冰下，紅繩雙綰絲蘿痕。余友韓又韓欣然自許爲冰人。蹉跎歲月十餘載，遭荒西徙岐周原。有郃豪士臥雲子即焦潛飛，僕馬黄金如蕭園蕭園，先生精舍。蕭條旅邸略成禮，荆爲釵兮布爲裾。明年避地漢水上，牛缺之子讓草軒謂秦德英。後有張家賢太守，爲結茅屋雙梧根園有老梧桐二株。甲戌之年秋八月，汝孫今已誕我孫。攢眉遥思故人義，老淚潸潸雨落盆。他日曳杖長安道，炙雞絮酒拜孤墳。衰草冷魄知何處？野馬習習吹遊魂。

題松堂坐語圖

江空山靜似牛渚，幽人對坐爾與汝。阿誰曳杖抱琴來？遥知亦是山水侶。行行雙眸射蓽門，隔溪高叫不聞語。錦鱗不躍浪無聲，草木長茂山色古。山中人不知春秋，恒以松花卜寒暑。長松落落覆茅茨，障斷紅塵山外土。

五日哭屈子

戊辰五日日辰時，菜根入口哭屈子。淒然落箸難下咽，南望汨羅哭不已。强秦在北吴在東[二]，楚人放逐天下士！悲哉直道難爲容，古往今來皆如此。

[一] 「媚」爲「姻」的異體字，疑爲「婚」之誤。

[二] 公元前四九一年，越已滅吴。前三〇六年，楚已代越，越散。此時屈原約三十四歲。兹説明。

轅門戟

爲天下者不顧家，漢高分羹事可嗟。爲天下者不顧友，坐上之客亦可醜。不記轅門射戟時，哀怨悲壯氣衝斗。我讀漢書心不平，縛虎不言促其生。擠井下石心何忍？令人欲廢月旦評。

紫柏山次趙文肅公韻

雲棧八百芝蘭道，客子來往疾於鳥。鐘鳴漏盡不知老，石泉何似金馬好。茫茫宦海事未了，他生還期封侯早。君不見紫柏山頭白雲深，太虛一點任浮沉。

清明

數處紙錢飛芳甸，秦人採藻陳春薦。東風吹淚浥青草，舊事蒼茫心難見。人生一似大江水，逝者來者疾如箭。告汝壟頭大哭人，君去哭人在後面。

挽張伯欽

君不見太白山頭有白雪，光射渭水之秋月，山雪水月相掩映，寒氣蕭森風栗烈？又不見郚城西山柏蒼蒼，逢對南山松千尺，松頭老鶴出雪山，橫渭翔集郜城柏？柏梢掛月月皎潔，渭水寒沙湧金屑。正可垂綸釣玉璜，月落渭水水聲咽！「蒹葭」寂寞魚龍隱，空令孤鶴唳欲絕！

除夕歌

西家夜半燒鬼錢，東家椒酒醉仙仙。村巷燈火如白日，贏得果餌過新年。古人德與年俱醇，古人學與年俱新。儂年正三十，德與學何如？百年三萬六千日，儂已空過一萬餘。後來二萬知多少，力耕心田忙讀書。

少年行

少年不知何許人也，皮膚粗樸骨頭剛。白山冰雪砌心坎，蜀山銅鐵鑄脊樑。髫丱之年學筆墨，結髮以來舞干將。干將何所試？終南虎豹迎刃僵。筆墨何所似？雷電杳冥蚪龍翔。兄事淇園竹萬個，師事徂徠松千嶂。東陵〔一〕大盜寇靈臺，主人戒嚴備戎裝。羽檄飛下榆林塞，中貴齎詔入洛陽。急拜「敬」子爲方伯，又擢「誠」氏任元良。右秉白旄左黄鉞，陳師問罪如鷹揚。後車嚴戍公私門，前鋒擊破是非鄉。旌旗繚繞金鼓振，天地慘澹日無光。臨陣酣戰三十六，渠魁生擒小醜亡。南仲既獻馘，吉甫已勤王。然後泰宇清明恣遊行。漢家蒲梢周家駿，不如雲車驂龍翔。沭〔二〕髮天池側，釣鼇溟海旁。東道主人方壺仙，西行傳舍王母堂。痛飲玄酒數千石，細嚼琅玕似蔗漿。一天星斗親手種，八方綱維次第張。丈夫在世須

〔一〕「陵」疑爲「峽」之誤。

〔二〕「沭」爲「沐」之誤。

如斯，磊磊落落度幾時，莫學陶家栗棗兒。

四言

短歌行

十五入學，五十白首。厥生不辰，遭逢陽九。文儒爲亂，筆弑哲後！引盜入室，逐昭殺糾。釀成厲階，四海奔走。偷生苟全，耕牧糊口。茅屋三楹，山田百畝。古人既往，來者在後。渺焉一身，太湖蝌蚪。明明在天，南辰北斗。嶽嶽在地，九華、二酉。仰觀俯察，萬物速朽。槿華蜉蝣，其何能久？蹉跎半世，空垂兩手。惕然內省，多尤多咎。如衣緼袍，露膺見肘。靦焉對人，顔一何厚！中夜撫心，憶新感舊。告我良朋，別以卮酒。我徂深山，甡甡鹿偶。

立身

先咬石鐵，後嚙冰雪。先蹈火湯，後臥露霜。

庚申十二月十九日偶成　三首

士固宜貧，抱一守真。堯爲天子，布衣掩身。

又

世界自寬，任之斯安。堯爲天子，鹿裘禦寒。

又

已而已而，遊斯息斯。堯爲天子，不剪茅茨。

愛山

山如吾骨，水如吾血。骨血身體，如何可別？天大愁城，遇山崩裂；地大火宅，遇水盡滅。種一畝菘，臥一林雪；釣一溪水，采一巒蕨。水調一曲，山歌一闋。書卷雖殘，劍鋒勿折。看劍讀書，而消歲月。已而已而，有口難說。

磻溪

圓天爲笠，方地爲磯；明月爲鉤，落霞爲衣。魚不在水，熊亦能飛。伸手垂綸，而釣周歸。

讀孝友傳詩 有引

傳曰：「化自北而南。故風有周南、召南。」江漢，南之遠；渭水，南之近。陳倉瀕渭，「二南」，風所先採也。孝友，化所自出也。周有張仲，雅歌之矣。熙如張君，其苗裔邪？讀其傳，猶有「周南」「召南」之風焉，是又可歌也。

我行周野，言採其苴；我行渭水，言釣其魚。所謂伊人，蒹葭爲廬。有烏集于樊，鶺鴒集于原。所謂伊人，宜爾子孫。我歌周南，其風穆穆。我歌召南，其風肅肅。所謂伊人，在渭之澳。在南山之麓，其德如玉。「孝友」三章，一章章六句二章章四句，三章章八句。

六言

知止吟

平平安安足矣，淡淡泊泊何妨？笑來名名利利，翻成苦苦忙忙。熙熙攘攘華屋，清清靜靜山房。明明白白放著，仔仔細細思量。

漁父詞

白髮江鄉釣叟，卜居七里灘頭。磯下半輪水月，門前萬畝蘆洲。斜陽一斗春色，鼓棹長歌不休。孤舟明日何處？依舊蒲蓑鐵鈎。

崔唐臣汴河舟

朝朝暮暮斗酒，年年歲歲「羊、裘」。山山水水佳處，往往來來扁舟。

長安秋夕

上林雲鎖松暝，下苑風敲竹斜。贏得秦樓一醉，任他月落誰家。

又

琪樹風飄上苑，珠簾月掛西棚。長安一夜秋思，半是寒砧搗成。

七言絶

訪隱

聞說伊人久閉關，經年獨臥水雲間。柴門寂寂無車馬，劍倚長天鶴掛山。

其二

披髪狂歌臥石關，妻梅子鶴兩閑閑。怪來三謝丹書詔，玉洞琪花滿舊山。

磻溪　四首

野水長天一色秋，荒臺小徑穿蘆洲。「明王」一獵非熊夢，八百經綸出釣鈎。

其二

屠牛老叟入西周，等是尋常把釣流。自古大人能虎變，漁翁談笑取封侯。

其三

先生白髮且垂綸，蠖伏神龍潛隱身。牧野陳師七十萬，倒戈八十釣魚人。

其四

一戰功成革有商，功名節義兩分行。夷、齊諫罷登山去，死後何人問首陽？

漢故都

楚炬秦房焦土傳，鳳城鵲觀更蕭然。終南山上雲霞氣，散作漢宮日暮煙。

文帝陵

鳳集高岡儀九京，溪毛澗芷野人情。儒言黃老難爲用，文帝熙熙致太平。

幽居

數間茅屋倚枯槎，釣水樵雲只一家。篋有藏書三兩卷，黃庭、周易與南華。

夢

把夢思量夢更長，覺爲蝴蝶夢爲莊。因緣說破真堪笑，悔在邯鄲做一場。

劉文靖墓

煬帝南巡尚未還，英雄決策在機先。太原一遇李公子，便定唐家三百年。

桃花

拂面紅塵散狹斜，春城萬戶映朝霞。芳林別有潛根處，爭似人看枝上花。

過未央宮

落落荒城積雪寒，農煙牧火遍長安。笑他蕭相非王佐，壯麗徒迎漢帝歡。

其二

漢家城闕壯關中，臺榭層層聳碧空。今日相逢惟塞雁，晚來飛入未央宮。

聞哭

客窗風雨夜三更，坐久獨聞腸斷聲。五十餘年孤苦事，一天愁怨滿江城。

漁父詞

鸚鵡洲邊綠水波，湘潭寂寂落花多。漁家正近黃陵廟，獨釣楓江雨一蓑。

昭陽殿

曉日曈曨燕舞斜，昭陽春雨浥桃花。苧蘿有女顏如玉，猶在溪頭學浣紗。

山居

自攜猿鶴入深山，嶂雨溪風獨閉關。記得前年春雪後，借書沽酒到人間。

山行

漫道桃源路不通，溪行十里道心空。鳥啼流水落花外，人在春山暮雨中。

答山外人問家在何處

巖前無限長松樹，樹下蒙茸野草花。花外小橋横綠水，水邊石徑入桑麻。

山中見月

磵戸寥寥猿嘯哀，松堂寂寂好風來。拋書自捲湘簾看，雪滿千峰月在梅。

鶉衣二絕

渭陽秋老雁南飛，傲骨崚嶒著破衣。半被蘆花渾不寐，臥看山月上柴扉。一云「抱膝蒲團渾不寐，坐吟山月上柴扉」。

其二

菊花冷落霜花飛，風動松堂半掩扉。攬鏡自憐詩骨瘦，權將米桶作溫衣。

踏雪曲

纔向騷壇百戰餘，又爲梅花策蹇驢。湖天有個裘羊叟，醉臥雪舡不釣魚。

渭水秋月

八百秦天倒渭河，空明水月天如濯。寒聲晝夜下東溟，流盡興亡人不覺。

五丈西風

漢相出師討魏賊，龍吟虎嘯不可測。只今五丈吼松風，殺氣吹遮渭水黑。

楓葉

秋染楓林醉一山，西風剪葉下松灣。拾來試與松梢比，誰道青紅得一般？

秋閨

一自西風吹妾襟，妾心長在望夫岑。咸陽門外無青草，白雪鐵山多少深？

苦吟

花睡欄杆鳥睡枝，孤吟人挽綠楊絲。夜深賒得天邊月，掛在山門苦釣詩。

登鄠邑大觀樓

天外曾聞彩鳳吟，長空雲盡見遥岑。九嵕黛色老松桂，三殿寒煙變古今。

雁字四絶

塞上飛來江上游，水寒山冷客深秋。揮毫叫落衡陽月，寫斷天涯一陣愁。

又

滿眼牢騷客異鄉，唧蘆横掃楚天長。但教明月穿雲看，未許西風吹斷行。

又

抹山掠水過南樓，翰影斜涵漲海秋。寫到星寒月落處，一聲高叫和天愁。

又

紙有長空硯有山，毫端蘸雨出雲間。年年絕筆衡峰下，剩得南天萬里閑。

旅夜秋

去歲他鄉秋思苦，今年客舍又逢秋。書從邊雁影中寄，人在寒蟬聲裏愁。

聞蟋蟀

「三徑」霜寒黄菊老，一簾月落玉鈎空。客情正是秋風夜，況復蛩聲過枕東。

早梅

行盡空林不見春，鐵冠照冷梅花神。晨霜夜雪黄昏月，看老孤山有幾人？

乙丑元日

酌盡松窗酒一巵，茜茅三灌告天知。殷勤爲謝寒冬雪，養得梅花香滿枝。

懷太白山房

家山深處雪重重，長夏翻書曝夕春。磵戶猿啼松萬壑，蘿堂鶴唳月千峰。

乙酉〔二〕重過酒園懷滿處士子咸五首

燕去梁空樹集烏，牡丹亭外是蘼蕪。亭前牡丹數十種酒徒自別高陽後，子咸雄飲露滴花梢月到梧。

又

尚有園林傍帝都，思君不見見雙梧！池邊近日生春草，入夢莊周化蝶無？

又

瓜種青門藥貯壺，先生長施藥龍山家世宅皇都。草玄人去雲亭寂，牽引空餘巢許圖。亭懸巢父、許由圖，題曰「牽飲上流」

又

夢裏風光憶得真，鬚眉舊是葛天民。覺來無限懷人意，夜雨孤燈一老身！正月夢子咸，覺而哭之

〔二〕「乙酉」疑爲「乙亥」之誤。

又

驅馬南遊值暮春，杜陵花落錦成茵。半醒半醉閑行處，「三笑溪」邊少一人。余與韓二、滿三同遊

漁父詞

漢水江邊一老叟，年年把釣坐江口。悠然無語看江波，波浪在前又在後。

別竹

葉蘸離人酒一巵，斑痕苦點鳳凰枝。此行早擬思君處，月院雪房獨坐時。

夢竹

記得山房萬個竹，分明月下對哦詩。覺來一院他鄉雪，橫壓客窗梅幾枝。

關山月

羌笛關山月正秋，征人遙戍隴西頭。因思少婦深閨裏，爲寄寒衣夜擣熖。〔二〕

有所思

流水落花總斷魂，溪門笻杖倚黄昏。如何目盡江南路，一片寒雲帶雨痕？

秋閨

翹首西風吹漢關，蠺蛾獨上望夫山。蟬吟渭北秋先至，人在遼西雁未還！

客窗夜雨

太白倚天掛雪屏，竹籬茅舍故園情。鄉思正是秋風夜，夜半又聞秋雨聲。

〔二〕「熖」疑爲「燭」之誤。

又

涼雲如水蘸丹楓，山雨隔簾響井桐。莫怪秋聲徹夜苦，瀟瀟客淚在其中。

閣夜聞笛

山閣沉沉掩半扉，風簾嫋嫋捲深暉。終南九月「梅花落」，吹入東牆不見飛。

阿那曲

石頭曾是古人妻，望夫不見空留跡。天下卻少望妻山，總然望妻不化石。

二月同月谷趙山人仿堯劉子康直楊子遊仙刹漫賦二絕

燒痕雨斷綠苔新，兩岸桃花千嶂春。世外武陵行欲盡，不知何處遇秦人？

其二

石徑盤空鳥道斜，「虎溪」南畔有人家。老僧揖問客來處，笑指北山一片霞。

即雪

萬里雲深鳥不飛，微茫煙樹映村扉。何人獨步溪橋上，罷釣歸來雪滿衣？

未央宮朱草

呂雉陰圖諸呂安，誅劉大將必誅韓。天公欲白淮陰事，草色千年血尚丹。

池邊

長江潮汐一杯水，幽谷小塘自大觀。潭影倒吞千樹静，波光翻插萬峰寒。

哭先妣

庭前萱草霜前冷，眼中病骨夢中還。痛殺依門人不見，願得相逢入夜泉。

客窗蕉雨

幽窗獨夜雨三更，一枕芭蕉滿院聲。太華松濤太白雪，悠然千里落江城。

曉發郭令公舊第

舊是汾陽歌舞宫，蒼涼古道水煙空。「三峰」旭日秦天曉，臘月蓮花映雪紅。

韓信塚

塚在長安東門外。戊午正月訪青門遺址，因拜其下，黯然傷心，爲書二絶

良弓高鳥已堪愁，可惜將軍死女流！「隆准」子孫千載後，咸陽青草覆荒丘。

又

程嬰爲趙趙孤留，信客抱兒史未收。南越尚餘韓半在，呂公一族問盧侯。

山居

羣籟無聲夜未央，青山入夢是蒙陽。覺來依舊終南月，萬壑千峰似水凉。

揚雄識字

共道揚雄識字奇，客來載酒餉茅茨。龍書鳥跡皆能辨，漢字當前到未知。

見月

門掩西風動晚涼，繩牀瓦枕舊茅房。覺來松際見初月，萬里無雲在上方。

太白山房 二首

綠樹叢中雲靄靄，白雲堆裏樹濃濃。雲光樹色遙相映，隔斷紅塵路幾重。

又

天邊白雪傲高椿，洞口玄冰結古松。白雪不消松不老。瑤臺月滿一峰峰。

題楚客盧中明墨竹圖

楚狂八十臥空谷，種竹不成又畫竹。四海一身何處家？長將筆底竹爲屋。

太白山

太白去天三百尺，山椒古雪皓西極。若教伯夷居上頭，山是蟻垤雪如墨。

聞蟬

碧樹寒蟬萬里秋，不堪愁聽夕陽樓。一年一度西風裏，能使少年早白頭！

嗅花

撚花不語笑東風，獨嗅芳魂坐碧叢。誰遣幽香聞蛺蝶，紛紛只覓指頭紅？

飲馬長城窟行

漢家雁塞秦長城，城下窟寒飲馬行。戰骨千年堆白雪，不知何代始休兵？

望五丈原有感

赤精衰歇已多年，盡瘁報劉那問天！曹、馬封疆何處是？此原猶屬漢山川。

故園

村斷荒煙樹散鴉，梁空海燕落泥沙。黃昏碎語東風裏，似覓尋常百姓家。

登太白山

尋真採藥入嶙峋，偶遇樵夫問隱淪。說在寒猿吟雪處，松窗曾見讀書人。

秋日送趙居士游隴西 二首

離恨一天逐客舟，白雲黄葉滿川秋。渭城休唱陽關疊，斷絕肝腸是隴頭。

又

枯桑八月落漁磯，衰颯涼風度客衣。萬里愁雲吹不散，隨君直向隴西飛。

有感

盡道玉京遠石泉，牽牛誰再飲堯天？巢、由老去箕山在，借與閑猿野鶴眠。

山中

「金、馬」誰去避世塵？ 空山寂歷道心真。華胥國裏清涼夢，多是飡霞臥雪人。

山中

雨雪深山早閉門，忽聞孤鶴唳松軒。客來手把青藜杖，笑指牀頭老瓦盆。

潼關南城望大河有感

九曲黄河一曲回，高崖手劈巨靈開。津樓一片秦時月，曾照關東六國來。

潼關南城望大河有感

萬里黄河絕塞來，接天兩岸日邊開。古人競渡關門水，直到於今棹不迴！

避世 二首

十月移家太白巔，千峰白雪一峰煙。煙光不冷雪花暖，月在水中心在天。

又

一入深山抱月眠，華胥國裏夢年年。覺來白眼看浮世，楓化老人海變田。

病中

萬點傷心淚破書，不堪回憶少年孤。口中無限江淹恨，説與東風知也無？

聞笛

長簟怯昏枕未安，梅花夜落五陵寒。誰家玉笛高樓上，吹斷關山月影殘？

漢中

禹貢梁州漾、沔東，關、河割據幾英雄？王侯老去風雲散，水在長江月在空。

友人文學張子招飲宛在亭賞紅梅

莫望鄉關動遠愁，乾坤何處不風流？花神解得遊人語，笑倚欄杆幾點頭。

壬申春岐陽客舍有懷

花鳥深山二月春，松堂薜荔自抽新。寒流帶雪杳然去，巖下誰爲洗耳人？

憶故園

空粱有燕巷無人，花鳥家山各自春。爲問草堂門外柳，葉眉如黛爲誰顰？

題武侯廟

星殞營中漢殞天，赤精灰冷斷殘煙。惟將尼父尊王義，力盡漢家四百年。

庚午入山

五陵無地閉柴扉，老至龍鍾與世違。惟有畫眉狎野客，飛來直上薜蘿衣。鐘呂坪畫眉馴擾衣裾

雪洞曉煙

爐中燒葉瀹冰華，風引煙光檻外斜。惹得樵人閑指點，青雲堆裏有人家。

松下

萬頃綠天在樹梢，松濤徹夜響蓬茅。科頭據著胡牀聽，月下聲聲鶴唳巢。

溪水

乾坤白浪日優遊，送盡花春與葉秋。一出山門落陸海，曾無涓滴復源頭。

食箴

飲食當忘細與粗，菜羹饑啖勝醍酥。即今脫粟田家飯，開闢皇王一粒無。

入少白山

露濡林光連翠滴，雲涵雨意帶秋飛。舉頭遥見青天外，千尺孤松一鶴歸。

詠梅　四首

夢裏繁花夢裏香，夢中美酒酌西涼。醒來倚著欄杆看，惟有梅花敢傲霜。

又

百花明媚鬥三春，未到深秋委土塵。盡說歲寒凋萬物，卻于梅蕊助精神。

又

絕代幽姿不染塵，凝眸斂笑解迎人。月明歌舞梅村曉，始識霜花自有神。

又

雪自紛飛花自開，暗香瘦影自徘徊。溪山深處無人到，有客孤吟驢背來。

回雁峰別茹司馬游衡嶽時雨雪兩月登山次日萬里開霽得觀海日下山陰霾如故

積雪衡陽別雁羣，湘山湘水弔湘君。五千里外六齡客，七十峰開萬里雲。

穆公墓

鳳凰城下草萋萋，秋山秋水接隴西。「三良」遺恨知何處？ 木落棘門鳥自啼。

乙巳秋聞隴西有警思與室家遁入終南遙憶山居樂事故有此賦

荆妻漉酒兒割雞，空山松火照幽棲。闔家共酌草堂月，棋聲驚起宿鳥啼。

卷之五

七言律

潼關

雄關巀嵲聳西京，險甲中原天府名。「三國」封疆分一水，五陵鎖鑰寄孤城。王侯老去河山在，揖讓風衰戰伐生。割據由來非一姓，豈徒失鹿是秦嬴？

五丈原弔忠武侯　二首

荒原絕塞接西岐，諸葛北征數駐師。壁壘風雷傳號令，松杉日月耀旌旗。君臣德比唐、虞際，將相才兼伊、呂奇。當日天心重祚漢，治功應盛沛公時。

又

龍飛渭水中原震，虎嘯祁山司馬驚。地畫江河分寶鼎，劍揮星斗斷長鯨。「兩朝」社稷八門陣，「六出」勤勞「三顧」情。隻手補天功未遂，寒猿野鳥亦吞聲！

和李子德寄鄂撫軍南安詩　二首

輪臺西望大荒連，威遠先推司馬賢。龍鳥陣開藏九地，風雲席捲靖三邊。戍樓畫角關山月，羌管「落梅」雨雪天。欲進伊州增樂府，直須青海絕狼煙。

又

武皇西顧欲開邊，拊髀長思上將賢。詔下嫖姚出絕塞，功成班史勒燕然。日中飲馬長城窟，月下吹笳紫雁天。莫謂勳高辭上賞，漢家早已起淩煙。

自下板祠尋東溪洞天　二首

胡麻飯罷恣幽情，步下東溪半日程。風撼山飛龍馬遁，雷轟天破鬼神驚。寒猿失路聞三嘯，野鶴尋巢不一鳴。招隱儒林空作賦，且將杖履共譚生。

又

欲尋松壁掛長劍，託上煙溪採杜蘅。雪障晴飛花萬樹，柏巖曉滴翠千莖。幽從太古無人跡，靜到深春有鳥聲。此地曾經仙客臥，丹砂點就石華明。

峪泉春望 二首

硯格酒鐺一杖懸，呼童荷入小壺天。有無山色青天外，遠近溪聲白石邊。林散花香穿雨落，谷喧鳥語倩風傳。野人素有林泉癖，被髮登臨更浩然。

又

煙鎖松門沙徑小，夕陽山殿隔南橋。虹梁絢綵垂春澗，鳥爪拖雲上碧霄。隱隱石鐘淘鐵壁，迢迢玉蝀〔一〕勒山腰。科頭把酒滄浪側，一曲滄浪酒一瓢。

雁字

雁門野史著文章，太乙休然藜火光。爪跡縱橫龍塞雪，毫端披拂鶴樓霜。雄關羽檄傳邊將，上苑帛書寄漢王。春到南州江水暖，峴山翰影抹寥陽。

〔一〕「蝀」疑爲「練」之誤。（供參考）

秋興

終南木落千峰瘦，薊北草枯萬里秋。漢柝擊霜驚旅夢，蘆笳吹雪動邊愁。誰家沽酒黄花徑，何處敲詩燕子樓？「七貴」繁華成底事。滄江滿眼一浮漚？

過文學楊獻章渭上別墅

霜連楓樹雁連天，園外秋聲遍野田。穿竹鳥窺遊客醉，繞籬花伴主人眠。門環渭曲雲千頃，簾捲終南月一弦。茶灶呼童燒落葉，松風吹斷夕陽煙。

秋思

千家砧杵過牆頭，寂寂松堂一片秋。水静魚吞湘浦月，天空雁度岳陽樓。紅堆露島楓林醉，白散霜郊野草愁。隱計十年今始決，乘槎直欲老滄洲。

登太白山　二首

鐵壁噴煙鬬鳥道，石門嵐靜敞空霄。龍拖五色雲歸洞，僧曳九環杖過橋。霞彩曉飛瓊嶂足，星光夜點玉峰腰。渭川縹緲橫如帶，界破秦疆八百遙。

又

層峰深處類瀛島，寒壓空山久不毛。日月東西曾墮險，燕鴻南北不過高。池涵星斗翻銀漢，龍掣雲雷漲雪濤。閶闔未開君莫叫，臥看板屋讀離騷。

鳳泉別墅

斗室無塵竹徑幽，柴扉晝夜掩寒流。日沉澗底魚窺鏡，月上松梢鶴踏鉤。才薄羞陳「三禮賦」，家貧難買五湖舟。乘閑且看南飛鳥，歸宿層峰最上頭。

岐陽郡蘇長公祠見蕭一壁間留題即依韻次之

一鏡當空檻外明，東湖一似西湖清，沙堤古木連霜落，石徑孤煙向晚生。「兩賦」文章傳逸事，六橋花柳系詩情。奇才絕代成春夢，只合當年薦二程。

贈道人任長年

早歲離家事道君，空窗靜點赤霄文。鐵鐺煉碎寒溪石，芒履毃開古洞雲。華表暮歸孤鶴老，廣州曉度五羊羣。藥苗一洗東山雨，長鏟穿泥仔細耘。

四嘴山

獨騎蒼鹿上松彎，平見峰南白日閒。樹密掛雲雲掛樹，山空啼鳥鳥啼山。嚴兵戰鼓轅門靜，飲渭老龍峽口還。何處可藏甪里〔二〕灶？樵人指點斷虹間。

秋日曲江對酒

獨攜斗酒坐江磐，江上秋山對酒看。繡嶺雲埋蘆渚白，上林日射木蓉丹。石蹲虎豹風巖吼，松偃虬龍霧島磻。想像東曹爲椽〔三〕者，蓴羹鱸膾思漫漫。

登吾老洞

天半孤峰鳥道盤，山門煙鎖老松寒。石橋秋水沉雲黑，鐵壁殘霞抹日丹。巖靜風生玄豹窟，峽深木抱老龍蟠。遊人醉倒斜陽裏，一枕溪聲海嶽寬。

〔二〕原文爲「角」，是甪之誤在。甪音路，甪里先生爲「四皓」之一。

〔三〕「椽」疑爲「掾」之誤。

四嘴山　用前韻

風牽蘿帶嫋叢彎，皂鶴依巢睡正閒。酒客杯呑掌上月，詩豪筆吐眼中山。林餘積翠鳥啣去，天漏飛星螢帶還。怪得漁郎輕捨棹，桃花又綻武陵間。

割耳莊竹林

誰家萬個玉成羣，似向篔簹聘此君。杖化葛陂龍甲動，管裁嶰谷鳳聲聞。漢宮有雪竿挑月，秦苑無春節拂雲。裘鹿吹簫人已去，空傳一卷逸民文。

登鄠邑大觀樓

緲緲終南此共齊，層樓天半鎖丹梯。捲簾眼底乾坤小，開牖空中日月低。玉雁毛髡山鳥怨，金龍甲落野猿啼。憑欄忽墮幽人淚，卻爲王孫麥飯悽！

咸陽　二首

山河仍是古關西，彩鳳樓空野鳥棲。燕客咸陽悲馬角，齊人函谷學鳴雞。阿房一日生燎火，曉鏡羣星墜土泥。惆悵祖龍成底事？驪山風雨夜淒淒。

又

皇帝空期萬世長，蜀山木盡建阿房。三千男女浮滄海，百二河山聚虎狼。金鐵鋒銷鹿上殿，詩書火冷狐稱王。子嬰軹道爲禽僕，爭似關東六國亡！

有感

滔滔今古事無窮，願買山田學種菘。浪捲江河流過客，輪飛日月轉英雄。戰歸蝸角王侯老，夢斷槐根將相空。金井一朝藏玉匣，石麟千載吼松風。

終南山

分得崑崙石骨雄，星河長架半虛空。鳳皇天險蜂腰瘦，虎豹重關鳥道通。峰湧千年浪不動，松蟠百丈未飛龍。白山極目天窮處，秦、蜀遙分一氣中。

登興善寺太師閣

空外層樓天半開，秦山、秦水接天來。山關四塞控金壘，水繞五陵鎖錦臺。主第侯家封野草，蓬宮御宿長青苔。夕陽影裏邊鴻度，行斷孤村處處哀。

登慈恩寺浮屠

東風屐齒破蒼苔，拾級梯雲上梵臺。世界三千掌上盡，河山百二眼中開。長天日月閒今古，絶塞風雲自往來。繡嶺笙歌成底事？夕陽老樹鳥聲哀。

自岐徂渭阻舟

山勢北來水向東，浪花滚滚古今同。伯才帝佐成功處，獵馬牧牛落日紅。鴻雁彌天來塞上，蒹葭滿地老秋風。孤舟横野無人渡，坐見波濤漾碧空。

輓子咸滿子老人

系出青門裔胄雄，菀枯嘗與世窮通。千金季布重然諾，一語嚴明定始終。劍佩每遺燕、趙士，農桑猶帶月泉風。知君緩步玉京上，神付微星氣變虹。

山村火花 二首

雪山萬古照咸東，此夜悠然見赤峰。樹樹瓊花開野火，絲絲炎蕊爍春空。雷車拔地曳紫電，星斗煥天門燭龍。仙子如知鐵豔巧，韓園不點牡丹紅。

又

白雪寒消綠酒樽，春光搖曳動荒村。龍騰不借風雲力，花發豈憑雨露恩。道界金繩續復斷，樹棲火鳥吐還吞。誰教隋帝開螢斛，浪擬空山星斗繁。

鷓鴣

隴口深山問上皇，何年南渡過瀟湘。中原故主憐銅馬，世外新交有鳳凰。話裏金釵終是夢，洲邊芳草枉悲傷。分明記得漢宮事，買賦徒延司馬郎。

鍾呂坪

武陵久已絕人煙，惟許漁郎一往還。二澗中分瓊玉觀，三泉側湧紫金天。長安日遠浮雲蔽，閶闔門高白雪連。桃花流水依舊在，不知何處遇秦賢。

延秋門外梁園有懷

落花流水舊梁園，四面荒村散野煙。池水倒吞巢鶴樹，林巒横掩曝書軒。蛙驚陳井夢投轄，雀避翟羅影斷門。滿地殘英春不管，蟻拖紅雨上頹垣。

秋日送趙居士游隴西

冉冉楓林曳客旌，絲絲楊柳繫離情。磧鳴畫角塵沙迥，穴冷秋山鳥鼠並。邊雪馬嘶風萬里，塞鴻人聽月三更。丈夫自有壯遊志，君去蕭關我渭城。

長安

長安自古帝王州，故國風華逐水流。萬棟何年巢紫燕，旄頭無地伏青牛。漢、秦天地俄隋、晉，苻、趙河山忽魏、周。泛酒曲江春一望，楊花落盡使人愁。

清湫

楊柳孤城鳥弄青，建牙傳是歹驢庭。弓留烏號月孤影，劍落芙蓉斗七星。舊壘燐光燒戰血，荒屯牛鐸振鐃鈴。山靈如響今難問，鼓角行軍晝不停。

扶風

漢國周京漆、沮傍，五陵王氣鬱蒼蒼。龍川露湛「蒹葭渚」，「鳳嶺」蓬生萋菶岡。卜雨有天連太白，採風無地覓甘棠。行人未度隴頭水，東望長安亦斷腸！

又

陵廟潛移新俎豆，河山猶帶舊風華。煙銷絳帳鶯歌碎，日暖錦臺燕剪斜。兄妹二難著漢史，夫妻一德隱梁家。只今惟見畤原上，羽騎千羣起暮笳。

次憨和尚韻

野色空濛散曲臺，松花未落石花開。種瓜人傍青門老，採藥客從紫閣回。華下長歌「五噫」去，關門誰駕一牛來。相逢莫賦「文通恨」，且盡葡萄酒一杯。

山中

石門雨歇草蕭蕭，半壁衡茅鎖寂寥。青白隨人憐阮眼，行藏由我養陶腰。笑看星斗落棋局，愁挹江湖入酒瓢。爲約求、羊同採藥，開籠放鶴上層霄。

又韓韓先生招飲籬下種菊一畦即席賦之

長夏愜眠枕簟清，山童雨霽植秋英。捲簾靜看風無色，開戶閑聽月有聲。流品從來耽隱逸，清標何處著浮名。世人欲識淩霜種，須向甘源水畔行。

梁園柳雪

漢宮漫說柳三眠，春老梁園雪滿天。有意牽絲風片片，無心逐浪水潺潺。驚看硯海玄生白，俄見藍田玉吐煙。道韞自吟飛絮後，至今誰似女才賢？

又過梁園

咫尺延秋天一涯，當年太傅此爲家。圖麟閣下槐柯夢，逐鹿原上柳絮花。樹老前朝濡雨露，客閒近代臥煙霞。無才懶作平臺賦，斗酒黄鸝聽日斜。

梁園即事

龍首山邊百畝園，昔人歌舞散禽言。鵬知好客穿花語，鶯解催詩傍柳喧。池影小山空寫黛，蝸書古壁亂留痕。梁園賓客知何處？門鎖鴉還白日昏！

春盡

三川花雨老紅顔，窈窕終南獨閉關。丘壑易還詩酒債，衣冠難借水雲閑！志和把釣仍非釣，巢父歸山不買山。層嶂如簾門外掛，紅塵隔斷五陵間。

戊午三月聞西園黄鸝有感

鶴髪如絲墮錦茵，緑蕉似翣障紅塵。雙柑路入園林近，斗酒山藏湖水春。「蝴蝶」南華誰不夢？衣冠楚相何人真？古來萬物爲芻狗，黄鳥以鳴誤此身！

江上

月上蘆林光淡淡，舟停凫渚水渾渾。「十年運甓」心精健，蚤歲談兵鬢雪繁。水鏡括囊天地點，君平賣卜鬼神言。菜根已飽山癯債，又說漁樵教子孫。

洋州黄氏園林

舊是烏衣王謝堂，西風草木半凋傷。樹連城外江雲動，鳥和塔邊梵韻長。絳帳燈傳山月影，青緗蠹化草螢光。長安聞說爭戰後，鵲觀鳳池麥秀香。

樂城觀火山

山城二月門芳菲，萬戶煙花似帝畿。火樹燒天星斗燦，丹砂落地燭龍飛。浮雲響遏笙簫沸，雜佩聲隨士女歸。何處貧姬居漆室，誰分餘燼照幽微？

拜將臺

無情風雨入荒臺，黯淡愁雲鎖不開。一統山河平上將，萬邦奠定忌雄才！天憐國士存韓半，地顯丹心赤草萊。莫怪子房耽避穀，良弓高鳥正堪猜。

登華嶽絶頂

誰鑿鴻濛種石蓮，黄河萬里藕根穿。馬鼉鼓氣騰雲雨上有飛鼉石白馬石，日月磨崖入洞天日月崖鑿石洞。杜老乾坤擎掌上，局寒星斗散坪邊。今來爲問扶摇子，一笑墜驢更幾年？

思不堪

憶得當年九歲孤，母如黄鵠子如雛。兒聞母哭吞聲泣，母懼兒啼强笑呼。兒瘦還須待母哺，母饑尚思使兒腴。此情一向杜鵑訴，啼破愁雲血欲枯。

春日遊吾老洞偶成柬有部張子七二曲趙子一用索來韻

探勝尋幽可悟真，漫勞扃戸閉浮塵，空心潭影時時静，悦鳥山光日日新。楊柳宅邊逢「晉士」，桃花源上見秦人。有涯生計憑天付，一鍤還多贅伯倫。

山房詠懷 八首

貧賤休嗟隱者骨，山家富貴世無如。茹毛口御[一]「三皇」膳，結草身安「五帝」居。浩蕩地天輿蓋共，廣長江、漢瑟琴舒。客來如論玄纁事，笑指飛鴻過太虛。

其二

莫笑老農負性疏，一丘一壑樂何如。運逢湯、武征誅後，道在祁、姚揖讓初。不盡鼓吹蛙出水，無窮絲竹鳥依廬。幽芳勝概誰同賞，記在數行蝌蚪書。

其三

迂儒性癖愛巖居，誰謂清貧體若腒？懷、葛域中吾稼穡，黄、農世上我樵漁。不須杯酒山堪醉，無用一錢蕨可茹。今古雖云「南面」樂，野人只有一牀書。

其四

悠悠世路轉崎嶇，且向煙霞學賦徂。弈局天開星斗燦，琴師地薦海山虛。柴桑飲酒非貪酒，渭水釣魚豈爲魚？此道由來知者少，松風水月兩如如。

[一] 「御」疑爲「啣」之誤。

其五

少小看山情自娱，於今性命寄山居。閒雲野鶴全歸我，文馬澤車盡付渠。春雨壟頭巢父播，秋風江上子陵漁。衰年贏得身無事，坐臥長攜種植書。

其六

雲山何處結吾廬？窈窕終南即華胥。多病難酣「七貴」酒，不才莫御「五侯」車。任他宇宙呼牛馬，我自林泉樂鳥魚。矯枉從來憂過直，不夷不惠更何如？

其七

林下風流未是貧，休將巖穴遜他人。曾聞許子辭堯位，那見嚴光作漢臣？靈鳳難羈鸚鵡紲，神虬不落豢龍津。天涯覓得薜蘿友，連袂同耕谷口春。

其八

身世百年何所爲？此生惟與水雲期。寧隨曠野啖蘋鹿，忍逐郊壇被繡犧？四皓茹芝皆白首，二疏辭爵共龐眉。曾聞東漢多名士，若個見幾學鳳麒？

詠梅

世外佳人淺淡妝，煙姿瓊質出雲房。生來骨待〔一〕三分傲，老去心含一點香。商館枝頭題冷豔，羅浮夢裏醉霞觴。自從偕隱林和靖，肯問姚家有紫黃？

岑園

遲日風回宿雨收，晴光一半接延秋。種花每共林和靖，賣藥曾同韓伯休。牛飲清流上潁水（亭有牽飲上流圖索予爲題），鳳聞簫管下秦樓。中南對酒掀髯笑，似爲當年「捷徑」羞。

題蘭若寺

古寺蕭蕭環碧山，幽深如對虎丘閑。孤雲塔映雙林斷，秋水天連一鳥還。錫杖行空驅鶴影，陀花落室點衣斑。搗來爲問「三乘」義，柏子亭前臥白鷴。

〔一〕「待」疑爲「帶」之誤。

詠松

化石三千復化人，一身鱗甲老嶙峋。巖梅直是先天友，苑李難爲世外鄰。只有鳳毛凝白雪，更無龍爪惹紅塵。層陰何處怡清賞，徂徠峰頭月半輪。

釣臺

孤村落日影微微，宛在中央立一磯。秋水天連雙鳥度，荒祠樹映片雲飛。浮萍似墮煙霞笠，長葛如垂雨雪衣。石室有基誰借問，兹泉浩浩鱖魚肥。

己未秋故園蜀前將軍廟前古柏爲風雨所撥詩以哀之

將軍古廟柏參天，烈烈高標氣浩然。扶漢棟樑懸赤日，安劉楨幹壯淩煙。冰雪老共松筠節，鸞鳳難棲枳棘顛。誰使元神歸造化？ 馨香永託閟宮傳。

贈八仙庵道士任長年

簪星曳月舊仙翁，靜裏觀空無所空。渤海鄉關千里夢，鹿門妻子五更風。茹芝直學商山叟，結草還如河上公。一自金蓮開瑞象，仍隨羽客入關中。

雁塔

雁王昔墮雁沙頭，塔以雁名爲比丘。雁去春江塔影寂，塔懸故國雁聲秋。平吞「七曜」連山落，倒掛三川接漢流。翊運不資諸佛力，如何海寶湧皇州？

和月泉吟

結髮騎牛入石關，牧雲直至二毛斑。莧腸藜口味非淡，抱甕緯蕭意自閒。可以採蘭可種藥，或然釣水或樵山。吾今久斷槐根夢，只恐兒孫點鵷班。

其二

一點燕泥落屋樑，深山凍解塢邊塘。白衣人問陶門柳，黄鳥聲喧豳國桑。野老行藏天不管，田家耕鑿地相忘。漫言泉石隔人世，夢裏華胥是故鄉。

茹明府新遷别駕因卜居河東

白水青松十載盟，忽驚去住雁分行。日邊鶯囀金門曉，月下猿啼雪嶂清。風物五陵入君夢，河山三晉我關情。中原屈指評交道，結綬彈冠浪得名。

岳武穆

作賦招魂魂不返，題詩寫恨恨尤深。江河地湧英雄血，日月天懸父子心。墨字元期寶鼎穩，金牌故蹙將星沉。古今痛惜孤臣死，一死誰知生到今！

詠蘭和鄒明府韻

絕代幽芳世莫知，獨依瑤草與瓊芝。不侵塵粉如含智，久戀溪山豈是癡。韻勝煙寒雲淡處，神閑風靜月來時。奇香不入花王國，空谷長林寄所思。

洋州

乾坤到處是蓬萊，水際蓽門長綠苔。山共求、羊同採藥，地偕沮、溺耦耕來。老妻夜夜勤機杼，稚子朝朝陟釣臺。六十衰翁何所事，行吟梁父坐觀梅。

定軍山謁武侯廟

山上松杉鬱夕陰，龍蟠虎踞氣蕭森。奉天討賊春秋義，定鼎尊王孔孟心。羽扇經天懸海月，陣雲滿地抱江岑。赤精未冷星先殞，殞後光輝直到今。

故園古柏

太白山前渭水鄉，銅柯依倚似扶桑杜古柏行「柯如青銅根如石」，老杆雙竦，盤屈如龍。少騎竹馬陰邊戲予四五歲時嘗遊戲柏下，長賦木龍葉下觴年二十後恒與客觴詠於此。奇古人驚神力怪杜「扶持元賴神明力」，枝柯奇詭怪異，實秦川第一，清幽餅作老僧糧僧元珪日啖柏餅一枚。誰教造化貪靈物？風雨宵移到上方龍王移嵩山樹木。

謝焦臥雲送鶴

獨臥空山四十春，林皋思爾倍傷神。夢歸華表迷遼塞，醉入南湖脫道巾。月過松巢偏有色，雪飛梅屋迥無塵。故人知我煙霞癖，肯使凡禽伴老身？

松窗鶴友　二首

野服皎然淡月光，丹山彩鳳老同行。室家自保松篁岫，魂夢終違燕雀堂。動舉雙翎翀碧落，靜拳一足立寒塘。總然緩步江湖上，絕勝乘軒入帝鄉。

其二

鳴陰夜半九天聞，曾在孤山伴隱君。欲舞梅根閑待月，爲探丹信豫窺雲。夫妻蘭嶂魂仍偶，父母青田影未分。養得年盈千六後，此身可與鳳凰羣。

山中盜警

歸老空林寄此身，山中魚鳥自相親。煙霞洞鎖琴書靜，松柏壇眠鶴鹿馴。自謂紅塵違薜荔，豈知蒼鼠嚙梅筠。曠巖久積長源葉，濟卻茹芝臥雪人。

古漢臺

紫臺絳闕太薇連，漢業先開四百年。王氣光吞秦日月，龍文雲捲楚山川。地鄰西蜀安劉鼎，水繞南陽啟貨泉。帝里皇居星聚處，風華遙帶五陵煙。

岐陽秋

落花落葉已堪愁，況是蘆笳滿戍樓。烽壘漢關嚴鎖鑰，河山秦塞控咽喉。飛熊夢斷雞祠冷，彩鳳聲銷龍尾秋。地老天荒文物盡，孤城瘦日野煙浮。

夜泊渭川望秦漢故都率然成興

渭川東下赴咸東，葭葉蒼蒼木葉紅。隔岸野人耕漢苑，倚廛遷客牧秦宫。星河一雁秋天外，煙水孤舟明月中。經過英雄得鹿處，霜華醉殺五陵楓。

謁武侯廟

孔明古廟在梁洋，嚴雅清高肅繡裳。王佐有才卑管、樂，帝臣開國協關、張。八門陣擁河山壯，「六出」氣騰日月光。竊據孫、曹成底事？中原江左兩茫茫。

題門人仝九摶壁間釣臺圖

石痕隱隱嚙雙腓，傳是姜公舊釣磯。文、武尚然資廟略，畢、榮何敢望光輝。三千虎旅百王有，八十鷹揚萬古稀。聞説唐臣漁汴水，終身煙雨老簑衣。

五言絕句

潼關

截斷黃河水，削平太華山。侯王若有道，四海盡雄關。

秋思

秋來秋滿空，秋月掛秋桐。秋士多秋思，長歌秋水東。

聞砧

雲去月輝清，風來簾影動。誰家夜半砧，搗入秋思夢。

看劍

壁上鐵龍吼，匣中寶氣生。遙知新發日，破浪斬長鯨。

峪泉春雪

霜寒樵徑絕，雲暗鳥聲歇。把酒臨山泉，浩然歌白雪。

挑燈

君戍雁門雪，妾吟湘浦冰。冰心何處寄，憶雪剔殘燈。

念別離

雁斷衡陽雪，魚沉湘浦雲。金錢時暗擲，而爲卜「東君」。

太白積雪

素光寒星斗，皓色老巖阿。向夜初來客，卻道月山多。

漢上秋思

新月上簾鈎，寒蟬吟樹頭。蟬聲與月色，共是異鄉愁。

灞橋新柳　二首

輕抹風前綠，淡匀雨後黃。依依灞岸柳，曾送古人行。

其二

摇曳河邊柳，柔條綠欲新。年年曾有約，早報關西春。

無題

本是荆山璞，藴玉已多年。不雕亦不琢，乃得返其天。

蜣螂

蜣螂不自憐，生涯在溷邊。不知身已穢，猶自矜成圓。

早梅　二首

骨帶三分傲，心含一點香。年年冰雪裏，片片吐奇芳。

其二

孤山梅幾樹，早發向南柯。人間風雪妒，其如玉骨何？

梵刹鐘月

梵月下蒼苔，梵鐘動夜臺。聲從何處去，色從何處來？

登大雁塔絕頂

掌上日月度，眼底乾坤空。「八代」興亡事，一時指顧中。

秋日再至鳳泉道逢騎牛者

寒雲粘壁間，野水響松灣。牧叟閑如我，騎牛獨往還。

古别離

獨夜拜旻天，向月又獨立。妾身未登山，妾心已化石。

丁卯少白山七月十五夜月　十首

早秋三五夜，扶杖陟高峰。可憐清冷月，獨掛萬山松。

其二

清猿啼絶嶂，黄鶴唳喬松。月下法卿臥，知在第幾峰？

其三

歷歷天上星，湛湛水中月。萬象涵空明，有口如何說？

其四

危橋長二丈，絶壑深千尋。我在羣山裏，往來只獨吟。

其五

疏星四五點，童子兩三人。知我孤吟意，松稍月一輪。

其六

冷笑北原上，尚有人夜行。客路三千里，何時到「玉京」？

其七

林下難求友，峰頭但獨行。何處多情鳥，中宵鳴一聲？

其八

非干呑沆露，豈是採紫芝。愛此山中月，高唱出茅茨。

其九

六經千萬言，古聖傳心訣。明月在天心，一字不能說。

其十

山月何皎皎，巖花何馥馥。萬籟無聲時，一人吟草屋。

梅

萬物無顏色，寒花始有香。自非真玉骨，那得傲冰霜？

古別離 七首

本上望夫山，駕言採谷蘭。谷中蘭已老，何曾一採還？

其二

十歲許字君，未字君遠別。待君年若何？妾髮已蒙雪。

其三

思郎曉出卜，思郎夜爇香。思郎郎不見，不如不思郎。

其四

送伯桃李岸，桃花似妾顏。近見花樹老，春殘結子難！

其五

匣琴不再鼓，奩鏡不對妝。日日登山望，關塞路茫茫。

其六

有蠶妾自繅，有田子獨耕。君子四方志，宜其萬里行。

其七

聞說白登戰，積甲浩無窮。妾身何所似？霜天秋一鴻。

送劉滄源出函谷

長安老劍俠，驅馬出函關。臨別無所贈，黃河水一灣。

與客別大河雪洲

別離千古恨，況復在他鄉。愁淚化爲雪，片片沾衣裳。

維詠　二首

我有明月珠，得之曰南國。藏在名山中，恐爲人所識。

其二

龍劍直千金，埋在豐城土。人眼不如雷，寶氣何必吐？

鏡中見白髮

吾面成老醜，吾髮成太素。回照吾胸中，丹心還如故。

無題

萬愁結一生，千卷卒吾歲。身世兩悠悠，不知何所際？

五臺

人道五臺高，我道五臺低。人心纔方寸，其高與天齊。

寓洋城

天清江漢空，地秀峰巒起。雖居城邑中，卻在深山裏。

問柳庵

燕、趙豪傑地，遊子遍相親。借問誰知已？還是五陵人。

古别離　四首

折柳送君行，遠赴黃花塞。言念投筆人，但願貧相對。

其二

去秋塞雁來，今春塞雁去。雁亦有春秋，良人知何處？

其三

夫婿之關隴，臨別炊扊扅。封侯縱覓得，不如不別離。

其四

自伯之盧龍，妾髮亂於蓬。髮上有青帛，曾是伯手封。

長楊宮

山荒日影瘦，野闊鳥聲微。武皇遊獵處，惟見白雲飛。

聞蟬

剪卻夕陽樹，莫使寒蟬吟。蟬聲自不苦，何以悽客心？

古別離　十一首

低語問歸鴻，幾時到海岸。爲我遠寄書，不如借羽翰。

其二

寒衣催刀尺，欲剪卻又住。但恐久別離，腰腹不如故。

其三

只見海燕去，不睹塞鴻來。夜深無一語，明月滿蒼苔。

其四

牀頭一尺枕，勝於千里鴻。雁令長相思，枕令長相見。

其五

崑刀解玉環，一解永難並。不怨郎負儂，但悲妾薄命。

其六

妾髮初鬌髾，良人之桂林。妾今頭已白，不作「白頭吟」。

其七

送君折柳枝，思君行柳陌。柳色年年青，妾髮漸漸白。

其八

閭左同時發，三年戍玉關。出門問丘嫂，嫂上望夫山。

其九

妾家南海岸，夫戍北冀州。妾顔雖未悴，堂上雙白頭！

其十

遺子纔三歲，今能耕一丘。憶别河梁日，攜兒進酒甌。

十一

軒轅戰阪泉，用兵自上古。良人不遠征，焉得王事盬。

尚友 五首

達則士有事，窮則士有志。大哉管幼安，皎然以自異。

其二

春鱸蒲柳姿，寒知松柏節。大哉蘇子卿，其道能餐雪。

其三

逢堯可薦天，卻秦不受賞。大哉魯仲連，一嘯海天蕩。

其四

天子友布衣，布衣友天子。大哉嚴子陵，清風長江水。

其五

有道黻且佩，無道負且戴。大哉陶淵明，悠然松菊對。

曲江

爲問前朝事，石人不點頭。興亡千古恨，江水自悠悠。

嫁長女寒梅

荆釵園有木，竹筍園有竹。含淚送之門，登車顧貧屋。

三友詠

天下歲寒時，喬松貞晚節。鬱鬱南澗濱，滿身是冰雪。天下歲寒時，幽篁植勁節。萬物盡凋零，此君乃傲雪。天下歲寒時，梅花芳菲節。草木正寂寥，玉骨偏宜雪。

牧羊　三首

卜式牧山澤，十年致千羶。天子問其術，水美草芃芃。

其二

春秋慎霜露，寒暑順陰陽。幾番調燮意，用之於牧羊。

其三

深山無個事，終日牧水雲。佳種宜芻養，非種勿敗羣。

漢大儒關西夫子之墓

蒼蒼太華山，洋洋黃河水。聖人百世師，關西楊夫子。

山中

乘駒入空谷，伐茅作一屋。深山不見人，但有麇與鹿。

鳳嶺

千峰環四面，萬壑繞羣溪。石補青天近，劍衝牛斗低。

竹孫

高節尚未著，虚心已有之。一段淩霜志，便在出土時。

六十四 二首

吾年六十四，作客漢之陽。身在即桑梓，何勞憶故鄉。

其二

萬物爲一體，萬國括一囊。共遊大造内，何處是他鄉。

梅花

林下長松友，山中高士妻。萬花總豔麗，孰敢與之齊？

哭待興

三尺薄小棺，一塚聰明骨。千秋萬歲後，知汝惟明月。

閑吟

可以行則行，可以止則止。靄靄楚山雲，湛湛吳江水。

其二

火烈不求明，水激不求行。掛帆江陵道，一日千里程。

棧閣　三首

金牛通蜀道，木馬出秦川。昔人爭百戰，今日是荒煙。

又

皇者如天地，帝者無內外。後世阻河山，盜賊憂方大。

又

棧閣金城峻，鳳嶺玉壘堅。如何王者起，一姓不千年？

洋州五日哭屈子　二首

三間天下士，豈曰楚無雙？云誰知屈子？湛湛汨羅江。

又

萬里瀟、湘水，東流入海洋。海水有時竭，屈子怨無疆。

題王孝子廬墓壁間

四壁蔽風霜，數椽遮雨露。問誰居於斯，王子廬母墓。

馬

冀北馬千羣，龍種亦無幾。誰憐拳毛騧，朝邑脫鬣尾？

山中

不知晉與魏，那識宋、齊、梁。世風雖五季，吾道自三皇。

農談　三首

南野老農老，東皋春復春。乘時勤播種，盡悴救吾貧。

又

智能辨菽麥，勇足剪荊榛。吾生真事業，農圃老此身。

又

天公善藻鑒，使我任農桑。得志行吾道，一犁老渭陽。

偶書

湯、武無事功，伊、呂寡經濟。道德開地天，三皇與五帝。

疇昔 二首

賭命安貧賤，信天臥石林。菜根生涯冷，十齡咬至今。

又

十歲失所怙，六十尚貧窮。無限傷心事，都付與東風。

幼子鶴齡

幼子纔四歲，便能咬菜根。喜他淡泊性，伴我老松門。

幼孫衡州

生人未十月，嬉戲吮菜根。草堂無個事，含菁弄幼孫。

詠梅 二首

天下歲寒日，嶺梅吐雪中。三冬無此物，四海盡雷同。

又

昔曾列十友，今獨植霜壇。爲抱幽貞志，不知天下寒。

崇禎儒將　五首

蕭娘與呂姥，權耑閫外師。縱盜遍天下，君王猶不知。

其二

高冠而大袖，揚眉而掀鬚。滿腹藴韜略，者也與之乎。

其三

白面朱衣郎，孫、吴未入夢。「奇謀」遙尾之，敵曰「免勞送」！

其四

朽木本樗材，而爲大廈棟。棟摧廈亦傾，徒使賈生慟！

其五

說起前朝事，至今恨不平。大將稱走狗，膝行見書生。

五言律

己未春杪青門朱千仞招飲即席得空字

不見邵平宅，瓜田有路通。桃殘紅散雨，麥老綠生風。鳩鵲星河淡，龍池水月空。布衣藏斗酒，還與故人同。

五陵

悵望五陵道，百憂集我懷。銅人絃管歇，玉虎爪牙催。唐井龍辭水，秦苑鹿遊臺。近聞關吏語，紫氣自東來。

聞蟬

萬古淒涼日，年年最是秋。一聲蟬在樹，兩鬢雪盈頭。雲白天應老，草黃地亦愁。悲歌動壯士，淚落百川流。

乙丑孟夏寓蓿園曉聽黃鸝有感

驚心花外鳥，啼過客窗幽。夢斷槐根月，人眠掛劍丘。星搖天欲曙，露冷草如秋。莫道山陽笛，聞聲憶舊遊。

浩然之氣

我有浩然氣，寥寥結石林。辭賦空懷古，牧樵半友今。愧乏補天手，且安避地心。無人知此意，松月在高岑。

山村曉發

獨步空山裏，荒村斷岸分。杖懸松嶺月，衣惹柳塘雲。野色花千片，秋聲雁一羣。鼓吹不到處，天籟有時聞。

登說經臺

仙臺何處有？晝夜丹丘明。雲點山中色，風傳木外聲。青牛傍月臥，黃鶴橫空鳴。杳矣猶龍子，徒思望氣迎。

鐘呂坪

一徑通幽島，山花處處芬。穿嵐鳥影沒，旁岸水聲聞。丹灶明松火，菜畦繞鹿羣。道人橫鐵笛，吹斷嶺頭雲。

春日獨酌浴泉山

白雲曾有約，引我入松門。欲覓溪邊句，先開石上罇。水澄花寫貌，林霽鳥爭言。解得空山意，剪蘿結小軒。

送馮別駕之湘南

一瓢離別酒，千里雁魚心。宦路衡山遠，鄉思渭水深。湖光印楚月，江色倒荆岑。何以贈吾子，囊中有素琴。

松葉露

深山綠髮叟，珠玉飾明妝。瓔珞迎風動，弁星戴日光。鮫人千眼淚，琪樹萬花香。若化竹林米，留爲鳳鳥糧。

其二

萬斛松梢露，清光對石樓。空懸子的的，寂照影幽幽。泉迸雹難墜，桂飛月不秋。「三珠樹」未老，結粟在枝頭。

少白山房

南山有一士，卜築碧峰西。蘿月侵松戶，惠風動柳溪。山看青眼老，雲撲白眉齊。不識春將盡，楊花已落泥。

安分

一身寓四海，蛾蠓附鵬雕。露穎終須折，先花必早凋。蝸牛宜在殼，尺蠖莫伸腰。吾舌與吾齒，壽夭是所招。

仙遊寺 二首

行入山深處，蕭蕭古木疏。板橋虹臥險，畫壁鶴飛虛。葉覆春殘藥，雲埋讀罷書。誰將火宅焰，移到古皇居？

其二

破寺幽林下，紺園秋水傍。露明瓔珞色，松吐旃檀香。界道金繩斷，飛山錫杖亡。乾坤生劫火，靈鷲亦荒唐。

秋杪同牛商山先生僧無息游王中丞受園分韻

行到林深處，溪回竹徑斜。寒禽驚落葉，瘦日淡黄花。門掩遥山雪，棟飛天半霞。誰知歌舞地，一似野人家。

泊渭川

渭水秋風夜，魚舟罷釣竿。得魚不得玉，偃仰在河干。山色楓林暗，邊聲雁陣寒。非熊夢卜後，蘆荻滿江灘。

客趙氏中南別墅

空齋多古意，清曠似桃源。松菊分「三徑」，漁樵合一村。山横窗外枕，竹掩澗邊門。客有舌耕者，聊云代素飧。

夏日客恒州偶憶昔年臥雪太白悠然有感

少年耽隱逸，終歲在山阿。日月白雙眼，乾坤老一蠃。弈開星斗陣，酒飲漢、湘波。不識蒲團上，何緣見雪峩？

述懷　十首

行年四十九，盡室入中林。魚釣富春水，蝨捫太華陰。一寒松柏骨，百折雪霜心。孰謂桃源路，蕪迷不可尋？

其二

行年四十九，身世兩茫茫。亂恨乾坤小，貧安日月長。屠龍朱漫悟，歌鳳陸通狂。羡彼孤山士，妻梅滿屋香。

其三

行年四十九，貧日萬三千。蠹富神仙字，蚨窮子母錢。蓬蒿仲蔚宅，瓜瓞邵平田。即此歸休處，寥然別一天。

其四

行年四十九，益動知非心。爲慕黄、農古，卻忘魏、晉今。功名謝竹帛，事業在山林。去去休淹滯，桂叢待緑陰。

其五

行年四十九，方外覓幽真。緱嶺吹笙子，長安賣藥人。江湖萍一葉，雨露花三春。自古蘿衣上，不飛帝里塵。

其六

行年四十九，前路斷青雲。擊碎「邯鄲枕」，追隨鹿豕羣。阮途那可哭，鄭谷尚可耘。菀彼幽蘭草，空山自苾芬。

其七

行年四十九，七十古稱稀。烏足螭龍駕，蚊眉蟣蠓飛。昨非不可諫，今是貴知幾。「越相」「鴟夷子」，五湖早早歸。

其八

行年四十九，衰颯鬢雙斑。始悟南柯夢，若教北郭閑。韶華嗟逝水，歲月老空山。黽勉躬耕事，龐公庶可攀。

其九

行年四十九，舉手謝塵寰。「三願」終難遂，二毛近已斑。枕流擇潁水，採藥入秦山。覓得霸陵路，迢迢不復還。

其十

行年四十九，老至愛幽閒。一去煙霞裹，重尋水石間。三開竹繞徑，對樹桂臨關。遁世不如意，秦人應出山！

湖南

洞庭木葉落，四面起秋音。獨坐江潭聽，如聞澤畔吟。清湘帝子淚，白日大夫心。楚水流無盡，離騷怨至今。

望月臺

西極崑丘峻，湖南嶽與齊。「玉峰」天一柱，雲竇雪千溪。俯視扶桑日，仰聞閶闔雞。夜來望皎月，桂樹露淒淒。

早春

臘盡寒猶在，春光逐曉還。人顏老歲月，物色變山川。梅落五陵雨，柳含八水煙。鄉村社甕熟，白眼看青天。

長安早秋

殘暑銷秦苑，新涼滿漢宮。山容未瘦雪，林意欲凋風。露冷籬邊菊，蟬吟月下桐。秋聲徹夜起，愁殺白頭翁。

送馮別駕之湘南

薊北初歸日，終南再別時。征鞭帶雪起，去馬嘶風遲。臥聽湘靈瑟，行歌漁父詞。襄陽逢故老，須問峴山碑。

秋杪遊峪泉口號贈惠處士含貞

谷口似桃源，溪聲林外徹。樵歌隔岸聞，鶴影入雲滅。瘦日淡荒村，落霞明遠雪。空山一枕流，永洗是非絕。

山中

空山松月冷，夜坐未央時。濱老顔如鐵，長愁髮是絲。君親兩罔極，忠孝一何虧！欲問青天意，浮雲横縱馳。

草堂坐月

草堂一片月，長與故人期。永夜彈琴後，焚香獨坐時。梧桐不解語，楊柳亦無知。只此南山叟，愛吟醉白詩。

春杪經蘇一別墅 二首

誰家雙紫燕，話裹恨春還？紅老花熏日，碧凝水蘸天。泉噴石罅雨，香裊艾窗煙。竹裏藏深館，不知是輞川。

其二

春老荒城下，東風已餞還。畦中針出土，水底叟耕天。萬事花間露，百年柳際煙。小舟如可買，長釣飲龍川。

與蕭雪山一泛舟東湖

酌酒東湖上，鏡開水不流。風亭寒白日，煙柳隱孤舟。城郭沉波底，荇藻長畫樓。客懷多少恨，獨此不知愁。

鳳泉即事

曳杖南村路，斜通白石間。林幽禽語靜，川遠棹歌閑。綠沁橋邊水，青來寺外山。華清三百里，流禍尚潺潺。

正月十四日夜宿靜光寺值大雪

晚向城南寺，北窗枕石眠。一燈傳佛火，片雪濕茶煙。蝴蝶鐘敲夢，松杉鳥語禪。此中方寸地，猶是太平天。

題孫羽士草堂

結草青山下，開門碧水邊。雪渾雙鶴色，松暝一爐煙。濯魄冰壺月，洗心玉井蓮。吾將婚嫁畢，採藥共林泉。

磻溪

東辭太白雪，西謁玉璜宮。一水蘆花外，兩山翠柏中。周南熊夢遠，秦國鳳樓空。歷歷斜陽草，秋光自昔同。

山窗雪竹

望後春霄半，山窗雪一林。迎風不折節，待月本無心。瘦映梅花骨，清飛玉鶴襟。淒涼太古意，栝柏是知音。

癸亥初夏有郃玄洲崔子爾進張子洎弟十一馬子三洎弟八招飲耿園登西城野眺

孤嶂曾城裏，巖疆綠水邊。稷祠郃國古，嫄廟世妃賢。天倚秦王劍，文流漢史川。雍原一日飲，上下數千年。

過有郃　二首

勝帶五陵聚，郃城瑞應全。真人天子貴，師道大儒賢。水繞龍行地，山環鳳落天。英雄鍾間氣，不盡萬斯年。

其二

公卿前代盛，内則至今傳。蘇女天孫巧，姜妃聖母賢。孕開周八百，詩織錦三千。更有孟光女，篤生漳水邊。

丁未仲夏同牛德徵東湖分韻

步出鳳城東，煙溪繞碧叢。湖將天作底，雲以水爲空。人醉瀟湘月，馬嘶楊柳風。星河如可度，直泛一槎通。

贈醫者王老人

老人年八十，醫隱瀔、洋間。濟物資神水，養丹煉大還。前朝衣冠古，近代是非閑。問子何師友？叔、和譜系攀。

鳳泉山口號

十里煙霞路，一灣水竹村。榮枯隨化育，俯仰任乾坤。古木風生籟，野燒雨斷痕。兵氛充海嶽，谷口尚耕耘。

腐儒　二首

乾坤大父母，容我腐儒身。混俗應牛馬，感時泣鳳麟。文章俟後世，學術法先民。陋巷雖寥落，漁樵有二鄰。

其二

青山歲歲舊，白髮年年新。鏡裏觀今我，老顔似別人。乃卜林泉地，以藏釣牧身。優遊無一事，何必問麒麟。

晚度梁園

七里延秋路，西通百畝園。煙雲寒入袖，星月冷侵門。蝸篆銀書斷，蛛絲玉露繁。興亡難借問，樹上鳥能言。

五丈原和大復山人韻

丞相出師處，陣雲千載陰。河山分鼎足，日月正天心。原上長星殞，域中大漢沉。英雄不盡淚，渭水亦悲吟。

秦太學德英藥室　二首

半畝越人宅，山城受一廛。茶烹春橘露，酒醉老篁煙。畫葉江湖湧，懸壺島嶼連。籠中存燮理，泰道合坤乾。

其二

儒珍爲隱相，席上又團蒲。損益「三才」理，觀占八卦圖。海山藏墨賬，日月入冰壺。野鳥呼名姓，藥廬一酒徒。

九龍寺

野寺青峰下，嵐巖傍晚晴。雨花連月墜，飛錫帶雲行。衲掛有緣樹，松吟無字經。應從廬岳社，戴髮了「三生」。

戊申客終南趙一書樓值春雪

別業南山下，幽如玄宴居。燈寒千嶂雪，人醉一樓書。風動松微偃，冰消竹半舒。願言學董仲，聊以樂「三餘」。

鳳山剎

七里鳳山寺，飛來落遠天。溪雪寒古木，徑草宿荒煙。鳥說經無字，風吟柏是禪。如何「三笑」地，一水自涓涓？

太白山

危峰千尺雪，潭水六泓湫。冰結炎皇夏，日寒赤帝秋。燒餘松似墨，狎後鹿如牛。此地有樵叟，長披五月裘。

和孫太初退宿雲庵韻

極目中峰上，皎然古雪存。毒龍出鐵鉢，鬥虎解松門。半榻容雙膝，九年靳一言。惟餘柏子樹，偃蓋倚南軒。

即事

五陵老壯士，就食漢陽川。種豆南山下，雨多成萊田。年幾過七九，才愧將「三千」。命也既如此，安貧莫怨天。

過陳倉道次韻弔韓淮陰

築壇漢水上，構禍未央宮。天欲臣心白，地留草色紅。將軍九鼎重，呂雉一門空。猶幸兒三歲，曲成賴相公。

元日試筆

四海家何在？微軀潛隱淪。筆花寒雪碗，劍氣動星辰。日貫丹心舊，霜凝白髮新。閑將無用手，江上理絲綸。

柏子樹

余於家園手植一柏，高七尺，曲柯如蓋，重陰丈餘。余出山嘗卧吟其下。避亂漢上三年，田宅井里皆可忘；所不忘者，柏子樹耳。懷之以詩，示愛不能割也。

蒼柏家園舊，青柯偃蓋披。枝曾懸「屈賦」，葉每入「劉巵」。「五柳」分春雨，「七松」共雪姿。主人如鳳嶺，誰詠歲寒詩？

遷於漢

昔卧終南雪，今漁漢水煙。鄉關千里遠，日月寸心懸。大塊從蓬轉，長林任鳥遷。乾坤同逆旅，何處不悠然？

夢以詩哭松友覺而書之

華城初邂逅，太白侶經年。立破篁林雪，舞回甕牖煙。書山生逸韻，硯海泛清漣。此夜仙禽夢，淚痕溢渭川。

用唐宮女結句憶松友　五首

遇子弘農道，攜歸太白巔。老冰渾素羽，旭日映朱顛。入夢欣相見，消魂別黯然。今生過去也，重結後生緣。

其二

方外求良友，孤山鶴子憐。開籠知報客，聞嘯解迎仙。月下三聲唳，雪中一足拳。今生過去也，重結後生緣。

其三

林下盟偕老，谷中有羽仙。呼名應似響，教舞走如旋。繞案啣書卷，就牀避野煙。今生過去也，重結後生緣。

其四

冬仲浮潼水，臘初度滻川。竹林依舊在，柳宅尚儼然。一別草玄屋，大歸羽化天。今生過去也，重結後生緣。

其五

乍憶如初見，久思卻寂然。荷裳穿淚雨，松髮挽愁煙。爾返清涼國，我羈離恨天。今生過去也，重結後生緣。

遊新寨 有引

新寨，山中古村名也。自外言之，村在山腹；自內言之，村在山麓。相傳數百年，桑麻茂美，風俗醇樸，有古朱陳村意。雪木遊焉，羡其幽也，故賦之：

荒村寂寂耳，宛在山中央。壑靜桑麻美，巖幽桂柏香。兒童多古意，雞犬異尋常。桃洞猶秦世，人間魏已亡。

其二

八月西風裏，騎馬入山門。鐵壁封蝸篆，沙洲印鳥痕。客游「懷葛世」，主醉「朱陳村」。別時數致意，莫與外人言。

九龍寺

夕陽林下寺，乃在褒斜東。花墜天爲雨，經翻洞有風。雲封半塔碧，楓老萬巖紅。秋意忽搖落，方知色是空。

西巖雪洞

古洞西巖下，雪消瀑水來。氣寒千嶂雨，浪吼半天雷。雲破星懸戶，山空月掛梅。寥寥人境外，到處是蓬萊。

再登鐘呂坪

萬木陰臺樹，十年臥雪霜。畫眉雙繞足 甲寅畫眉馴擾，燕子一棲顙 己巳燕子集頭。衣惹煙霞氣，劍噴斗牛芒。重來茹蕨處，可是舊雲房？

答人

問我巖棲意，凝眸無所云。手持蕉葉扇，笑指鹿麋羣。林密天無日，山高地出雲。丘園希束帛，白賁自成文。

即事　辛未

獨坐荒園裹，柴扉盡日扃。人憐梧樹老，天縱竹林青。斷雁悲秋塞，亂鴉集客亭。悠悠岐國路，行者哭靡甯。

西遷　辛未

青山辭白鶴，皓首走紅塵。魂夢丘園舊，風華異地新。萬方誰樂土？四顧盡流民！秋水蒹葭老，伊人何處詢！

又

客入西京路，千村萬戶扃。雲生天似火，川竭地無青！赤烏瞻周廟，甘棠憶召亭。美人如可遇，處處歌盈寧。

十月見梅花　四首

十月梅花發，先天賦性剛。歲寒方見色，雪撲始聞香。鶴子依仙侶，竹孫友異芳。華林千萬樹，遜此不凋傷。

又

曾借孤山種，仍移處士家。傲分松柏骨，清吐雪霜華。淡月偏憐影，勁風不動槎。廣平初作賦，芳譽滿天涯。

又

太素逍遥館，梅英發早冬。紅塵將一染，白雪護千重。傲骨難容世，清心可友松。山靈如有意，長使野雲封。

又

空山種片玉，寒谷少知音。骨帶冰霜性，香傳天地心。黄鸝何處宿，粉蝶不相侵。惟有林和靖，湖山日詠吟。

有懷

去家已六月，落拓只孤身！晝夢黄、農國，夜交沮、溺倫。有懷甘蠖伏，無志躍龍麟。偃臥周原上，晨昏思故人。

長短句

天河

天上有大河，夜夜煥其章。海底有白日，人人見其光。君但後名而先實，實之骨，名之色。

塹峪行

塹者城郭溝洫之名，玆何以名南山之谷口？將母〔二〕鐵壁削空，顛倒牛斗。日月恐墮而側度，虎豹愁險而空吼。或排田疆力，或開五丁手，然後梯虛棧危，通人行走。行人走峪如走塹，老樹杈枒倚長劍。塹下鬼火乍明滅，塹上仙燈發光焰。仙燈鬼火燒寒山，驚得遊人游魂斷。疑是天上天河破，漏下小星敢作亂。鶴啣破幘冠松頂，虹馱危峰駕天半。天半危峰插太乙；羽人木客在石室。洞門風曳水晶簾，如掛吳門練一匹。石髮蓬空陰挽雲，峽口哆險晴啖日。日瘦雲淡溪聲苦，揮霍一變無所睹。霧巢幽壑神遷木，黑堆長峽鬼移土。雷電晦冥老蛟戰，怪物出入雜風雨。雨絕風斷雲吐松，乃見老人踞松峰。綠髮高丫雙日月，野服藍褸裂芙蓉。揖問先生何代隱？自言臥雪八百冬。錫杖東山解鬥虎，金缽南潭貯毒龍。毒龍已伏虎已擒，開山種石白雲深。太白之句我不和，太初之詩我不吟，唯有蒲團坐空林。如意一撥浮雲散，中天白月是禪心。

行路難

行路難，前日行路難，今日行路路更難！小路枳棘充，大路龍蛇盤。路之左右，斷巖絕壑，險不可言。幾人到此摧心肝！進亦難，退亦難。世間亦有行路人，阿誰如我行路難？掩袂高歌行路難，斷魂落魄客心寒。

〔二〕「母」疑爲「汝」之誤。

寓恒州聞歸雁有感

春歸雁，過錦臺，雁已歸，儂又來。塞北雪消春草深，終南書傭兔毛頹。徒將海日屈屈歌，一歌屈屈一徘徊。爾方歸，儂方來，儂來儂來，胡爲乎來哉？

天王家

貧思富，賤思貴，孰知富貴反多畏。富貴無如天王家，「來世勿生」真可嗟！若非強臣逼，還思不死吞丹砂。向天拜，求天知。爲帝子，爲王嗣，須及王家承平時。

表商閭

商容識周王，聰明自非常。舊臣而新君，禮賢羅四方。死者封其墓，生者表其鄉。獨有「扣馬進諫人」，白骨秋風淒榛莽。此義士也，去之何方？薇不採兮水不飲，空使民到於今傷。公望，公望，侯于齊疆。

明妃

在大漢之世，文武多士；帝戒匈奴，嫠爾女子！

大言

噫嘻，嗟哉！安能一拳槌平天下山，一氣吸盡千江並四海？通關塞，堙戰壘。不願聞黃帝有涿鹿之戰，不願見殷湯、周武弔民而伐罪。但願盤古不老「三皇」在，茹毛衣皮長不改。蒼書宓卦都不用，於於睢睢億萬載。

釣竿

釣竿釣竿在河濱，暑往寒來春復春。江湖地迥集漁者，漁不在魚是良人。綠草蓬蓬，白石粼粼。

仇指

棘仇魚網，羅仇鳥獸。斧仇薪樵，盜仇富。

感秋篇

秋，秋，荆南薊北，甬東隴西。山秋水秋月秋雲秋，無處不是秋。衡陽行斷南來雁，湘浦歌滿採蓮舟。逐客新添去國恨，佳人蹙顰燕子樓。四運何時悽楚？古來惟秋。金風殺物時候，載酒荒丘。極目野望，浩渺平收。眼底無數桃李，枝髡葉落，凋盡風流。斜陽一色菁菁者，知是松柏不秋。

溫泉篇

伊昔溫泉春，鳴琴酌酒泉之濱。於今溫泉秋，岸巾高歌泉水頭。泉水滮滮〔一〕流澗中，黃葉迷天下寒空。玄霜不剪石蓮碧，白露早凋楓樹紅。石門封字篆銀蝸，鐵壁現色勒玉蝀。黃裳小鳥啄翠柏，黑衣老猿上枯桐。枯桐翠柏吼狂吹，杖頭百錢曾買醉。潦倒糊塗呼山公，主人扶歸荔蘿蓬。蝶夢栩栩桃源洞，夜半敲醒山寺鐘。星河一雁秋天外，破月倒掛澗底松。荒洲暗分長河水，老鶴瞑踏白雲峰。雲陣橫掩太白雪，河勢斜通渭水潨。種瓜驪山空留恨，獻賦甘泉時未逢。緬惟沂水與滄浪，派衍洙泗欲朝宗。

老槐行

噫，咄嗟，怪哉！汾州之側不見禿髮仙槐，何時風雨夜移來，千年山村欹岸栽？咄嗟，怪哉！淳于夜守南柯郡，麻姑夢借海上材。風輕露白月滿苔，隱隱絲竹奏荒臺。咄嗟，怪哉！當日老朽如刳舟，於今蕭森不忍摧。主人親說回公至，手拈丹粒投枯胎。六月扶疏蔽原野，斯立吟哦綠陰下。其上五欄，淩摩星斗；其下五枸，不知其何所之也。胡爲乎皮甲錯戾不剪伐？只爲天子曾繫馬。

〔一〕「滮」疑爲「㶁」之誤。（㶁音國，水受阻分道流去）

漁父辭

渭川有漁父，自謂善於漁。巨網結小孔，不漏三寸魚。攜向絕流處，一網得百魚。小者既入網，大者焉往歟？嗟彼渭川叟，爲漁非良哲！焚林以爲獵，從此獸必絕。竭川以漁之，從此魚必缺。君不見漢家結網漏吞舟，江海河漢魚滿流！

題蕭一書穴

蕭子不懷居，故將土爲房。月丸補破牖，風帚掃書牀。竹梅老紙帳，山水上短牆。門外千稍瘦，只爲一夜霜。其間後凋者，歲寒正蒼蒼。上有五色鳥，結巢對草堂。三年養得翮影老，一日扶搖入帝鄉。東家壞壁穴黄雀，偷入西家啄其糧。主人麾去復還來，只求果腹謌山桑。

家常吟

米汁幾碗，菜根一簞。木棉之袍，箬皮之冠。雲犂白山塢，月釣渭水干。更喜數椽清寂，前簾飛瀑，後屏大磐。客到山家筍一味，客去松枕日三竿。誰道茅茨小如斗，中有乾坤許大寬。

挽義姊林氏烈婦

噫，咄嗟，悲哉！白山之麓，渭水之鄉，乃有奇婦人，烈烈丈夫行。生前信誓，期以偕亡。死不寒盟，心嚴白霜。謝林風將歇，口絕九日之粒。顧家秀已摧，頭懸五夜之梁。素手挽風化，白練繫綱常。一點鐵心，九曲石腸。伊誰可比？磨笄之芳！

閔耕者

農無穀，不農則肉。農無服，不農則縠。農蔽惡木，不農則渠渠夏屋。

同社弟雪山醉後書懷

一身家四海，兩腳歷千山。千年古道行人絕，一杖荷月獨往還。

螻蟻歌

在太白絕頂北望五陵道上，車馬滾滾於紅塵白浪之中，因感而作歌：

螻蟻螻蟻，汝何不幸而爲螻蟻！母螻蟻子螻蟻，兄弟螻蟻孫螻蟻。世世螻蟻傳螻蟻，生於螻蟻，長於螻蟻，死於螻蟻，尚不知身是螻蟻。螻蟻螻蟻，汝何不幸而爲螻蟻！

明妃

紆不如安命，賂不如守正。去紫臺兮怨而不怒，妃之性兮〔一〕塞外青塚。宮人斜、中，永耶？促耶？千古流風，辭人騷客，歎惋無窮。杜陵延壽，于妃有功。

詠古

嫱何爲而遠行？衡何爲而早傾？爾才爾貌，生也枯，死也榮。

雜詠

人之宦仕，可以贍親戚而輝閭里，况乎妻子。人不宦仕，啼饑號寒先自妻子，而況親戚與閭里。故愛我者勸之隱，而利我者勸之仕。非不仕也，吾見馬騎人，吾見虎入市。惡乎仕！

〔一〕此處原無「兮」。

輓靜虛魏先生

君年八十九，我年四十九。七十古來稀，與君別不久。君不見法虔、支道林，一死一生，一先一後，追隨地下作冥友？

過李青蓮陳希夷騎驢處憮然有懷因爲口號

太華山前華陰路，古今騎驢之人不知其億萬數。惟有學士仙翁，騎驢墜驢，使人懷慕。萬仞山立，大河東注，告爾往來之人，職思其故。

又

熙熙攘攘而來者，誰耶？往者，誰耶？大海浮萍逐浪花，爭似詩人與仙家。事偶然耳，萬載聲華。悲哉！此日我所見，驢背人骨亂如麻！

菜根

舌能堅鐵石，齒可冷冰霜。知我淡泊味，入我貧賤場。貧賤多出仁義門，歲歲年年咬菜根。菜根不鄙肉食鄙，玉堂何似草堂尊？我思古人獲我心，君平、向平有至論。

書所見

馬食粟，犬食肉，農夫耕耘食苜蓿。馬錦韉，奴錦襠，蠶婦織作無衣裳。

晚出北門行

昔日出北門，香輪寶馬如雲屯。今日出北門，塚書燐火斷燒痕。昔日北門王孫道，今日北門蘼蕪草。此義誰向翁仲說？故園衣冠道旁列。春秋雨露泣成血，九曲石腸空斷絕。

蒼龍嶺觀韓退之大哭辭家趙文備百歲笑韓處

華之險，嶺爲要，韓老哭，趙老笑，一哭一笑傳二妙。李柏不笑亦不哭，獨立龍頭但長嘯。

箴

六則箴

子曰：「用之則行，捨之則藏。天下有道則見，無道則隱。邦有道，則仕；邦無道，則可卷而懷之。」六則，因乎時者也。時者無可无不可也。可以行則行，可以藏則藏；可以見則見，可以隱則隱；可以仕則仕，可以卷懷則捲而懷之，因乎時也。先民有言曰：「學者貴乎知時。」時可有爲，而無則行則見則仕之才；時不可爲，而無則藏則隱則卷而懷之之志，此皆不知時者也。或曰：「堯治天下，而洗其耳；漢之季天下大亂，出隆中而許人馳驅，其亦不知時矣乎？」曰，否。有許由之志則可，無許由之志則不可。有武侯之才則可，無武侯之才則不可也。爲可爲於不可爲之時，則辱也；爲不可爲於可爲之時，則固也。不辱不固，是謂知時。故「六則」因乎時者也，時者無可無不可也。

言箴

日月無言而萬古明。天地無言而萬物生。陰陽無言而萬化行。蓍龜無言而萬事靈。故孔子欲無言，而老氏貴守中也。

南遊草

南遊草序

庚午九月，茹司馬紫庭約遊南嶽。出關由熊耳鴉路至襄、鄧、瀟、湘、洞庭、長沙數千里，目擊明末盜賊焚劫遺跡，滿目傷心，不能無言。或曉拾一句，或暮構一篇，墨以淚和，字以愁結，因成小草云。

太白山人李柏識

過函谷關論

易曰：「王公設險以守其國。」予謂：「王公守國不在設險。」三代以後，兵莫強于秦，地莫險于秦。內外六十四關，而崤、函居一。左氏謂：崤有二陵。史志：孟嘗君雞鳴出函谷關。杜甫謂：「東來紫氣滿函關」。駱賓王謂：「皇居帝里崤、函谷」。秦據崤、函，六國之兵仰關而卻步。秦出虎狼之師，次第削平六國。說者謂：秦，四塞之國，據崤、函之險。然而恃險不修德，「戍卒叫，函谷舉」，安在乎其設險守國也？故王公之險，不在關。「親賢臣，遠小人」，雖無險，可至千萬世也。親小人，遠賢臣，雖有險不能一再傳也。故周歷八百而秦亡二世。後世王者，親賢則五服爲守而九譯來王；近奸則呼朋引類，傾覆我城郭，堙茀我關隘，揖盜賊而入門矣。近世嘉靖、天啟以來，篤實君子在草野；虛文小人滿朝廷。上欺其君，下虐其民；民不堪命，聚而爲盜。盜滿天下，由盜滿朝廷也。卒之，六龍失御，社稷丘墟。秦關燕城，無一可守！則王公之設險安在乎？茅元儀曰：「疆埸之小盜易滅，廟廊之大盜難除。」王者能使廟廊無盜，則省會無盜，則郡邑閭里亦無盜。是築天下人心爲函谷也。又何設險守國之足云？

過熊耳山空相寺

九月十六日，自磁鐘鎮東行七十里，宿於山村。村東五里許，孤峰插天，滿林黃葉，而山麓百畝草木皆青。予疑爲古塋域。村人曰：「此熊耳山空相寺也。」予曰：「熊耳兩山對峙，今止一峰？」曰：「一峰在東。」十七日昧旦起，東行入林，霜白如月，衰草彌望，此地猶是綠天。一僧鞭驅牛出耕。一僧年五十餘，聞犬吠山門，披短衣出視，揖予入。一古塔破裂，殘碑縱橫臥階砌，字磨滅不可辨。雖旃檀香微，金繩斷絕，而剎古山幽，知爲一大道場也。予曰：「昔全盛時，僧衆幾何？」曰：「八百人。自明季盜賊數萬，屯據兩月，僧房佛龕化爲焦土。今所存者，灰燼之餘也。」遂導予登藏經閣。僧曰：「經焚半，吾師刊補之；閣焚半，師葺之。」予曰：「東海行，復揚塵；山河大地終歸劫火，閣何必葺？佛說經八萬四千，不出四十二章；四十二章，不出般若心經；般若心經，不出無字經。何必補西廊？」有黃面瞿曇聞予言，出相見，予問：「僧臘幾何？」僧曰：「安問歲臘，吾身尚是壞相。」予曰：「惟空不壞。僧若四大非有，五蘊皆空，空無所空，即空諸相，是爲空相？」僧曰：「空相者，因達摩入涅槃，葬此山。人從葱嶺來，復見隻履西還。其名空相，以此。」予遂高吟曰：「空空空相寺，相空萬法通；不空不是法，是法空不空。」僧默然。予出山東行，夜宿韓城。

過韓城

九月十七日，自熊耳山東行八十里，複嶺重巒，絡繹不絕。四面遠山如黛，溪水環流。驢背遙望，如牛眠，如鳳儀，如蛇蟠、獅、象蹲者，纍纍也。其中皆天垣大局，局内或數千家，數百家聚落。舊基皆黄沙蔓草，寂無人煙。嗚呼，此固盜賊焚劫之餘也。盜必有所由起，誰爲厲階而使至此乎？迤邐東南，忽見平洋敞豁，天地散朗，千山拱翠，羣溪繞碧。予告同行者曰：「此地龍虎磐踞，爲王都則不足；爲侯國則有餘。必戰國關東諸侯之一國都也。」薄暮遇父老，年七十餘，予揖問曰：「此何地？」曰：「韓城。」曰：「古之韓國乎？」曰：「然。」「今何屬？」曰：「宜陽。」曰：「韓相張氏故基安在？」曰：「基不可考，而子房墓在東北。」夫子房以家世相韓。秦滅韓，子房散家産得滄海君力士，狙擊始皇不中，後相漢滅秦，報滅韓也。及項羽殺韓王成，追羽固陵，逼羽烏江，報殺韓王也。故曰，張良始終爲韓。予過韓，哭張良；非哭良也，哭後世無爲韓報仇者。日夕，城北關壯繆祠演伎，扮程嬰存趙氏孤。予觀伎哭程嬰，非哭嬰也，哭後世無存趙氏孤者。

問山中老人

九月二十二日，自河南府汝州魯山縣，曉發入山，南行四十五里。一路老木黄草，楓葉染醉，悉是廢井荒村，絶無人煙。午至山店，茅屋八九間。鳩面鵠形，衣服襤褸，男婦十餘人賣餅，飯行客。旁一老人年幾八十。予問李自成殺掠河南故事，老人指所居山村曰：「昔爲山市，居人一百二十家。李自成作亂，男婦老幼盡於鋒鏑，止留一傴僂老叟，非僂背亦殺之矣。」時余食方半餅，不能下嚥，反袂拭淚者久之。嘗聞天地終劫之後，劫火燒遍世界，有黑風洪水飄泛世界，人物皆盡。闖賊之禍，何異劫終？漢之黄巾，唐之禄、巢，無此酷也。誰胚禍胎，而使名城大都、山落水聚千里無煙乎？明季文臣不能無罪矣！

南召

二十二日宿南召。南召者，舊巖邑也。其城郭遺址猶存。問逆旅主人，云：在明太平時居人千餘家；亂後祇有二三十家，山陝貿易者半之。土曠人稀，不堪設官，寄治南陽矣。

擡頭

二十三日，自南召南行四十里，村名擡頭。茅店二三十間，老媼賣餅街頭。予歎其人家蕭條。媼曰：「在昔盛時，此地人家一千二百；大亂之後，僅遺數十人。漸次生聚，今有二十家矣。」予抆淚歎曰：「天乎地乎！氣耶？數耶？使百姓至此極者，誰耶？殺人者，李自成也。致自成殺人者，誰爲爲之耶？」

南陽臥龍崗謁武侯廟

匹夫而補萬世之天，布衣而尊千古之王。由東周至於蜀漢，孔子後武侯一人而已。周末天下無周，孔子以周爲天，故明天道以尊周室。周室王也，尊王所以尊天也。桓、文，霸也；賤霸所以尊王也。故春秋書成，使天下萬世知尊王如天者，孔子之道也。漢末天下無漢，武侯以漢爲天，故明天道以尊漢室。漢室王也，尊王所以尊天也。孫、曹，賊也；討賊所以尊王也。故茅廬一出，使天下萬世知尊王如天者，武侯之道也。孔門顏、曾、閔子，不仕權門，所謂見而知之者也。若武侯，則聞而知之者也。顏子稱王佐才。使侯生哀、定之間，則孔門有兩王佐矣。漢之名士，前乎武侯者，揚雄、劉歆也。雄號知易，爲莽大夫；歆爲向子，家傳穀梁春秋，諂附王莽。雄所知者何易，歆所學者何春秋也？與武侯同時者，荀彧、荀攸、邴原、華歆也，皆號「人龍」，皆臣曹。曹，漢賊。臣賊，豈「賊龍」乎？處潛見飛躍而不失其正者，臥龍也；臥龍者，猶龍也。故司馬德操以龍目侯，猶孔子之以龍目聃也。大哉孔子！生周之末，使天下萬世知正統如周，尊爲天王；霸如桓、文，人人得而賤之者，孔子也。大哉武侯！私淑孔子，生漢之末，使天下萬世知正統如漢，尊爲天王；賊如孫、曹，人人得而討之者，武侯也。故曰：匹夫而學能補天；布衣而道在尊王。非孔子不足以當之，非武侯不足以繼之。

光武故里

九月二十四日，謁臥龍岡諸葛忠武侯祠。晚憩三十里屯。五日南行二十里，道左竪古碑，大書曰：「漢光武故里。」旁有古木，木下老婦賣胡餅。予問曰：「此白水村乎？」曰然。東行百餘武，有光武廟。予至廟前。一老僧導予入。前殿貌白皙少年，僧曰：「此帝幼像也。」予下拜。畢，從東階趨入。榱桷翼翼者，正廟也；冕旒穆穆者，光武也。欂櫨濯濯，簷牙煌煌者，兩廡也。衣冠濟濟，乃文乃武者，雲臺二十八功臣也。予徘徊廟中，因思天人感通之理，微乎微矣！當禿莽篡竊時，其錢法有「貨泉」之文。貨泉者，白水真人也。其讖緯有「劉秀當爲天子」之文，故劉歆雖背父事莽，又改名爲「秀」——小人覬覦之私耳，豈知南陽白水，乃真人龍潛之窟乎？孔子曰：「其人存，則其政舉。」易曰：「雲從龍，風從虎；聖人作而萬物睹。」無二十八人，雖光武不能成中興；無光武，即有二十八人不能建漢鼎。故君臣兩相需也。雖然，中興大事，患無君耳，不患無臣。有少康而靡鬲可寄腹心；有宣王而方叔元老可爲干城；有昭烈而隆中布衣可爲將相。自「三君」光復後，正統中衰，遂至幾人稱帝，幾人稱王，終於淪胥者，比比也。當其時，草澤山林，豈無欲攀龍附鳳、鞠躬盡瘁者也？然而天不厭亂。龍蛇起陸，即有補天之石、濟川之舟，棄捐砂礫之中，抛擲荒涼之濱，終於無用而已矣。故曰：鍤所以入土者，蹠使之也；削所以入木者，腕運之也。苟非蹠腕，空有利器。

流賊張獻忠破襄陽說

有河南人周權，少被闖賊李自成擄入關西，僑寓予里，爲予說張賊破襄陽，殺襄王及閣臣楊嗣昌自縊事。予疑其城或不高也，池或不深也，地或小而兵或少也。庚午九月予有衡嶽之游，出關南行；十月一日過樊城，泊舟漢江，二日登南岸觀襄陽形勢：

城東據漢江高洲之上，漢水自西來，從北城根東流，水深百尺有餘，闊五百步有餘。東流十里屈曲南轉復向西流，直抵襄城之南，折而南流。其近城東、西、南三面池深十丈，闊百步；城西南枕鳳凰山，峰高千仞，西通巴蜀、商於、漢沔，糧道進退皆有餘地。城甃以磚，城根堅堤，捍江皆砌大石，高十丈餘。此所謂金城湯池也。一旦有事，攻者難爲力；守者勢有餘矣。

江北樊城，系秦、晉、燕、趙、巴蜀、荆、揚通衢大道，市人萬家，財貨山積。合襄城人不下十萬餘家。當獻忠將入境時，若襄王有方略，嗣昌通兵法，無論全楚，即襄陽一郡，堤封千里，操練民兵，可得精甲十萬；兼嗣昌麾下本兵，再提各鎮戍兵，數十萬剽悍精甲可立致也。

爲嗣昌計，宜選智勇良將，許以高爵，不必掣肘，禦之於南陽、白水之間，原平草淺，車、騎、步皆可利用。或八門五花六花，或鸛或鵝，皆可壓敵。獻忠賊非亡命逋逃，即貧民就食，烏合瓦全。以我剽悍節制之師，擊彼烏合散亂之衆，譬之鐵圍壓卵，洪爐燎毛，一戰可盡殲也。乃藩王袖手，嗣昌吐舌，不設一謀，不出一師，致令獻忠坐大，如入無人空虛之地，摧堅城如拉朽草，殺藩王如噎〔一〕小鳥，此何爲者也？

〔一〕「噎」疑爲「殪」之誤。

即獻忠逼近襄境，我撤漢北。樊城之民渡過漢南，入於城中，沿漢內岸二三十里，一里築十小墩，一大墩。小墩守兵十人，十夫長將之。大墩百人，百夫長將之。十大墩合百小墩蓋二千人，一偏將將之。三十里六千人足矣。

西南鳳凰山一帶，低者築之使高；平者掘之使險。相地設墩，用人以如之，亦不過六千人足矣。山上江邊，各設遊兵千五。各分三營，營守備將之，往來巡邏，以備緩急。總一萬五千人也，一大將將之。小墩鳥銃五杆，弓箭五副，長槍十枝，槍帶噴火筒二個，白棒十條，隨便取用。大墩佛狼機四杆，鳥銃三十杆，弓箭三十副，雁翎大刀四十口，白棒四十條，隨便取用。墩下各設燈火，江底設鐵蒺藜、鎚刀，以遏賊善沒者。江面設火舟；晝則以日爲眼，夜則以火爲目。賊船若來，遠則擊以佛狼，近則擊以鳥銃，再近以箭射之，再近以槍刺之，以火噴之，再近則舉大棒大刀斫打齊下。賊鋒雖鋭，不能渡江登岸矣。又于山頂江邊設狼煙數處，山上有驚，舉烽火，江上之遊兵登山速救；江邊有急，舉烽火，山上之遊兵下江速救。勾連循環，可分可合，奇正相生，應變無窮。佈置勻亭，下令軍中曰：「大敵臨境，軍法宜嚴，散卒不用命，十夫長斬之；十夫長不用命，百夫長斬之；百夫長不用命，偏將軍斬之；偏將軍不用命，大將軍斬之。」守備精密，號令嚴肅。猿猱雖捷，必不能升；鷹隼雖疾，尚不能過，而況烏合蠢動之賊哉？此不守城而守城外之高山、長江之一要策也。若王孱將懦，不知守山與江，坐守孤城，縱賊渡江登山下攻，雖有張、韓之才，不能保矣。吾觀襄陽地形，乃知城破之故，非獻忠之足智多謀也。襄王昏昏，嗣昌悶悶，兵將蠢蠢，百姓蚩蚩，有如羣燕巢於焚棟，欲求免禍難矣。

且江北樊城無井，即賊頓樊城，人畜必飲江水，我置毒上流，人馬必病。然後我伺動靜，募善泅壯士，許以重賞，詐爲貧民，降入賊營。我夜以舟艦佯爲渡江北攻之狀，賊必以精兵備我；而我暗以木罌從城南大江渡過精甲，繞江而東，從北南攻；又以竹發熕、銅發熕從襄城上送子炮于賊營。營中火起，我兵南攻。而營中詐降之兵，從中橫擊，內外交閧，賊不知所爲，必自相殘殺，一戰可滅。所謂出其不意，攻其不備，此劉錡所以守順昌也。嗣昌烏足以知之。

嗣昌，進士也。先帝推轂之日，御書贈以詩曰：「鹽梅今暫作干城，上將威嚴『細柳』營。一掃寇氛從此靖，還期教養遂民生。」煌煌聖語用之非不專，任之非不重。豈知進士之才作八股則有餘，爲百夫長則不足。古人謂之「白面」。然先朝倚白面書生爲萬里長城，使之節制大將，掣肘勇帥。是縳騏驥之足，而期以逐風雲；翦鷹雕之翮，而責以搏狐兔。豈可得乎？此神京所以不守。而書生之誤國，多在空談裏也。

祭屈賈兩先生文

庚午十月二十四日，關中太白山人，後學李柏過長沙，僅以香燭卮酒致祭於屈、賈兩先生之神曰：兩先生不得志于楚、漢。天下後世亦謂不得志于楚、漢；柏謂兩先生雖不得志于楚、漢，而道顯於天下後世。離騷、治安策，懸日月矣，流天壤矣。讀「騷」與「策」，兩先生之心白，心白則道顯。雖不得志于一時，而得志于萬世也。彼上官、絳、灌，一日生而萬世死；兩先生一日死而萬世生，可以不怨矣，可以不慟哭矣。且東南死忠之國也：奢死楚矣，種死越矣，員死吳矣，後世飛又死杭矣。是皆以忠死矣。豈徒兩先生哉？吾聞天之愛忠臣也，成就全在一死。如得志于一時，則寂寥于萬世矣。兩先生何必怨，何必慟哭也。

蕉葉雨敍

衡湘客舍有竹亭一間，芭蕉一院。予愛聽蕉雨聲，嘗攜卷吟哦其間，見古人特立獨行，驚心酸鼻之事，輒手録之，曰：「蕉葉雨」。猶荷葉露云爾。

荆王創建護國寺

佛不護堯舜之國，而時雍風動。佛不護夏禹之國，而享國六百。佛不護文武之國，而周過其歷。梁武捨身同臺，北魏建寺萬餘，其志將以求護國也。而國破身亡。唐、宋以來，名刹峻塔，上至君王國，下至愚民里社，山林江海，無地不有。卒之，鼙鼓動地，颶風翻海。此時即日誦仁王，百拜古皇，亦安見其能護國耶？

辛未三月，余至荆州，偕江右梁布衣質人，游護國寺。金碧壯麗，幾於瓊其宫而瑤其臺。寺碑誌所費蓋四十七萬金也，明荆國藩王所建。嗚乎侈哉，愚矣哉！堯茅茨土階，舜飯糗茹草，禹卑宫惡服，此萬古帝王盛德事也。佛稱古皇先生，其所好尚，蓋皇者之道也。故枯寂淡泊，視天子之貴如浮雲，視己身可療鷹虎之饑。豈樂寶刹輝煌也者？以塔廟壯麗事佛者，謂之得罪褻瀆可也。且佛以慈悲爲教者也，草木且不妄殺，鷹虎亦可糜軀，況百姓哉？

崇禎十二三年，蝗旱流寇，惡宦蠹胥，並爲民殃。萬里赤土，餓莩相枕。王若出四十七萬金救民疾苦，此大慈大悲，大功大德，善事佛者也。善事佛，佛或護之；王不知此而以金碧丹臒佞佛求福，此何爲哉？稽過去，則前代有殷鑒；希未來，則不可知；求現在，則國破家亡。故曰，愚也。漢文帝惜百金，不作露臺，享國長久；荆王不惜四十七萬金，修佛寺，宜乎其佛不護國而禍及於身也。

洞庭

秦之水灃也、澇也、潏也、滈也、涇也、滻也、灞也、漆、沮也、汧、漳也，皆不如渭之大。及見黄河，則渭不如河。及見江、漢，則河不如江。及見洞庭，則江、漢之水如線。洋洋乎瀟、湘、蒸、沅之所匯，天一地六之所成。此孟浩然所謂「氣蒸雲夢澤，波撼岳陽城。」杜子美所謂「吳、楚東南坼，乾坤日夜浮。」是九州之內，六合之中，莫大於洞庭矣。然吾聞有海若者，生鯤魚，其大不知其幾千里；生巨鼇，頭戴五島如粒；生巨人，一釣而連六鼇；生大魚如山，行三月始盡其身。海中之物如此。吾不知洞庭之於海又何如？海誠大矣。然海在天之內，天在虛空之內，虛空在太虛之內。吾不知無始以前，無終以後，可以大名者，果何歸也？

蕉窗拾粹　小引

蕭蕭客榻，杳杳予懷。龍虎風雲，一天霜冷；髭鬚眉髮，滿頭雪寒。載披已往圖書；了此方來歲月。挹繁露以爲飲，如羨竟陵之茶；擷蚪甲而作飧，似嗜淞江之鱠。書淫傳癖，彼如是，我如是，匪曰能之；筆塚墨莊，朝於斯，夕於斯，固所願也。若欲志希賢聖，尚陰惜寸分。

南遊詩草

五言絕

函谷關〔一〕

函谷，秦國其腹；山東國六，其魚其肉。胡爲乎劉、項西逐，而奄有其鹿？

渡伊川

我行伊水上，想像伊川人，伊川流不盡，淵源洙、泗津。

所見

鸜不踰濟水，雁不過衡陽。關山嚴鎖鑰，不斷利名行。

〔一〕「函谷關」是古風，「渡伊川」以下爲五言绝。

江上夜放佛燈

棹頭星斗燦，江底佛燈烘。誰放燭龍火，夜燒楚江紅。

舟行尋江上釣磯

舉棹乾坤轉，揚帆日月移。漢家有九鼎，系在釣魚絲。

江上

前浪滔滔去，後波滾滾移，人間興廢事，萬古只如斯。

題明長沙太守忠烈蔡江門先生墓碑

一死萬古生，萬生生一死。頸血湧白膏，流作瀟湘水！

聞鐘

何處鄉思甚？他山夜半鐘。敲破還家夢，江月掛孤松。

五言律

曉發

曉行汝水岸，星斗落前川。破寺霜鐘遠，斷橋宿霧連。馬蹄生石火，牛鐸出村煙。回首停車處，亂峰障碧天。

舟中即事

舟子揚帆去，舟行客未知。山從天外落，人在鏡中移。崗巒馳象背，江漢吐龍漦。水路三千里，依稀渭、汭湄。

遇洞庭

荆南造化偏，雲漢匯爲淵。千里全無地，九重只有天。瀟湘浴日月，翼軫奠山川。我欲乘槎去，機邊抱石還。

七言律

泛舟湘江

渭陽野老泛湘舟，宛在他鄉天盡頭。漁火村寒堤柳晚，棹歌聲帶水雲秋。青牛夢入秦關月，黃鶴醉看楚國樓。客思正逢搖落日，况聞北雁過南州。

金陵

荆吳遠水落南天，虎踞龍盤王氣全。四十帝君迷蝶夢，八千子弟化啼鵑。金壇鐵甕風雲變，鶴市鳳臺鹿豕眠。六代興亡天不管，怒潮偏爲子胥憐。

回雁峰

回雁峰前雁未還，遙空雲盡雁行連。羈情鬱鬱三湘外，歸思茫茫二月天。老去乾坤同逆旅，春來江、漢散風煙。河山不阻鄉關夢，夜渡平沙是渭川。

七言古

湘江月

我在湘江弄扁舟，天月來照湘水裏。天月在天亦在水，秦客出秦聘楚子。函谷南去三千里，水月空明每如此。因思渭川月正明，何人白髮釣周京？總有臨淵羡魚者，未必漁鈎得玉璜。太白山月如白雪，雪色月華無離別。只今我在湘江上，歎爾雪月空皎潔！

贈田二鷲寰

五陵豪士田二郎，綰綬南治楚襄陽。我本太白山頭人，爲君驅馬入江鄉。贈以「白舫」歌「白水」，管、鮑仍是貧交行。我過洞庭登衡嶽，君臨漢水臥琴堂。煙波浩淼二千里，一片客心滿瀟湘。

長沙弔屈子

李柏五日哭屈子，年年滴淚弔以詩。今日南至長沙地，高聲呼君君不知！呼君勸君君勿怨：吳國大江流「鴟夷」，越國范蠡不去越，應與先生共水湄。萬載汨羅江水寒，令我至今怨上官。

自述

結髮之年學隱客，愛看家山雪太白。一卧巉巖四十年，肩背崚嶒風霜迫。只道西北千山雄，未見東南萬重水。六十老去出函關，坐泛滄浪三千里。漢江乘槎到瀟湘，雙目炯炯射水裏。愛水愛山意錯落，只緣我心有所著。要使吾心無所愛，直待名山大川不在天之內！

洞庭

湖水何年開明鏡，君山何代見修眉？夷陵生火楚臺空，水鏡山眉長如斯。湖水爲江江入海，萬里不出乾坤外。浪花萍葉滾滾去，中流惟有君山在。

古風

襄陽歌

我之襄陽訪耆舊，黄沙漠漠蘆林厚。德公、德操天下士，望衡對宇歲月久。𢱢來江上覓遺跡，問之楚人，亦不知其何處有。不得拜牀下，不得飲公酒；不得聞卿言，不得謁南畝。溯洄漢水求伊人，不見其人空搔首。卧龍王佐才，鳳雛與之偶，二賢知己二老叟。即今豫州訪草澤，亦有知其英雄否？我欲高聲呼先生，恐駭旁人但緘口。楚山何蒼蒼，楚水何洋洋，三千里外詢大隱，徒見山高而水長。令我嘆惜泣路旁！

秋林

風蕭瑟以淒切，葉颯颯以曉獵。春而青青，夏而曄曄，奄忽霜雪，染醉如血。何百丈之寒木，狀礧砢以多節！微陽照，老顏色悅。

衡峰望日歌柬紫庭茹司馬

秦之名山，終南太白與太華，來自崑崙一萬里，去天尺五，可謂高矣。及登衡嶽亦如此。衡嶽之高破穹蒼，昧爽隱約見扶桑。其始也窅窅冥冥，渤澥蒼涼；既而一線赤痕，吐出渺茫，浮耀簸蕩，輝輝煌煌。燒卻海水，千里漭沆，盡成火藻之錦章。須臾丹丸離東洋，六龍飛轡御中央。浩瀚滄波復清宴，萬國萬物睹重光。郊藪之內游麒麟，阿閣之上巢鳳凰。甘露醴泉味如飴，泰宇穆清忘禎祥。稽首青辭籲天帝，願築日城照上方。萬古乾坤永不夜，長教欃槍滅角芒。

七言絕

晚泊

夕陽西下湘江裏，落霞返照翻紅紫。漁家兩岸臥蘆村，山月空孕瀟湘水。

衡麓道上

兩岸荒煙萬樹松，人家半是荔蘿蓬。山深定有高僧臥，知在白雲第幾峰？

鄴侯書屋

煨芋空山一老禪，白衣宰相即神仙。至今結草讀書處，剩得松窗片片煙。

望日臺見海氣晦暝須臾清霽

望日臺邊雪未消，扶桑曉蔽海雲遙。蓮峰借得仙人掌，擎出紅輪上九霄。

祝融峰

七十二峰朝赤帝，億千萬祀鎮南天。登高一望乾坤小，芥視名山線大川。

衡峰即雪

茹蕨秦山四十年，一寒徹骨托松煙。南來臥雪衡峰上，蝶夢還遊太白山。

嶽頂泉

福地從來辟洞天，峰高萬仞吐龍泉。祝融有水離中坎，林下無人鶴是仙。

冰柱

崑丘瑤樹植松灣，七尺清光冷雪山。對面冰壺堪濯魄，夢魂不到玉京間。

湘上除夕　三首

日轡月輪似擲梭，客窗對酒淚滂沱。故鄉雪積青山少，異地春來白髮多。

又

楚水秦山道路遙，客心五夜更搖搖。忽思陋巷柴門外，依舊寒雲鎖寂寥。

又

搔首無言發浩歌，牢騷獨步意如何？雪山遠隔五千里，霜鬢近添六十多。

湘東懷太白山房　二首

縹緲西天太白峰，雪光五月亦如冬。吾家正在雪深處，米桶寒雲鎖幾重。

又

岳樹江雲際楚天，王孫芳草入春煙。驚心愁聽巢梁燕，似說韶華又一年。

五言絕

望日臺

昔聞衡岳高，今來窺太乙。舉足躡天根，低頭看海日。

衡峰書懷

家遠四千里，客留七十峰。乾坤總逆旅，何必歎飄蓬。

七言絕

舟中

舵連堤轉蘆花岸，帆引山飛柏子峰。望斷天涯雲盡處，長江萬里臥青龍。

楚江秋和崔唐臣韻

楚鄉山水滿天涯，九月風霜老物華。染得江邊楓葉醉，紅林深處有漁家。

漢水

楚山半是秦山落，楚水遙從漢國來。望盡煙波獨不見，函關月上章華臺。

陽臺

襄王、神女會陽臺，夢裏相逢夢裏回。世上鴛鴦天上鵲，何人不是夢中來。

過洞庭思岳武穆戰功

天光連水水連雲，百萬湖鴉合一羣。自謂洞庭無網罟，飛來惟有岳將軍。

湘陰

遠樹迷離鎖曉煙，人家半在水中天。千帆亂影波濤裏，不識誰爲少伯舡。

洞庭

一片湖光泛客舟，西君、東艑[一]二仙浮。怪來不漏瀟、湘水，元有青天襯水流。

謁屈三閭賈太傅祠

日月經天星斗森，「三光」並耀二臣心。千秋痛惜孤忠死，一死誰知生到今？

夜坐

獨夜忽垂千古淚，爲誰按劍恨難平？世間無限傷心事，空對寒燈歎一聲！

[一] 「艑」爲「編」之誤。洞庭湖上有東編山。

湘潭

湘妃瑤瑟鼓湘潭，山色青青水色藍。拼取洞庭春一醉，不知何處是終南。

（槲葉集南遊草終）

補遺

鬼孝子傳

孝，人道也。經也，常也。曰「鬼孝子」，非人道也，且不經也。非常也，非常不經，異乎人道。何以謂之「鬼孝子」也？曰，孝子死而爲鬼，猶不忘親。故曰「鬼孝子」也。

唐顧況有子而夭，況哭之慟。子忽作人言：「願世世生生爲顧家兒」。不忘親也。不忘親，孝也。明王處士子性至孝，夭死，母葬之，魂附喪杖，歸，呼其母曰：「兒不忍忘母。」去又呼曰：「娘，娘！兒實不忍捨娘去。」不忍忘母與捨去者，孝也，孝也，況鬼也。

鬼也不忘親，孝也。死不忘親，鬼孝子也。孝經曰：「立身揚名，以顯其親。」子生而事親則然也，死則已矣。至孝之人，天性純粹，蘊結不散，寒煙冷魄，總難磨滅。爲顧兒、王子書之史冊，傳之後世，聞其風者，莫不興起於孝也。此鬼物之有裨於人道者也。經常之道，今古不異。如關西袁氏之鬼孝子，則又超出顧況、王子也。孝子醴泉里樂村人也，高祖明繡衣使，祖明孝廉，父明經。孝子生前，少補弟子員。事親以孝聞。夭死，死不忘親。當辛未大旱，疫厲將興，孝子魂附人告其父曰：「急避入楚則吉。」父攜家入楚。至癸酉又告父曰：「秦大有，可以歸矣」。父攜家渡漢水，不知津渡處，策驢截流登北岸，岸上人驚曰：「子所渡處，深無限。」父笑曰：「淺僅浥驢膝耳。」後二年復告其父曰：「向渡漢水所以不沒者，兒扶父登北岸。」父始悟不沒故。又爲隱語曰：「不必鬱鬱久居此。」問之不敢明言。嗚呼，古之所稱孝子者，膝下承歡已耳，視膳問寢，夏清冬溫已耳。子生如是，子死則已。鬼孝子死不忘親，報其饑疫，濟其危險，有事必告，指其方向，雖死猶生。以視顧家兒、王氏子，爲何如耶？世有堂堂爲人，溫飽其身，饑寒其親，視如路人。聞鬼孝子之孝，其何以俯仰天地耶？

丁丑三月太白山人李柏撰于有部臥雲焦子之東郊精舍，年六十有七。

寄焦臥雲子書

前書不知見否。人生隙駒耳，何堪睽隔！而睽隔偏在我輩，真可斷腸，豈至酸鼻！回想紫庭結綬西京時，「古處堂」中，我三人手握鐵龍，心藏碧血，眼光懸一天星斗；涎唾翻四海波濤。醉中狂言，笑蕭何不知相業；夢裏囈語，罵劉歆枉讀春秋。孰知今日一在天之涯，一在渭北地之角，一在漢陽山之腹，即見面不可得，況同揮魯戈，共著祖鞭乎！太息，太息，三太息，奈何，奈何，可奈何！陳、張二會長、洋州喬松生，亦賴其餘蔭，相見時宜去青眼。上臥雲子。漢南無筆，買數管寄來。寸褚亦使盡了。

太白山人雪木李先生墓碣

王心敬

雪木先生既葬之三十三年，其冢子崧謀立其墓道之碣，而東來委記於予。嗚呼，自先生歿，典型之感，時廑予心，矧知先生者，更無如予，而可以不斐辭耶？謹按：

先生姓李氏名柏字雪木，自號太白山人。原籍漢中府褒城人，七世祖徙郿之曾寨居焉，遂爲郿縣人。父可教，母王氏，生三子，先生其仲也。生而赤面偉軀，器宇異常兒。九歲而孤，母王孺人鞠之，爲延師入小學，即往往出奇語驚人。及年十七八，稍知讀古書，即慕傳記所載古高逸之爲，不肯研習制舉業。師屢戒之，不改，如是者數年。一日，師怒而責之數十，母孺人聞之亦痛加督詈，先生乃屈首誦文課藝。無幾時遂入庠，補弟子員。又無幾時，歲試。學使者賞其文出性靈，遂授之冠一軍，食廩餼，而文名藉藉揚邑庠矣。然終非其好也。常日率置制舉業於其案，而所私讀者，則經世之書與陶冶性情之詩。一日負鋤出耘，家人饋之食，則見其倚壟樹而讀漢書；又一日驅羊出牧，則背日朗讀晉處士集，亡羊而不知。凡聞西鳳名勝地與老成耆德，輒徒步遊訪，雖祁寒大暑，跰踵而不辭。

太白山者，終南萬里間第一險峻寒遠之山也。先生必一年一遊，每至山巔，對天地必徘徊浩歌，久而後去。或問山路山氣如此之險寒，一遊得其概足矣，歲歲必登也，何故？先生曰：「登山之巔，爲之塵眼空；對池之清，爲之塵慮淨。生平快事，孰過於是？」聽者爲之掩口而笑，先生不屑也。及年四十有八，貢期將逼，先生則謝而去之。或以爲言，先生愴然曰：「前爲吾師吾母應此役，今歲且近暮矣，急還故我，猶以爲遲，尚又奚戀耶？」晚年高風逸韻，風動關中，賢守宰往往折節交下風。歲庚午，西鳳大旱，先生乃攜家就孰漢南於洋縣，得賢東道故太守仲貞張公款留，乃托足焉。越三年，以商南宋侯、江西質人梁公、蘇州采書張君之邀，乃辭漢南北返，而仍寓家樊川，蓋愛其地之勝，又喜生平故知之咸在鄰邇也。後先生爲耀州守穆庵李公延之，課子于孫真人洞。時年六十餘矣。穆庵生平厚契，此洞爲一郡名地，故欲先生托此終老耳。一日以酒墜牀而疾，病中仍欲歸於鄜曰：「是吾丘首之宜也。」歸鄜。又一年，七十有一而卒。

嗚呼！先生，賦高岸曠達之姿，生平信心經情，不投時好，處或不能無至。其心事之光明磊落，若時下齷齪委瑣之態，二三巧詐之愆，則毫釐不以滔其素定之天。而如遇美酒，逢故人，開懷放意於上下古今，無所不語；語之又靡不慷慨淋漓，使人欲歌欲泣而不能已。蓋既老之年，依然不減少壯也。又先生氣甚勝而高，遇意所不可，雖顯貴人前，必伸其意之欲言。而如其心，則甚虛守又甚固，見善輒不難屈己以從。敬年二十五時遇先生于二曲，先生齒幾長予一倍，而遇予一言之近是，未嘗不亟加贊許。自後每見，凡有規勸，無有不欣然意納者。終其身布衣疏食。或有時極人之不堪，而襟度瀟然，略無怨天尤人之意形於言貌間。蓋先生素志有在，終已未能自遂其本懷，而如其蹈履任真，一意孤行。嗚呼，即傳記所載，古較然不欺其志之高人逸士，亦奚以過彼。議先生者，固爲不知先生；即譽先生而不知其實者，亦爲未盡先生之真也。先生所著有槲葉集十卷，其文率自出胸臆，不蹈襲前人。詩則自成一家，而聲韻頗與彭澤近。蓋生平最愛者淵明，故於淵明之詩，嚼咀尤熟，不知不覺，風神逼真耳。

子二：崧、巘；孫七：之仁、之信、之榮、之禮、順臣、之智、之孝。先生以崇禎六年五月乙巳日丁亥時生，以康熙四十年七月二十四日卯時終〔二〕，康熙四十二年臘年十二日葬。其樹碣也，則以今乾隆元年二月清明日也。嗚呼！先生，今成古人矣。如先生者，更可復覯也耶？更可復覯也耶？

乾隆丙辰古豐後學王心敬沐手謹撰

〔二〕李柏生卒年實爲公元一六三〇年庚午（明崇禎三年）—公元一七〇〇年庚辰（清康熙三十九年）。

太白山人傳

錢儀吉（嘉興人）

康熙間，關中儒者咸稱「三李」云。三李者，盩厔二曲、富平子德、郿太白山人也。山人生崇禎庚午，九歲孤，稍長讀小學，曰：「道在是矣。」遂盡焚所習帖括，而日誦古書。會童子試，不肯就，匿枯寺中，已入眢井三晝夜，已出走，西踰汧，南入棧道，東登首陽，拜伯夷叔齊墓。家人跡之，歸。師撲之曰：「汝欲學古人，吾必令汝學今人也。」山人曰：「願學古人！」再撲曰：「學古人乎？學今人乎？」山人曰：「願學古人。」又撲曰：「汝尚欲學古人乎？」則對曰：「必學古人」。於是遠近之人皆以爲癡。母命之，乃一就試，補博士弟子。

始名如泌，有司改泌爲密。山人曰：「李密以蜀爲偽朝，吾不願如之也。」乃易名柏，字雪木。母卒，遂棄冠服，入太白山中，率家人力耕，刻苦爲學。家故貧，兵盜水旱滋益困。自子德被徵至京師，數稱山人賢，人始有知之者，或欲周之。而山人難爲衣食，嘗一日兩粥，或半月食無鹽，時時忍饑默坐，間臨水把釣，夷然不屑也。自誦曰：「貧賤在我，實有其門；出我門死，入我門存。」又曰：「牛被繡，鸞刀就。」又曰：「古之人有七日不火食者；有三旬九餐者；有食木子橡栗者；有屑榆者；有一日長坐者；有餐氈嚙雪十九年者。蓋有主於中，不動於外，抱節死義，不忘溝壑也。」此山人胸懷，本趣然也。著有槲葉集，自題云：「山中乏紙，采幽巖之肥綠，浥心血之餘瀝，積久盈篋，遂爲集名。」好作書，自云：「吾希覯前賢名跡，而以山中之見聞發之於書。蓋以山爲骨，水爲肉云」。其高寄絕俗，多此類。山人卒年七十餘，有子曰崧。論曰：昔宋有太白山人焉，摘洞林之讖，沉謀踣巢。明有太白山人焉，戴遠遊之冠，風施在茖。雪木子其類耶？不類耶？學不嬰世，饑不出門，石骨而木顏，食水而衣雲，其斯以爲山中之人也與！

吾郿乾隆間縣誌稱：雪木先生「奇服詭行，任情放誕」。余前跋岐山武敬亭廣文所藏先生「淡園」、「亦山園」墨蹟卷，已糾正其妄。頃閱錢衎石（儀吉）文集，傳先生尚不失其真。特録一通，寄歸，以備他日改修縣誌之資。先生爲□國逸老，入本朝，不肯隨俗俯仰，宜人以爲怪誕。然其皎然自立，志在聖賢，則人罕有識者。光緒壬辰間[一]，吾松亭大兄，約同志創建先生祠堂于縣東曾家寨，請三原賀復齋先生撰碑記之，並題額曰：「願學古人。」真先生知心哉。

白麓王步瀛識於宣武城南韻華齋[二]

國朝先生事略

李元度

李柏，字雪木。少孤貧，稍長讀小學，曰：「道在是矣。」遂盡焚帖括，而日讀古書。家人強之應試，遂出走，西踰汧，南入棧道，東登首陽，拜夷、齊墓。復以母命就試，補諸生。旋棄巾服，入太白山讀書十年，成大儒。公卿多欲薦之，度不獲行己志，卒辭謝。昕夕謳吟，拾山中槲葉書之，門人都其集曰槲葉集。山居力耕，日食粥，或半月食無鹽，意夷然不屑也。嘗言古之人有七日不火食者，有三旬九餐者，有食木子橡栗者，有屑榆者，有一日長坐者，有十九年餐氈嚙雪者。蓋有主於中，不動於外。所謂不忘溝壑也。其高寄絶俗類此。年七十一卒。

[一] 光緒壬辰，公元一八九二年。

[二] 宣武城，開封舊稱。王爲郿縣人，光緒二年進士，當時任戶部河南司主事。松亭即王登瀛。

邑侯上學憲啟〔一〕

沈錫榮

恭維：整飭紀綱，不外激濁揚清之道；闡揚幽隱，足興頑廉懦立之風。錫榮莅鄖，接奉憲諭，搜訪遺獻以備徵考，極意收羅，悉心採訪，兹查故儒雪木李先生，髫齡就傅即有志于古人，援筆爲文不肯投夫時好。溯淵源於洙、泗，學守關、閩；傷故國之「黍離」，節高巢、許。光風霽月，不存纖芥之私；璞玉渾金，允推希世之寶。前此鄉賢崇祀，雖云已發其幽光；至今著作未傳，尚難盡洽夫眾望。謹將原本恭呈憲鑒，伏乞俯賜顯揚，廣爲刊佈，將名山著述，得品題而益彰；空谷伊人，自流傳於不朽矣。

學憲復邑侯

余堃

故儒雪木李先生，亮節清風，徵車不就，仰止高山，傾心已久。使秦以來，尤復勤加甄采，頃得賢令搜呈《槲葉集》。逸情高韻，託旨遥深。不謂永嘉之末，復聞正始之音。關中元氣醖厚，代有絕學。典型不墜，端在斯人。展誦再三，欽企曷已。亟宜付厥手民，彰兹潛德。聊答數語，以誌景懷。

〔一〕沈文作于清宣統二年辛亥孟春。

創修李雪木先生祠堂記

賀瑞麟

吾秦當國初，多碩儒鴻才博學高士：盩厔二曲先生、富平天生先生及鄠縣雪木先生，並稱爲「關中三李」云。二曲理學；天生文學；而雪木則高隱。成就雖各不同，要其根本之地，未嘗不一。先生九歲失怙，家貧，孝母雅與二曲相類。天生雖應鴻詞科，而乞終養疏凡數十上，皎然遂其初志。且先生修德立言，亦自有其理學，亦自有其文學，尤與二曲、天生性情氣誼深相契合者也。故當時如太華三峰鼎立天外。觀先生自述，髫齡讀書，偶見小學古人嘉言善行，即取案頭時文焚燒一空，至被塾師撲抶，終以「願學古人」，雖死不悔。爲辭何其識之高而意之決也！後以母命應試入庠，卒即脫去，必求其心之所安。即守宰學使屢加禮重，先生不以爲意，其淡然有守又如此。蓋生平慕諸葛孔明、陶元亮之爲人，遁跡太白山中大雪崖洞十餘年。易所謂「不事王侯，高尚其事」，先生有焉。然或者謂，後之知先生者，似未若二曲、天生之盛。不知二曲徵薦至爲九重所知，天生亦名重闕庭，先生終身一韋布耳。抑二曲、天生著書久顯于世，先生檞葉集往往求之不得。是以二曲、天生，後生猶多能舉其名姓；至先生則知者少矣。雖然，實之至者，久亦必彰。

光緒癸未，國史館檄搜遺獻，麟以關中諸人，疏啟中丞馮公，咨送史館，先生與焉，而未果行，後必有行之者矣。不謂先生去今二百餘年之久，而邑宰張公追慕景仰，爲之誌其里居。邑宰毛公復創祠宇，囑紳士明經王松亭爲之經理，亦可以見理義之感人者深矣。正殿三楹，齋廈六間，大门一座，圍牆四周。規模未大，氣象聿新。又有能刊行先生之集者，尤其幸也。至集中疏記諸篇，未能嚴絕「二氏」，亦一時應酬之作，不足爲先生累，而實非有佞佛之意也。王君治函，並令胡生澗松，攜先生後裔忍，至余清麓求記。王君且曰：「昔者邑侯趙公修補橫渠先賢張子祠，既辱以文；今先生之祠，敢又一請。」乃力疾而爲之記。

光緒十九年歲次癸巳季春之月三原後學賀瑞麟敬撰文

記墨蹟卷子書後

賀瑞麟

雪木先生在國初爲吾秦高士。其所著槲葉集，學士大夫爭欲快睹。而字畫真跡傳者實罕。光緒辛巳，岐山武生文炳敬亭得二紙：一亦山園記，一淡園記也。亟裝潢成卷，遠以視予。予雖未見先生書，而此二紙者，決無可疑。不惟筆勢奇逸，超出塵坱，而文亦雅類漆園，心境灑脫，自可想見。至其發揮「淡」字，尤非先生高識遠見，未易有此。因此益思淡而不厭。吾儒下學爲己之功，知先生之所得深矣。敬題其後，以歸敬亭，且告以敬其人，愛其字，而尤當識其意也。

嘉平望前一日三原賀瑞麟跋

跋記墨蹟卷

趙舒翹

雪木先生生當明季，抱草莽孤憤，無所發抒，遂放浪山水間，其志亦大可悲矣。後人見其行文，雲譎波詭，以爲逍遙人間世耳；而詎知與屈大夫九歌同悽愴耶。郿邑志謂先生「任情放誕」，豈非癡人說夢？誦詩讀書，必知人論世，子輿氏所以識高千古歟！予睹先生遺墨而不禁歎息久之。

戊戌初春長安後學趙舒翹敬題

附　助貲姓名

甯河高曦亭捐銀壹拾兩　浙江沈錫榮捐銀貳拾兩

郿縣王步瀛捐銀叁拾兩
郿縣趙溫捐銀壹拾兩
鳳翔胥登洲捐銀貳兩
郿縣張之紀捐銀伍兩
隴州朱家訓捐銀肆兩
寶雞韓樹德捐銀壹兩
鳳翔馬駉捐銀叁兩
渭南史秉鈞捐銀肆兩
汧陽趙子風捐銀陸兩
郿縣劉榮捐銀伍兩
郿縣孫炳蘭捐銀肆兩
鳳翔張宗正捐銀叁兩
郿縣解虞書捐銀叁兩
郿縣賀世太捐銀叁兩
鳳翔燕岐瑞捐銀貳兩
郿縣張景賢捐銀壹兩
郿縣張景銘捐銀壹兩
郿縣李善述捐銀壹兩
郿縣闞文玉捐銀壹兩

郿縣姚殿元捐銀壹拾兩
鳳翔謝子芳捐銀貳兩
郿縣張燧光捐銀叁兩
扶風王兆離捐銀壹兩
鳳翔劉源森捐銀捌兩
鳳翔竇應昌捐銀貳兩
郿縣王源洞捐銀伍兩
岐山李蔚南捐銀捌兩
郿縣王維翰捐銀伍兩
郿縣郭天仁捐銀肆兩
郿縣皮懷瑾捐銀肆兩
郿縣師振鐸捐銀叁兩
郿縣段錦堂捐銀叁兩
寶雞王子元捐銀貳兩
鳳翔劉定五捐銀貳兩
郿縣岳景雲捐銀壹兩
扶風高俊傑捐銀陸兩
郿縣王國棟捐銀壹兩
郿縣康作新捐銀壹兩

郿縣楊濟川捐銀壹兩
乾州陳仲謙捐銀壹兩
郿縣孟處仁捐銀壹兩
米脂高仲涵捐銀貳兩
郿縣馮拱辰捐銀壹兩
扶風馬臨泰捐銀拾兩
郿縣張世金捐銀壹兩
郿縣賀國昌捐銀壹兩
郿縣竇重華捐銀壹兩
寶雞王和亭捐銀壹兩
綏德馬仲謨捐銀壹兩
岐山劉養伯捐銀壹兩
郿縣趙士英捐銀伍兩
郿縣楊玉麟捐銀伍兩
郿縣賈振邦捐銀壹兩
臨潼劉漢初捐銀貳兩
岐山武敬亭捐銀貳兩
長安沈正聰捐銀肆兩
郿縣梁之斗捐銀貳兩

郿縣湯綬猷捐銀壹兩
岐山段明達捐銀壹兩
武功張仲良捐銀貳兩
郿縣張生吉捐銀壹兩
郿縣馮天顧捐銀壹兩
郿縣姜佐武捐銀壹兩
郿縣屈伸捐銀壹兩
郿縣車書捐銀叁兩
郿縣竇同捐銀壹兩
汧陽陳明禮捐銀壹兩
長安王雨村捐銀壹兩
郿縣孟士元捐銀貳拾兩
郿縣郭錫齡捐銀貳兩
郿縣王履晉捐銀貳兩
黃陂徐梅生捐銀肆兩
郿縣胡潤松捐銀壹兩
扶風羅樹禎捐銀壹兩
長安蕭時耕捐銀肆兩
郿縣王源澂捐銀貳兩

郿縣楊景程捐銀貳兩
咸陽屈香齋捐銀壹兩
咸陽張子珍捐銀壹兩
耀州薛卜五捐銀壹兩
扶風王淵如捐銀壹兩
扶風史書綸捐銀壹兩
武功李蔚亭捐銀貳兩
岐山羅恒軒捐銀壹兩
乾州趙古深捐銀壹兩
鳳翔張次屏捐銀貳兩
商州張星五捐銀壹兩
咸陽王含初捐銀叁兩
興平李坤生捐銀壹兩
三原劉吉六捐銀壹兩
乾州范紫東捐銀壹兩
渭川張克仁捐銀肆兩
鳳翔嚴敬捐銀貳兩
鳳翔魯清源捐銀壹兩
鳳翔徐傑捐銀壹兩

郿縣李葆亭捐銀壹兩
咸陽王哲臣捐銀壹兩
臨潼張正穀捐銀貳兩
扶風李介夫捐銀貳兩
扶風王季明捐銀壹兩
扶風岳持齋捐銀壹兩
武功焦益堂捐銀壹兩
乾州史襄臣捐銀貳兩
郿縣趙寶珊捐銀壹兩
鳳翔惠伯馨捐銀壹兩
咸陽魏英伯捐銀貳兩
興平張深如捐銀肆兩
朝邑張子甲捐銀壹兩
三原王潤生捐銀壹兩
郿縣黃永太捐銀貳兩
鄠縣景淩震捐銀壹兩
鳳翔李逢春捐銀壹兩
鳳翔周德潤捐銀壹兩
鳳翔楊芳捐銀壹兩

岐山劉楷捐銀壹兩
華縣郝毓瑛捐銀壹兩
武功張尚謙捐銀伍兩
岐山苗天培捐銀貳兩
郿縣于在藻捐銀貳兩
岐山李培文捐銀貳兩
郿縣姚士魁捐銀壹兩
郿縣陳永德捐銀貳兩
郿縣楊懷珠捐銀壹兩
富平馬逢昌捐銀貳兩
郿縣史應奎捐銀貳兩
郿縣姜步賢捐銀壹兩

寶雞趙世芳捐銀壹兩
鳳翔侯鳳源捐銀壹兩
武功張尚齡捐銀伍兩
郿縣張敕曲捐銀貳兩
貴州袁哲卿捐銀捌兩（郿邑侯）
郿縣汶達海捐銀貳兩
郿縣劉炳勳捐銀叁兩
郿縣王光烈捐銀壹拾兩
扶風張明善捐銀貳兩
郿縣李振漢捐銀壹兩
郿縣胡執中捐銀貳兩

槲葉集跋

予序先生集在宣統辛亥仲春。民國既建，自揣衰庸，解組歸田。適是集刻成，象先持以視予，予嘉象先任事之勤及同志助貲之勇。但當時就原書復刊，體例一仍其舊，惟增補遺附刊。其字畫錯訛，則屬象先詳加校勘。工既竣，乃跋數語如此。嗟乎！先生不事王侯，高尚其志，夐已！而予久玷簪紱，事業無成。今雖戢影林泉，終愧虛生。讀先生集，益難爲懷矣。

王步瀛跋並書

重刻槲葉集後跋

李象先

象先少貧失學，不能自立。年十五，邑先進王松亭君集貲爲我祖雪木先生營祠，頓念身屬先生後裔，箕裘掃地，罪不容逭。於是始從鄉先生請業。後得祖撰槲葉集一書，抄而珍之，暇輒披繹不置；不能識其微言奥旨也。宣統二年，肄業省垣存古學校，同人多問此書存否，間有索閲者，輒爲太息，而象益慚愧無地。同郡王、趙、謝、張、胥諸友共謀醵金重鋟，以廣傳海内。適業師雷立夫先生因取所藏鬼孝子傳及焦臥雲書數篇，補入集中。民國二年，厥工告成。向之見忌於前清二百餘年，而幾不能存在者，今乃得再行於世。諸君子仗義輸財之功，固不可沒；抑我先祖之道德文章，如日月經天，光芒萬丈。雖沉霾于一時，卒不能消滅於終古也。版既竣，謹贅數語，以誌顛末云。時在民國癸丑·七世裔孫李象先謹識。

裔孫六世友桂天福七世象先八世紹庭　重刊

附録　民國三十二年翻印時王謙樞跋

重刊槲葉集跋

李雪木先生，明末隐君子也。苦行潛修，不求聞達；而槲葉集遺著，言醇學粹，遠契心傳，於世道人心，多所補益。余於前清宣統間，肄業存古學校，仰先生遺範，可爲世法，曾鳩資付刊於青門；中經政變尚在繼續進行，以款無着輒止。原版寄存蕭匠家，得機備重印也。詎陝局雲擾，蕭匠又物化，版遂輾轉遺失。自抗戰軍興，各方之來秦者甚夥，其中不无好古敏求之士，來郿欲覩先生遺著爲快者，愧無以應。比歲祠産租課積有餘資，又復張羅于熱心同仁，款備付印，都爲五百部，以廣流傳；凡三閱月而蕆事。即此足見先生之清风亮節久而彌光，而先大人〔一〕整理祠産之初志爲不負矣。書既成，謹識其顛末如右。邑後學王謙樞謹跋。

〔一〕先大人指王步瀛之兄王登瀛。

後記

我出生在陝西郿縣一個教師家庭，幼時在父親的書架上看到過幾冊線裝又發黄的書，題簽上面是「太白山人槲葉集」幾個字。因爲看不懂，加之後來古書屢遭指責，也就不知去向了。上世紀五六十年代，我念大學，學中文，畢業後回本縣槐芽中學教書六年。此地南游二里便是曾家寨，路邊有光緒時所樹「雪木故里」碑，知道他老先生是這裏人。上世紀末，陝西學界擬召開「關中三李」學術會。我想「三李」之一既是我縣學者，作爲一名語文教師，理應積極參與，研讀其作品，弘揚其精神，以文會友，也好向專家們請教，有所進益。不久，女兒從青化借得雪木先生全部作品，復印成帙，案頭把玩，標點誦讀。略知其味，就放膽寫了一篇讀後感——詩教的關學。其意蓋在於肯定他是關學學者，不過以詩言志罷了。至於後來爲什么關學學界不肯承認他，爲什么墓碣稱他爲「西州高士」，想得不多。不過有一點較爲清楚，就是他對佛老的態度，是既謹慎，又選擇；有批判，也有吸收。不應該以「未能嚴絕二氏」而否定他。

二〇〇〇年九月，我以此文參加了在西安安馨園酒店舉行的「關中三李」座談會。在陝西師範大學趙吉惠教授主持下，我也發了言。會上西北政法大學趙馥潔教授總結説：「關中三李」都是關學傳人，盩厔的李顒是「理的關學」，郿縣的李柏是「詩的關學」，富平的李因篤是「經的關學」。這對我繼續搞一點學問，有極大的啓發和鼓舞。

本世紀初我退休下來，曲曲折折地過了幾年。有一天在西北政法大學遇見趙馥潔教授，他詢問槲葉集的事，我只得老實説明原因，他鼓勵説應該繼續搞。我於是一篇篇一句句加了標點，統一了異體字，糾正了明顯的錯字、誤刻字，又統一採用國務院公佈的簡體字，在稿紙上重抄一遍，複印了一套送他。他説，不加注不好讀。這是我所明白的，要讓我縣一般干部，一般教師，一般工農和青年學生讀懂，是得有個注釋。但讓我加，談何容易。所幸有他的幫助，有明德劉兄的幫助，有子春楊兄所贈李柏年譜，加上我多年語文教學的經驗，我便貿然加起注釋來。

爲了較系統地瞭解李柏思想大背景與他作品的關係，把握注釋的思路與分寸，我認真研讀張豈之先生爲日知録所作長序，幾家中國哲學史，學習袁行霈先生主編的中國文學史，研讀梁啓超先生近三百年學術史等等文獻，又編製了干支紀年，帝王年號和公元紀年三統一的李柏年表。實踐使我明白，不注不知道，一注嚇一跳。原來的斷句和理解，存在許多錯誤和問題，需要重新研究和糾正啊！到二〇〇八年暑期，初稿告竣。爲了弘揚傳統文化，活躍我縣旅游事業，縣政協籌資以文史資料名義內部印行交流。這已是二〇一〇年初的事了。不久，西北大學出版社承擔重點圖書出版規劃項目，決定出版關學文庫，「關中三李」入選。我在忐忑中接受李柏集點校工作。于是我對原稿除注釋外，又詳加校勘，將其中簡化字按規定一律復原爲真體字，上交審查。

馥潔兄一直支持和關注此項工作，二〇一一年初夏，他在百忙中抽暇與我一起回郿縣實際考察李柏事跡。我們一路驅車前往瞻仰李柏的出生地、駱文縣令當年審查決定出版槲葉集的靜光寺遺址、故里碑、墓碑，瞻拜了他的祠堂、陵墓。又屏騶登山，進雲門口中，追尋雪木先生當年隱居創作處。還觀看了他從老家到湯泉口往來吟誦的景物。馥潔兄一路竟忘記了自己年已古稀，興致極高。我知道他這是激勵我能把李柏集的詩意挖掘得更深更全面，對關學境界做更深層次的解悟，從而把點校工作搞得更好。回西安後，他興猶未足，做訪雪木先生太白山隱居處七律一首示我。其詩曰：

層巒疊嶂隔紅塵，石骨嶙峋澗水深。
靄靄白雲堪結友，交交黃鳥最知音。
溪浮槲葉流清韻，月傍松林鑑素心。
雨打風摧陵谷變，依然氣象耀高岑。

在他精神感召之下，我得益匪淺；興會所至，依原韻和詩曰：

白山撥雲看紅塵，石骨難掩松林深。
民族萬方皆親友，人間千家盡知音。

手捧槲葉翻新韻，指彈月弦展素心。
先生隱罷凡百變，今已紅日耀高岑。

就讓我們這微弱的歌，唱給爲關學文庫的出版而辛勤工作的同仁。表示我對關心此書並對前言寫法做具體指導的陝西師範大學劉學智教授、林樂昌教授、西北大學李浩教授、陝西省委宣傳部薛保勤副部長、具體安排三原版本考察工作的亞副縣長，還有陝西省圖書館、陝西師範大學圖書館、三原縣圖書館、三原中學圖書館、三原縣政協、鄠縣政協相關負責同志的感謝，也對該書的責任編輯黄偉敏先生的辛勤工作和具體指導幫助表示感謝。

程靈生

二〇一三年六月

圖書在版編目(CIP)數據

李柏集/［清］李柏著；程靈生點校整理．—西安：西北大學出版社，2014.10
（關學文庫/劉學智，方光華主編）
ISBN 978-7-5604-3516-9

Ⅰ.①李… Ⅱ.①李…②程… Ⅲ.①李柏（1630～1700）—關學—文集 Ⅳ.①B249.9－53

中國版本圖書館 CIP 數據核字(2014)第 241838 號

出品人 徐 曄 馬 來
篆 刻 路毓賢
出版統籌 張 萍 何惠昂

李柏集 ［清］李柏 著 程靈生 點校整理

審定專家 劍 犁 **責任編輯** 黃偉敏 朱 亮
裝幀設計 澤 海 **版式統籌** 曹勁剛
出版發行 西北大學出版社
地 址 西安市太白北路 229 號 **郵 編** 710069
網 址 http://nwupress.nwu.edu.cn **E－mail** xdpress@nwu.edu.cn
電 話 029-88303593 88302590
經 銷 全國新華書店
印 裝 陝西博文印務有限責任公司
開 本 720 毫米×1020 毫米 1/16
印 張 24.25
字 數 375 千字
版 次 2015 年 1 月第 1 版 2015 年 1 月第 1 次印刷
書 號 ISBN 978-7-5604-3516-9
定 價 85.00 圓